杭州统计年鉴

HANGZHOU STATISTICAL YEARBOOK

2024

HANGZHOU STATISTICAL YEARBOOK

杭州统计年鉴

杭州市统计局
Hangzhou Municipal Bureau of Statistics
国家统计局杭州调查队
Survey Office of the National Bureau of Statistics in Hangzhou

图书在版编目（CIP）数据

杭州统计年鉴 . 2024 : 汉英对照 / 杭州市统计局，国家统计局杭州调查队编 . -- 北京 : 中国统计出版社，2024. 11. -- ISBN 978-7-5230-0624-5

Ⅰ. C832.551-54

中国国家版本馆 CIP 数据核字第 2024QF3223 号

杭州统计年鉴 2024

作　者 / 杭州市统计局　国家统计局杭州调查队
责任编辑 / 钟钰
装帧设计 / 杭州云鼎文化创意有限公司
出版发行 / 中国统计出版社有限公司
地　址 / 北京市丰台区西三环南路甲 6 号
邮政编码 / 100073
电　话 / 邮购（010）63376909　书店（010）68783171
网　址 / http://www.zgtjcbs.com
印　刷 / 浙江新中商务印刷有限公司
经　销 / 新华书店
开　本 / 890mm×1240mm　1/16
字　数 / 410 千字
印　张 / 25.75　彩　页 0.25
版　别 / 2024 年 11 月第 1 版
版　次 / 2024 年 11 月第 1 次印刷
定　价 / 300.00 元　Price:300.00yuan(RMB)

如有印装差错，由本社发行部调换。

杭州统计年鉴

HANGZHOU STATISTICAL YEARBOOK

2024 编委会和编辑人员

杭州统计年鉴
HANGZHOU STATISTICAL YEARBOOK

2024 Editorial Board and Staff

编者说明

一、《杭州统计年鉴2024》是一部信息密集的资料性年刊。本年鉴系统收集了全市和各区、县（市）2023年经济和社会各方面的统计数据，以及多个重要历史年份和近年全市主要统计数据。

二、本年鉴分为13个篇章：综合；人口和就业人员；农业；工业、能源；建筑业；交通运输、邮电；固定资产投资；批发、零售贸易和住宿餐饮业；对外经济、旅游；财政、金融、保险；城市建设、环境保护；科技、教育、文化、卫生、体育；人民生活、物价、民政。为便于读者使用，各篇章附有简要说明和主要统计指标解释。

三、本年鉴中涉及历史数据，均以最新版本为准；本年鉴中部分数据合计数或相对数由于单位取舍不同而产生的计算误差，均未做机械调整。

四、2001年起，萧山、余杭撤市建区，市区数据含萧山、余杭区；2014年起富阳撤市建区，市区数据包括富阳区；2017年起临安撤市建区，市区数据包括临安区；2019年起区县分组新增钱塘新区，萧山区数据未做特殊说明的均含托管在钱塘新区的街道数据；2021年起撤销原上城区、下城区、江干区、拱墅区、余杭区，设立新的上城区、拱墅区、余杭区、临平区、钱塘区。

五、本年鉴表中符号使用说明：“－”表示这一栏没有数字；“…”表示该数字不足本表最小计量单位；“#”表示其中的主要项；“空格”表示该项统计数据不详；“＊”表示表下有注解。

六、本年鉴所使用的度量衡单位均采用国际统一标准计量单位，金额除特别标明外，均以人民币计量。

七、《杭州统计年鉴》公开出版以来，受到了社会各界的关心和支持，对此我们深表谢意。限于我们的水平，欢迎各界人士继续对年鉴的不足之处给予批评指正，帮助我们进一步提高统计年鉴的编辑工作，更好地为社会各界服务（网址：http：//tjj. hangzhou. gov. cn）。

Editorial Note

Ⅰ. *Hangzhou Statistical Yearbook 2024* is an informative annual which contains very comprehensive statistics of Hangzhou's social and economic development in 2023, and selected data of recent years and some historically important years.

Ⅱ. This yearbook is composed of 13 chapters: 1. General Survey; 2. Population and Employment; 3. Agriculture; 4. Industry and Energy; 5. Construction; 6. Transportation, Post and Telecommunications; 7. Investment in Fixed Assets; 8. Wholesale and Retail Trade and Hotel and Catering Trade; 9. Foreign Economic Cooperation and Tourism; 10. Finance, Banking and Insurance; 11. Urban Construction and Environmental Protection; 12. Science and Technology, Education, Culture, Public Health and Sports; 13. People's Livelihood, Price Indices and Civil Administration. To facilitate readers, each chaper provides brief introduction and explanatory notes on main statistical indicators.

Ⅲ. Please refer to the newly published version of the yearbook for updated historical data. Statistical discrepancies on totals and relative figures due to rounding are not adjusted in the yearbook.

Ⅳ. Because of the change of urban administrative division, the data of Xiaoshan District and Yuhang District have been included into the urban districts since 2001, and it is the same for Fuyang District since 2014, Lin'an District since 2017. Qiantang New Area has been added into classification of districts and counties since 2019. Figures of Xiaoshan District without special explanation all include districts under administered by Qiantang New Area. Since 2021, the original Shangcheng, Xiacheng, Jianggan, Gongshu and Yuhang have been abolished, and the new Shangcheng, Gongshu, Yuhang, Linping and Qiantang have been established.

Ⅴ. Notations used in this yearbook:"—" indicates that the column has no figure;"…" indicates that the figure is not large enough to be measured with the smallest unit in the table;"#" indicates the major items of the total;"blank" indicates that the data are unknown;" * " indicates"see footnotes below".

Ⅵ. International standard units of measurement are applied in this yearbook, all amounts are denominated in RMB, unless otherwise indicated.

Ⅶ. Since published openly, we are so grateful that the previous editions of *Hangzhou Statistical Yearbook* have been widely concerned and supported. In order to get further improvement in the yearbook editing, we welcome all candid comments and criticism from our readers (website: http://tjj.hangzhou.gov.cn).

目　录
Contents

一、综合
Ⅰ. General Survey

二、人口和就业人员
Ⅱ. Population and Employment

三、农业
Ⅲ. Agriculture

四、工业、能源
Ⅳ. Industry and Energy

五、建筑业
Ⅴ. Construction

六、交通运输、邮电
Ⅵ. Transportation,Post and Telecommunications

七、固定资产投资

Ⅶ. Investment in Fixed Assets

八、批发、零售贸易和住宿餐饮业

Ⅷ. Wholesale and Retail Trade and Hotel and Catering Trade

九、对外经济、旅游

Ⅸ. Foreign Economic Cooperation and Tourism

十、财政、金融、保险
X. Finance, Banking and Insurance

十一、城市建设、环境保护
XI. Urban Construction and Environmental Protection

十二、科技、教育、文化、卫生、体育
XII. Science and Technology,Education,Culture,Public Health and Sports

十三、人民生活、物价、民政

XIII. People's Livelihood, Price Indices and Civil Administration

一　综　合

GENERAL SURVEY

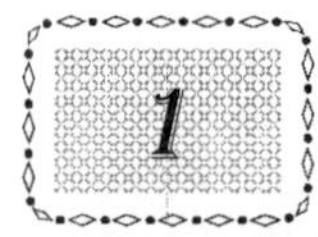

综　　合
General Survey

主要统计指标
Major Statistical Indicators

全市生产总值	Gross Domestic Product	20058.98	亿元	(100 million yuan)
为上年	As Compared with the Preceding Year	105.6	%	(%)
第一产业	Primary Industry	347.10	亿元	(100 million yuan)
为上年	As Compared with the Preceding Year	103.7	%	(%)
第二产业	Secondary Industry	5666.88	亿元	(100 million yuan)
为上年	As Compared with the Preceding Year	101.8	%	(%)
第三产业	Tertiary Industry	14045.00	亿元	(100 million yuan)
为上年	As Compared with the Preceding Year	107.2	%	(%)
常住居民人均生产总值	Per Capita GDP (Long-term Residents)	161129	元	(yuan)
为上年	As Compared with the Preceding Year	104.2	%	(%)
地区生产总值构成	Composition of Gross Domestic Product	100	%	(%)
第一产业	Primary Industry	1.7	%	(%)
第二产业	Secondary Industry	28.3	%	(%)
第三产业	Tertiary Industry	70.0	%	(%)

1－01　行政区划（2023 年末）
Administrative Division（End of 2023）

单位:个　　(unit)

地　区	Region	街　道 Subdistricts	乡（镇） Towns and Townships	镇 Towns	村、社区、居民区 Villages, Communities and Residential Areas	村 Villages
全　市	**Whole City**	**93**	**98**	**75**	**3310**	**1905**
市　区	Urban District	86	52	46	2458	1158
#上城区	Shangcheng	14			203	4
拱墅区	Gongshu	18			177	－
西湖区	Xihu	10	2	2	222	41
高新（滨江）区	Hi－Tech（Binjiang）	3			67	－
萧山区	Xiaoshan	10	12	12	580	335
余杭区	Yuhang	7	5	5	222	116
临平区	Linping	7	1	1	196	57
钱塘区	Qiantang	7			122	59
富阳区	Fuyang	5	19	13	350	276
临安区	Lin′an	5	13	13	319	270
桐庐县	Tonglu	4	10	6	218	181
淳安县	Chun′an	－	23	11	361	337
建德市	Jiande	3	13	12	273	229

注:1. 西湖区含风景名胜区数据。
a) Figures of Xihu include the West Lake Scenic Zone.

1－02 平均每天主要

Selected Indicators on Average Daily Social

指 标 Item		2013	2014	2015
全市生产总值 Gross Domestic Product	(万元) (10,000 yuan)	236710	260335	287542
工业增加值 Value－Added of Industry	(万元) (10,000 yuan)	87282	94747	99774
规模以上工业企业利税总额 Total Pre－tax Profits of Industrial Enterprises above Designated Size	(万元) (10,000 yuan)	39741	42139	42731
农林牧渔业总产值 Gross Output Value of Farming, Forestry, Animal Husbandry and Fishery	(万元) (10,000 yuan)	10942	11468	12066
固定资产投资 Investment in Fixed Assets	(万元) (10,000 yuan)	116818	135690	152228
住宅竣工面积 Floor Space of Residential Buildings Completed	(平方米) (sq. m)	23154	25425	29323
社会消费品零售总额 Total Retail Sales of Consumer Goods	(万元) (10,000 yuan)	99719	107540	119378
住户存款新增额 The Increased Amount of Household Deposits	(万元) (10,000 yuan)	8729	9825	8739
财政总收入 Total Financial Revenue	(万元) (10,000 yuan)	47534	52606	61335

社会经济活动(2013－2023年)

and Economic Activities(2013－2023)

2016	2017	2018	2019	2020	2021	2022	2023
319930	360568	391965	421179	442809	499927	519324	549561
101894	107739	113221	117491	115401	130939	134844	136562
45236	48617	49322	50822	54821	62649	64473	62539
12268	12540	12770	13730	13679	13741	14130	14606
159629	160456	–	–	–	–	–	–
30419	40297	30434	28301	–	–	–	–
131447	145220	158046	171869	165450	184754	199824	210153
23921	4858	41861	46066	68219	38912	109476	99102
69902	80036	94725	100001	105306	124979	125756	134699

1－03 国民经济
Major Indicators of

指　　标		Item	
年末常住人口	（万人）	Long－term Residents(End of 2023)	(10,000 persons)
年末户籍人口	（万人）	Household Registration Population(End of 2023)	(10,000 persons)
#城镇人口	（万人）	Urban Population	(10,000 persons)
年末从业人员数	（万人）	Total Number of Employed Persons(End of 2023)	(10,000 persons)
全市生产总值	（亿元）	Gross Domestic Product	(100 million yuan)
第一产业	（亿元）	Primary Industry	(100 million yuan)
第二产业	（亿元）	Secondary Industry	(100 million yuan)
第三产业	（亿元）	Tertiary Industry	(100 million yuan)
人均生产总值(户籍)	（元）	Per Capita GDP(Household)	(yuan)
人均生产总值(常住)	（元）	Per Capita GDP(Long－term)	(yuan)
主要农产品产量		Output of Major Farm Products	
粮食	（万吨）	Grain	(10,000 tons)
棉花	（吨）	Cotton	(ton)
油菜籽	（吨）	Rapeseeds	(ton)
茶叶	（吨）	Tea	(ton)
蚕茧	（吨）	Silk－worm Cocoons	(ton)
生猪年末存栏	（万头）	Hogs in Stock at Year End	(10,000 heads)
肉类产量	（万吨）	Output of Meat	(10,000 tons)
淡水产品产量	（吨）	Freshwater Aquatic Products	(ton)
全部工业总产值	（亿元）	The Total Output Value of Industrial Enterprises	(100 million yuan)
规模以上工业总产值	（亿元）	The Output Value of Industrial Enterprises Above Designated Size	(100 million yuan)
规模以上工业企业利税总额	（亿元）	Total Pre－tax Profits of Industrial Enterprises Above Designated Size	(100 million yuan)
客运量	（万人次）	Total Passenger Traffic	(10,000 person－times)
货运量	（万吨）	Total Freight Traffic	(10,000 tons)
固定资产投资	（亿元）	Investment in Fixed Assets	(100 million yuan)
社会消费品零售总额	（亿元）	Total Retail Sales of Consumer Goods	(100 million yuan)

注:1. 规模以上工业的计算口径,1997 年以前为乡及乡以上,1998－2010 年为主营业务收入 500 万元及以上,2011 年起为 2000 万元及以上的工业企业。

2. 从 2014 年起,粮食数据按粮食生产统计监测抽样调查口径。

主要指标（主要年份）
National Economy(Main Years)

1985	1990	1995	2000	2005	2010	2017	2018	2019	2020	2021	2022	2023
	583.21		701.70	771.30	870.54	1092.10	1125.40	1161.30	1196.50	1220.40	1237.60	1252.20
543.05	574.78	597.96	621.58	660.45	689.12	753.90	774.10	795.37	813.83	834.54	846.75	860.60
153.46	169.00	191.43	226.99	297.54	365.24	482.55	515.04	535.96	568.23	593.36	610.08	634.34
330.37	363.49	422.55	408.11	481.10	591.90	658.37	685.86	726.57	748.39	759.68	758.64	770.02
90.49	189.62	762.01	1395.67	2973.74	6049.56	13160.72	14306.72	15418.80	16206.82	18247.33	18955.32	20058.98
15.97	30.94	69.25	103.96	140.29	205.34	299.96	305.56	325.72	329.56	337.49	333.18	347.10
52.08	96.17	410.00	717.88	1524.25	2861.45	4453.44	4694.06	4838.08	4823.04	5472.82	5630.64	5666.88
22.44	62.51	282.76	573.83	1309.21	2982.77	8407.32	9307.10	10255.00	11054.22	12437.01	12991.51	14045.00
1675	3310	12797	22554	45327	88154	176668	187263	196483	201426	221398	225485	234972
					71007	122249	129035	134856	137474	150998	154234	161129
180.00	189.56	174.50	153.08	103.50	58.00	47.26	49.60	49.64	50.86	53.00	53.01	55.19
6704	6693	8038	2112	1038	704	255	240	292	243	216	187	175
51849	60683	61446	80436	70733	67946	47223	55584	59503	61388	57890	61327	62242
22742	26429	19824	24810	25551	30500	30103	30091	31342	29575	29838	29969	31331
7980	11085	13240	9308	16339	11700	3013	4564	3454	2303	1607	1009	1006
166.10	159.00	147.58	172.16	165.28	192.53	114.03	107.02	90.34	104.51	109.61	95.31	80.64
11.16	14.93	19.21	25.24	30.74	31.78	21.27	19.11	14.97	10.98	11.53	12.96	13.93
30400	47588	63294	91626	147800	208945	172845	166947	168042	172247	181045	178117	186001
				6589.51	12810.52	15688.35	16087.41	16895.32	–	–	–	–
128.59	292.26	1020.03	1543.57	5441.13	11081.04	12963.76	14016.41	14585.45	14712.08	17746.18	18360.12	19135.27
24.81	31.54	63.05	161.61	450.68	1224.48	1774.52	1800.26	1854.99	2006.46	2286.68	2353.25	2282.69
6724	8119	16620	18607	24124	33772	22289	20121	20888	12183	13823	9826	16443
2488	6522	10347	11459	19909	25915	34785	35180	36384	41944	46997	43161	44667
14.19	22.92	156.63	376.65	1277.80	2651.88	5856.65	–	–	–	–	–	–
47.81	98.17	299.35	514.68	967.38	2155.37	5300.52	5768.67	6273.22	6055.47	6743.52	7293.56	7670.57

a) The standard for above designated size of industry, before 1997, it was above the sub – district level; 1998 – 2010, it was the annual sales income over 5 million yuan; since 2011, it was the annual sales income over 20 million yuan.

b) The data of grain was obtained from the sampling survey of grain production since 2014.

1－03　续表

指　　标		Item	
境外旅游者人数	（万人次）	Number of Foreign Tourists	（10,000 person－times）
财政总收入	（亿元）	Total Financial Revenue	（100 million yuan）
一般公共预算支出	（亿元）	General Public Budget Revenue	（100 million yuan）
金融机构存款余额（本外币）	（亿元）	Deposits of Financial Institutions	（100 million yuan）
住户存款余额	（亿元）	Household Deposits	（100 million yuan）
金融机构贷款余额（本外币）	（亿元）	Loans of Financial Institutions	（100 million yuan）
非私营单位就业人员工资总额	（亿元）	Total Wages of Employed Persons in Non－private Units	（100 million yuan）
非私营单位就业人员平均工资	（元）	Average Wage of Employed Persons in Non－private Units	（yuan）
市区居民消费价格指数	（以 1978 年为 100）	Consumer Price Index in Urban District	（Year of 1978＝100）
市区商品零售价格指数	（以 1978 年为 100）	Retail Price Index in Urban District	（Year of 1978＝100）
全体居民人均可支配收入	（元）	Per Capita Annual Disposable Income of Urban and Rural Residents	（yuan）
城镇居民人均可支配收入	（元）	Per Capita Annual Disposable Income of Urban Residents	（yuan）
农村居民人均可支配收入	（元）	Per Capita Annual Disposable Income of Rural Residents	（yuan）
高等学校在校学生数	（人）	Student Enrollment in Institutions of Higher Education	（person）
中等专业学校在校学生数	（人）	Student Enrollment in Secondary Specialized Schools	（person）
普通中学在校学生数	（人）	Student Enrollment in Secondary Schools	（person）
小学在校学生数	（人）	Student Enrollment in Primary Schools	（person）
卫生机构数	（个）	Number of Health Institutions	（unit）
#医院	（个）	Number of Hospitals	（unit）
卫生技术人员	（人）	Number of Medical Technical Personnel	（person）
#执业（助理）医师	（人）	Number of Lisensed（Assistant）Doctors	（person）
床位数	（张）	Number of Beds in Health Institutions	（unit）
#医院	（张）	Beds in Hospital	（unit）

continued

1985	1990	1995	2000	2005	2010	2017	2018	2019	2020	2021	2022	2023
23.84	38.83	44.13	70.71	151.36	275.71	402.23	420.51	113.31	14.31	18.16	9.60	46.62
18.65	25.25	55.13	142.85	520.79	1245.43	2921.30	3457.46	3650.04	3854.19	4561.72	4590.08	4916.53
5.77	11.82	24.91	73.43	238.33	616.58	1540.92	1717.08	1952.85	2069.66	2392.04	2542.09	2636.23
48.50	133.77	707.97	2088.47	6748.72	17084.35	36483.24	39810.50	45286.99	54246.47	61044.30	69592.03	77588.65
15.96	69.75	342.34	788.56	2191.66	4990.97	8670.60	10198.52	11901.30	14398.12	15818.40	19814.42	23430.99
58.01	180.33	567.20	1686.64	5545.30	15078.73	29270.94	36598.25	42245.17	49799.28	56274.77	62306.30	68641.55
13.01	27.79	89.05	126.75	297.02	933.06	2646.72	2864.69	3298.52	3676.74	4241.82	4604.90	4845.11
1266	2382	7156	14257	31069	48772	93891	103798	117339	128308	146701	153558	158121
140.21	246.68	503.06	611.07	623.07	701.33	843.23	862.62	889.36	908.04	919.84	941.92	943.80
142.61	256.45	476.99	504.42	470.47	526.76	588.95	600.73	619.35	624.92	634.92	653.33	–
49832	54348	59261	61879	67709	70281	73797						
1026	1985	6301	9668	16601	30035	56276	61172	66068	68666	74700	77043	80587
624	1171	3012	4894	7655	13186	30397	33193	36255	38700	42692	45183	48180
36996	39866	63124	122386	351918	434811	484070	496383	518325	550608	584533	613126	635545
16527	23564	42784	45238	20344	3999	4566	4448	4535	4540	4493	4601	4879
244399	199940	257071	342533	362257	352997	337851	349327	362109	373997	394788	415837	438319
414839	460514	513988	485679	458942	453897	560411	590491	616929	645302	680976	710667	762062
1582	1738	1712	1599	2196	2819	4933	5377	5925	5675	5633	5823	6626
404	440	414	396	127	151	302	316	343	353	370	387	414
25593	30990	34245	35487	42353	61117	110395	117425	126995	134258	142341	148515	197417
11503	14483	16465	16317	17833	24345	41833	44896	48962	51135	55013	57455	62661
19637	24121	26684	27166	33251	42828	75948	81215	85708	90057	90754	92894	100210
15010	18879	21360	23303	25907	36148	70187	75186	79957	84251	85475	87950	95220

1－04 全市生产总值(1949－2023年)
Gross Domestic Product(1949－2023)

单位:亿元 (100 million yuan)

年 份 Year	生产总值(当年价格) Gross Domestic Product	第一产业 Primary Industry	第二产业 Secondary Industry	第三产业 Tertiary Industry	人均生产总值(元)(按常住) Per Capita GDP(yuan) Long－term Residents	人均生产总值(元)(按户籍) Per Capita GDP(yuan) Household Registered
1949	2.55	1.43	0.38	0.74		89
1950	2.99	1.73	0.48	0.79		102
1951	3.76	1.94	0.86	0.96		125
1952	4.47	2.28	1.05	1.14		145
1953	5.02	2.32	1.32	1.37		159
1954	5.17	2.28	1.50	1.40		160
1955	5.37	2.43	1.49	1.45		161
1956	6.20	2.50	1.94	1.76		181
1957	7.04	2.33	2.61	2.10		198
1958	9.91	2.55	5.28	2.07		268
1959	12.50	2.63	7.20	2.71		330
1960	13.39	2.49	7.74	3.16		345
1961	10.70	2.70	5.16	2.84		273
1962	9.94	3.04	4.24	2.67		249
1963	10.32	3.28	4.39	2.64		252
1964	11.56	3.39	5.49	2.68		274
1965	12.77	3.56	6.38	2.83		296
1966	13.91	3.82	7.10	2.99		317
1967	13.27	3.72	6.49	3.05		298
1968	13.06	3.77	6.26	3.03		288
1969	15.13	3.81	8.09	3.23		332
1970	16.73	4.07	9.25	3.42		366
1971	19.10	4.74	10.59	3.77		412
1972	19.92	5.19	10.83	3.90		423
1973	20.75	4.99	11.72	4.04		435
1974	18.98	5.14	9.80	4.04		393
1975	18.63	4.88	9.62	4.13		381
1976	19.04	5.00	9.87	4.17		386
1977	23.06	4.91	13.59	4.56		463
1978	28.40	6.34	16.93	5.13		565
1979	33.53	8.39	19.41	5.73		659
1980	40.65	8.15	25.35	7.14		791
1981	46.82	9.10	28.76	8.96		904
1982	50.19	10.88	29.47	9.84		957
1983	55.89	10.11	33.44	12.34		1054
1984	69.47	12.64	40.55	16.27		1298
1985	90.49	15.97	52.09	22.44		1675
1986	105.36	17.76	60.13	27.47		1917
1987	126.02	20.44	71.89	33.69		2276
1988	152.54	25.68	85.53	41.33		2717
1989	166.29	28.27	89.67	48.35		2928

1－04 续表 continued

单位:亿元 (100 million yuan)

年 份 Year	生产总值 (当年价格) Gross Domestic Product	第一产业 Primary Industry	第二产业 Secondary Industry	第三产业 Tertiary Industry	人均生产总值 (元)(按常住) Per Capita GDP(yuan) Long－term Residents	人均生产总值 (元)(按户籍) Per Capita GDP(yuan) Household Registered
1990	189.62	30.94	96.17	62.51		3310
1991	227.95	33.40	113.11	81.44		3952
1992	290.07	34.90	148.78	106.38		4996
1993	424.71	41.94	226.44	156.33		7263
1994	585.52	57.51	314.34	213.67		9924
1995	762.01	69.25	410.00	282.75		12797
1996	906.61	84.00	477.62	344.99		15095
1997	1036.33	91.36	541.50	403.47		17113
1998	1134.89	96.06	587.96	450.88		18611
1999	1225.28	97.58	630.75	496.95		19961
2000	1395.67	103.96	717.88	573.83		22554
2001	1582.94	111.46	803.16	668.32		25313
2002	1798.96	114.64	912.78	771.53		28421
2003	2118.71	126.59	1087.74	904.38		33115
2004	2566.46	132.23	1334.99	1099.24		39653
2005	2973.74	140.29	1524.25	1309.21		45327
2006	3483.41	149.88	1763.65	1569.89	44639	52510
2007	4155.84	162.85	2085.15	1907.84	52065	62090
2008	4850.59	178.50	2419.08	2253.01	59619	71861
2009	5181.80	188.45	2404.92	2588.44	62673	76146
2010	6049.56	205.34	2861.45	2982.77	71007	88154
2011	7153.03	232.32	3326.34	3594.38	80360	103306
2012	7968.58	249.44	3553.18	4165.95	85831	114144
2013	8639.91	254.74	3649.62	4735.54	89649	122802
2014	9502.21	266.62	3953.53	5282.07	95313	133611
2015	10495.28	278.98	4133.92	6082.38	102318	145838
2016	11709.45	293.63	4226.87	7188.96	111572	160453
2017	13160.72	299.96	4453.44	8407.32	122249	176668
2018	14306.72	305.56	4694.06	9307.10	129035	187263
2019	15418.80	325.72	4838.08	10255.00	134856	196483
2020	16206.82	329.56	4823.04	11054.22	137474	201426
2021	18247.33	337.49	5472.82	12437.01	150998	221398
2022	18955.32	333.18	5630.64	12991.51	154234	225485
2023	20058.98	347.10	5666.88	14045.00	161129	234972

1－05 市区生产总值(1978－2023年)

Gross Domestic Product of Urban District (1978－2023)

单位:万元 (10,000 yuan)

年 份 Year	地区生产总值(当年价格) Gross Domestic Product	第一产业 Primary Industry	第二产业 Secondary Industry	第三产业 Tertiary Industry	人均生产总值(元)(按常住) Per Capita GDP(yuan) Long－term Residents	人均生产总值(元)(按户籍) Per Capita GDP(yuan) Household Registered
1978	141995	5215	106663	30117	－	1389
1979	167206	6527	126517	34162	－	1555
1980	208220	5943	159161	43116	－	1863
1981	229243	6165	171946	51132	－	2005
1982	248297	7327	183284	57686	－	2125
1983	282171	5938	200334	75899	－	2369
1984	353781	8469	244445	100867	－	2919
1985	448574	11233	293579	143762	－	3633
1986	513639	12245	324585	176809	－	4042
1987	605234	15408	370668	219158	－	4724
1988	708474	19602	425319	263553	－	5441
1989	772208	23869	435847	312492	－	5848
1990	896496	23919	470844	401733	－	6722
1991	1096628	25767	547949	522912	－	8158
1992	1413278	27611	712697	672970	－	10420
1993	2086571	36208	1052187	998176	－	15196
1994	2788314	48257	1395127	1344930	－	19945
1995	3697793	57784	1866784	1773225	－	25969
1996	4727377	110881	2356408	2260088	－	28552
1997	5414265	130062	2630349	2653853	－	32227
1998	5905726	134320	2786159	2985247	－	34620
1999	6317335	145242	2915614	3256479	－	36394
2000	7111585	145715	3278310	3687560	－	40127
2001	12260890	582492	6026353	5652045	－	32607
2002	14042278	605433	6901224	6535621	－	36640
2003	16647332	665083	8343138	7639111	－	42675
2004	20362738	664676	10368453	9329609	－	51241
2005	23789254	682559	11800886	11305809	－	58659
2006	27930116	728962	13551253	13649901	51904	67816
2007	33296640	780966	15859466	16656208	59911	79879
2008	38841136	838780	18288447	19713909	68036	92062
2009	41615787	879676	18119189	22616921	71325	97491
2010	48718469	920654	21638629	26159186	80230	112740
2011	57405621	1019227	25002422	31383972	89363	131189
2012	64206239	1083214	26609724	36513301	94881	144973
2013	70003793	1108054	27286186	41609552	98841	156215
2014	83305362	1506729	33190100	48608533	102178	159934
2015	92269251	1589108	34672097	56008046	109395	174434
2016	103682893	1664265	35642963	66375666	119512	192444
2017	122414796	2100929	40378589	79935278	128103	201827
2018	133519062	2123934	42866281	88528847	135202	213540
2019	144057812	2270061	44070699	97717051	141012	223020
2020	152059852	2289196	44068191	105702465	143921	228342
2021	171489390	2311028	49935127	119243236	157938	250003
2022	178112069	2266288	51287236	124558545	161013	253389
2023	188591504	2344941	51624944	134621619	168040	263198

1－06 全市生产总值指数(1949－2023年)

Indices of Gross Domestic Product (1949－2023)

(上年＝100)　　(Preceding Year＝100)

年 份 Year	生产总值 Gross Domestic Product	第一产业 Primary Industry	第二产业 Secondary Industry	第三产业 Tertiary Industry	人均生产总值 (按常住) Per Capita GDP Long－term Residents	人均生产总值 (按户籍) Per Capita GDP Household Registered
1949	100.0	100.0	100.0	100.0		100.0
1950	116.4	119.9	116.8	105.8		113.0
1951	118.3	112.9	165.8	111.0		115.4
1952	119.0	114.7	135.3	120.4		116.1
1953	108.9	103.4	115.9	119.9		106.2
1954	101.9	99.5	111.7	100.4		99.5
1955	105.6	106.9	104.4	103.3		102.3
1956	111.2	103.1	124.0	121.9		108.4
1957	113.6	99.9	144.4	116.2		109.4
1958	132.2	105.7	204.0	99.2		127.6
1959	118.9	101.9	129.4	129.8		116.1
1960	105.4	91.8	110.1	117.2		102.8
1961	76.7	94.6	61.8	87.6		76.0
1962	91.3	104.5	77.6	94.6		89.7
1963	105.3	109.4	104.5	101.3		102.5
1964	111.5	105.4	126.0	107.6		108.4
1965	112.3	106.5	120.9	105.8		109.7
1966	107.0	103.8	110.5	101.5		105.3
1967	96.6	94.4	96.1	99.3		95.0
1968	99.2	105.5	93.9	106.4		97.6
1969	114.1	96.9	130.3	105.8		113.3
1970	109.8	110.3	114.8	110.1		109.6
1971	100.3	100.9	96.0	103.4		99.0
1972	114.4	109.1	123.1	103.6		112.5
1973	103.6	96.4	108.2	100.2		102.2
1974	92.9	103.6	84.3	100.2		91.9
1975	98.7	95.7	99.1	102.4		97.7
1976	102.4	102.9	102.7	101.0		101.2
1977	118.8	98.3	136.7	109.3		117.9
1978	120.2	119.1	123.7	111.6		119.0
1979	113.3	114.2	114.0	110.0		112.1
1980	119.7	92.5	130.2	118.8		118.4
1981	113.6	102.9	114.0	124.2		112.6
1982	107.2	119.4	103.2	108.6		105.9
1983	111.2	89.1	114.3	124.7		109.9
1984	122.7	121.2	120.8	129.0		121.6
1985	119.4	99.9	122.6	124.4		118.2
1986	111.5	103.6	111.5	116.2		110.3
1987	112.8	102.5	114.0	115.1		111.3
1988	107.4	97.8	109.8	105.4		105.8
1989	96.9	99.8	94.4	102.3		95.8

1－06 续表 continued

（上年＝100） (Preceding Year＝100)

年 份 Year	生产总值 Gross Domestic Product	第一产业 Primary Industry	第二产业 Secondary Industry	第三产业 Tertiary Industry	人均生产总值（按常住）Per Capita GDP Long－term Residents	人均生产总值（按户籍）Per Capita GDP Household Registered
1990	105.8	106.4	106.5	103.8		104.9
1991	118.1	104.4	116.6	127.0		117.3
1992	122.9	100.3	129.7	122.3		122.1
1993	130.1	105.9	138.3	125.8		129.1
1994	126.3	108.1	132.1	122.0		125.2
1995	119.9	107.1	123.1	117.6		118.8
1996	113.0	105.4	114.5	112.2		112.0
1997	113.1	106.8	112.8	114.8		112.1
1998	111.2	109.4	111.8	110.7		110.5
1999	110.2	105.5	110.1	111.1		109.4
2000	112.0	105.7	112.5	112.1		111.1
2001	112.2	107.4	112.7	112.5		111.1
2002	113.2	104.1	113.3	114.7		111.8
2003	115.2	106.0	118.6	112.6		114.0
2004	115.0	105.1	116.7	114.3		113.7
2005	113.1	103.4	111.6	116.5		111.6
2006	114.3	104.1	112.5	117.4		113.0
2007	114.7	102.8	114.4	116.3	112.2	113.7
2008	111.0	103.8	108.8	114.0	108.9	110.0
2009	110.0	103.1	106.0	114.7	108.2	109.1
2010	112.0	102.5	111.2	113.5	108.7	111.1
2011	110.1	102.5	108.5	112.2	105.4	109.1
2012	109.0	102.5	106.9	111.3	104.5	108.1
2013	108.0	101.4	106.7	109.5	104.0	107.2
2014	108.2	101.9	107.8	108.8	104.6	107.0
2015	110.2	101.8	105.5	114.6	107.1	108.9
2016	109.7	101.4	104.5	113.6	107.2	108.2
2017	108.2	101.7	104.8	110.6	105.5	106.0
2018	106.7	101.8	105.8	107.5	103.6	104.1
2019	106.8	101.9	104.7	108.1	103.5	103.9
2020	103.9	99.4	102.3	105.0	100.8	100.0
2021	108.5	102.1	108.2	108.9	105.9	106.0
2022	101.5	101.7	100.4	102.0	99.8	99.5
2023	105.6	103.7	101.8	107.2	104.2	103.9

注:1.本表按可比价格计算。

a) The indices in this table are calculated at comparable prices.

1－07　市区生产总值指数(1978－2023年)

Indices of Gross Domestic Product of Urban District (1978－2023)

(上年＝100)　　(Preceding Year＝100)

年份 Year	地区生产总值 Gross Domestic Product	第一产业 Primary Industry	第二产业 Secondary Industry	第三产业 Tertiary Industry	人均生产总值(按常住) Per Capita GDP Long－term Residents	人均生产总值(按户籍) Per Capita GDP Household Registered
1978	120.1	118.8	122.3	113.6		118.0
1979	116.4	109.4	118.1	111.6		111.4
1980	124.8	85.9	127.8	120.0		119.7
1981	110.1	96.1	108.6	117.4		107.6
1982	108.6	118.8	107.4	111.7		106.3
1983	113.9	77.5	110.1	130.7		111.7
1984	124.0	138.2	121.5	130.0		121.8
1985	118.2	105.0	114.7	128.1		116.0
1986	109.4	101.6	106.5	116.7		107.4
1987	111.3	111.8	109.1	116.0		109.4
1988	105.0	99.2	106.0	103.2		103.3
1989	93.6	107.8	89.1	102.0		92.2
1990	105.6	100.6	106.0	105.2		104.6
1991	116.2	102.6	113.3	120.5		115.3
1992	125.7	101.1	125.6	127.0		124.5
1993	128.5	103.0	130.5	127.3		126.9
1994	126.6	109.3	133.6	119.5		124.4
1995	119.6	106.5	121.3	117.9		117.4
1996	114.7	106.1	116.7	112.4		105.3
1997	113.4	110.0	111.5	116.0		104.7
1998	109.4	107.7	108.7	110.4		107.8
1999	107.9	110.3	107.0	108.9		106.0
2000	111.6	100.4	111.6	112.0		109.3
2001	113.0	107.9	113.1	113.1		111.2
2002	114.1	105.2	112.9	115.4		111.9
2003	115.8	104.2	120.1	112.5		113.8
2004	115.5	103.6	117.4	114.1		113.4
2005	112.5	101.2	108.8	116.3		110.2
2006	114.1	101.2	111.2	118.0		112.4
2007	114.6	101.5	113.2	116.6	111.0	113.2
2008	110.8	100.9	107.8	114.1	107.9	109.4
2009	110.4	102.9	106.3	114.4	108.0	109.1
2010	111.9	101.4	110.6	113.4	107.6	110.6
2011	110.0	101.9	107.8	112.1	104.0	108.6
2012	109.0	102.1	106.3	111.3	103.4	107.7
2013	107.8	99.4	106.5	109.1	103.0	106.5
2014	108.2	101.0	107.9	108.6	104.0	106.7
2015	110.4	101.5	105.3	114.6	106.7	108.7
2016	109.8	100.1	104.1	113.6	106.7	107.8
2017	108.2	101.2	104.8	110.5	105.1	105.6
2018	106.8	101.5	106.0	107.4	103.3	103.6
2019	106.8	101.5	104.4	108.3	103.3	103.4
2020	104.1	99.3	102.2	105.3	100.7	100.7
2021	108.6	101.5	108.1	109.0	105.7	105.4
2022	101.5	101.1	100.1	102.0	99.6	99.0
2023	105.5	103.5	101.7	107.1	104.0	103.5

1－08 分行业

Composition of

单位:万元

行　业	Sector	全 Whole 2023	为上年(%) As Compared with the Preceding Year(%)
全市生产总值	**Gross Domestic Product**	**200589787**	**5.6**
按行业分	Grouped by Sector		
#农林牧渔业	#Farming Forestry Animal Husbandry & Fishery	3568954	3.7
工业	Industry	49844991	2.4
建筑业	Construction	6855511	－1.7
批发和零售业	Wholesale and Retail Trade	16518817	2.5
交通运输、仓储和邮政业	Transportation, Storage and Post	6458649	25.0
住宿和餐饮业	Hotels and Catering Services	2653718	11.0
金融业	Financial Intermediation	24896454	7.7
房地产业	Real Estate	12723796	2.2
其他服务业	Others	77068898	7.6
营利性服务业	For－profit Service Industry	58429089	9.3
非营利性服务业	Non－profit Service Industry	18639809	2.4
第一产业	Primary Industry	3470982	3.7
第二产业	Secondary Industry	56668826	1.8
第三产业	Tertiary Industry	140449980	7.2

生产总值构成(2023年)
Gross Domestic Product by Sector(2023)

(10,000 yuan)

市 City		#市 区 Urban District			
比 重 (%) Proportion(%)		2023	为上年(%) As Compared with the Preceding Year(%)	比 重 (%) Proportion(%)	
2023	2022			2023	2022
100.0	**100.0**	**188591504**	**5.5**	**100.0**	**100.0**
1.8	1.8	2419966	3.5	1.3	1.3
24.8	26.0	45890194	2.2	24.3	25.4
3.4	3.7	5763669	-2.6	3.1	3.4
8.2	8.2	15569275	2.3	8.3	8.2
3.2	2.6	5750921	24.2	3.0	2.5
1.3	1.2	2435880	11.4	1.3	1.2
12.4	12.6	23987536	7.5	12.7	12.9
6.3	6.6	11858488	2.6	6.3	6.5
38.4	37.3	74915575	7.6	39.7	38.6
29.1	27.8	57453292	9.2	30.5	29.1
9.3	9.5	17462283	2.5	9.3	9.5
1.7	1.8	2344941	3.5	1.2	1.3
28.3	29.7	51624944	1.7	27.4	28.8
70.0	68.5	134621619	7.1	71.4	69.9

1－09 分地区和产业生产总值构成(2023 年)

Composition of Gross Domestic Product by Region and Industry(2023)

单位:万元 (10,000 yuan)

地　区	Region	地区生产总值 Gross Domestic Product	第一产业 Primary Industry	第二产业 Secondary Industry	第三产业 Tertiary Industry	工　业 Industry	建筑业 Construction	户籍人口人均 GDP (元) Per Capita GDP (yuan)(Household Registered)	常住人口人均 GDP (元) Per Capita GDP (Long－term Residents)
全　市	**Whole City**	**200589787**	**3470982**	**56668826**	**140449980**	**49844991**	**6855511**	**234972**	**161129**
市　区	Urban District	188591504	2344941	51624944	134621619	45890194	5763669	263198	168040
#上城区	Shangcheng	26684817	－	6219512	20465306	4948078	1273413	298842	193298
拱墅区	Gongshu	20914822	－	1933965	18980857	1249897	693060	234846	176870
西湖区	Xihu	20873832	35174	1446100	19392558	1046488	401795	257487	178561
高新(滨江)区	Hi－Tech(Binjiang)	24679178	5497	9239521	15434160	9069110	170583	752116	460003
萧山区	Xiaoshan	22306890	570539	8239519	13496832	7302567	941570	174926	104974
余杭区	Yuhang	29364314	416464	3279703	25668147	2814406	468296	394612	212093
临平区	Linping	10672669	167997	5572726	4931946	5266705	308020	173736	95505
钱塘区	Qiantang	12703919	127785	8243697	4332437	7720698	526274	366097	158898
富阳区	Fuyang	9608783	533697	4052941	5022145	3469620	585957	137335	112515
临安区	Lin'an	6864526	471788	3391118	3001621	3002624	388555	126136	105608
西湖风景名胜区	The West Lake Scenic Zone	479731	15984	226	463521	－	229	258880	199888
桐庐县	Tonglu	4692292	285647	2146873	2259772	1705712	443045	112041	102340
淳安县	Chun'an	2804936	444586	759359	1600991	477459	282590	62532	86840
建德市	Jiande	4501056	395808	2137650	1967597	1771626	366207	89307	101261

1－10　分地区和产业生产总值指数(2023年)

Indices of Gross Domestic Product by Region and Industry(2023)

(上年=100)　　(Preceding Year=100)

地　区	Region	地区生产总值 Gross Domestic Product	第一产业 Primary Industry	第二产业 Secondary Industry	第三产业 Tertiary Industry	工　业 Industry	建筑业 Construction
全　市	**Whole City**	**105.6**	**103.7**	**101.8**	**107.2**	**102.4**	**98.3**
市　区	Urban District	105.5	103.5	101.7	107.1	102.2	97.4
#上城区	Shangcheng	104.3	–	98.0	106.4	99.1	93.9
拱墅区	Gongshu	105.1	–	101.0	105.5	102.0	99.1
西湖区	Xihu	105.1	108.1	93.8	106.1	91.5	100.6
高新(滨江)区	Hi－Tech(Binjiang)	108.0	108.8	106.0	109.2	106.3	92.5
萧山区	Xiaoshan	105.8	101.5	103.0	107.9	103.3	100.9
余杭区	Yuhang	108.5	103.7	97.4	110.3	96.8	102.9
临平区	Linping	106.0	104.0	103.1	109.2	103.3	100.2
钱塘区	Qiantang	104.2	104.6	102.8	106.9	102.6	106.6
富阳区	Fuyang	104.8	104.2	101.3	107.7	102.0	97.5
临安区	Lin'an	103.5	104.3	99.3	108.1	101.4	85.3
西湖风景名胜区	The West Lake Scenic Zone	106.4	100.0	100.5	106.8	100.0	124.2
桐庐县	Tonglu	106.5	104.3	103.6	109.6	104.3	101.2
淳安县	Chun'an	105.0	104.3	104.7	105.4	105.6	103.1
建德市	Jiande	105.5	103.9	102.9	109.0	102.7	103.9

1-11 主要指标占全省比重(2023年)
Proportion of Main Indicators in Whole Province(2023)

指标 Item		全省 Zhejiang Province	杭州市 Hangzhou	杭州市占全省(%) Proportion of Hangzhou in Zhejiang(%)
年末常住人口 Long-term Residents(End of 2023)	(万人) (10000 persons)	6627	1252.2	18.9
年末户籍人口 Household Registration Population(End of 2023)	(万人) (10000 persons)	5120.45	860.60	16.8
年末就业人员数 Total Number of Employed Persons	(万人) (10000 persons)	3921	770.02	19.6
地区生产总值 Gross Domestic Product	(亿元) (100 million yuan)	82553.21	20058.98	24.3
第一产业 Primary Industry	(亿元) (100 million yuan)	2331.97	347.10	14.9
第二产业 Secondary Industry	(亿元) (100 million yuan)	33952.67	5666.88	16.7
第三产业 Tertiary Industry	(亿元) (100 million yuan)	46268.57	14045.00	30.4
常住人口人均生产总值 Per Capita GDP of Long-term Residents	(元) (yuan)	125043	161129	-
农林牧渔业总产值 Gross Output Value of Farming, Forestry, Animal Husbandry and Fishery	(亿元) (100 million yuan)	3978.02	533.11	13.4
主要农产品产量 Output of Major Farm Products				
#粮食 Grain	(万吨) (10000 tons)	638.79	55.19	8.6
生猪年末存栏 Hogs in Stock at Year End	(万头) (10000 heads)	608.88	80.64	13.2
淡水产品总产量 Freshwater Aquatic products	(万吨) (10000 tons)	154.48	18.60	12.0

1－11　续表1　continued 1

指　标 Item	全　省 Zhejiang Province	杭州市 Hangzhou	杭州市占全省（%） Proportion of Hangzhou in Zhejiang（%）
规模以上工业企业总产值（亿元） Output Value of Industrial Enterprises Above Designated Size（100 million yuan）	105369	19135.27	18.2
规模以上工业企业利税总额（亿元） Total Pre－tax Profits of Industrial Enterprises above Designed Size（100 million yuan）	9418.99	2282.69	24.2
主要工业产品产量 Output of Major Industrial Products			
#发电量（亿千瓦时） Electricity（100 million kW·h）	4353	216.00	5.0
碳酸钠（纯碱）（万吨） Soda Ash（10000 tons）	33.61	31.84	94.7
合成氨（万吨） Synthetic Ammonia（10000 tons）	67.24	3.65	5.4
水泥（万吨） Cement（10000 tons）	12727.86	1650.41	13.0
钢材（万吨） Steels（10000 tons）	3335.2	247.11	7.4
化学纤维（万吨） Chemical Fiber（10000 tons）	3533.2	864.44	24.5
纱（万吨） Yarn（10000 tons）	167.73	33.93	20.2
自行车（万辆） Bicycles（10000 units）	151	40	26.7
电冰箱（万台） Household Refrigerator（10000 units）	462	58	12.6
洗衣机（万台） Washing Machine（10000 units）	1063	214	20.1
客运量（万人次） Volume of Passenger Transport（10000 person－times）	53058	16443	31.0

1－11　续表 2　continued 2

指　标 Item		全　省 Zhejiang Province	杭州市 Hangzhou	杭州市占全省（%） Proportion of Hangzhou in Zhejiang（%）
货运量 Volume of Goods Transport	（万吨） （10000 tons）	344038	44667	13.0
社会消费品零售总额 Total Retail Sales of Consumer Goods	（亿元） （100 million yuan）	32550.19	7670.57	23.6
出口额 Total Exports	（亿元） （100 million yuan）	35662.80	5338.72	15.0
实际利用外资 Foreign Capital Actually Used	（亿美元） （100 million USD）	202.31	88.31	43.7
财政总收入 Total Financial Revenue	（亿元） （100 million yuan）	15275.78	4916.53	32.2
#一般公共预算收入 General Public Budget Revenue	（亿元） （100 million yuan）	8600.02	2616.81	30.4
一般公共预算支出 Financial Expenditure	（亿元） （100 million yuan）	12353.09	2636.23	21.3
金融机构存款余额（本外币） Deposits of Financial Institutions	（亿元） （100 million yuan）	220736.58	77588.65	35.1
住户存款余额 Deposits of Households	（亿元） （100 million yuan）	97640.34	23430.99	24.0
金融机构贷款余额（本外币） Loans of Financial Institutions	（亿元） （100 million yuan）	217223.05	68641.55	31.6
非私营单位就业人员平均工资 Average Wage of Employed Persons of Non－private Units	（元） （yuan）	133045	158121	118.8
全体居民人均可支配收入 Per Capita Annual Disposable Income of Urban and Rural Residents	（元） （yuan）	63830	73797	115.6
城镇居民人均可支配收入 Per Capita Annual Disposable Income of Urban Residents	（元） （yuan）	74997	80587	107.5
农村居民人均可支配收入 Per Capita Annual Disposable Income of Rural Residents	（元） （yuan）	40311	48180	119.5
高等学校在校学生数 Student Enrollment in Institutions of Higher Education	（万人） （10000 persons）	145.58	63.55	43.7
普通中学在校学生数 Student Enrollment in Secondary Schools	（万人） （10000 persons）	262.24	43.83	16.7
小学在校学生数 Student Enrollment in Primary Schools	（万人） （10000 persons）	411.37	76.21	18.5

1－12 国民经济主要指标人均水平(2017－2023年)
Major Per Capita Indicators of National Economy(2017－2023)

指 标 Item	2017	2018	2019	2020	2021	2022	2023
全市生产总值 (元) Gross Domestic Product (yuan)	122249	129035	134856	137474	150998	154234	161129
规模以上工业总产值 (元) Gross Industrial Output Value above Designatted Size (yuan)	120419	126416	127568	124795	146851	149391	153709
农林牧渔业总产值 (元) Gross Output Value of Farming,Forestry, Animal Husbandry and Fishery (yuan)	4252	4204	4383	4247	4150	4197	4282
社会消费品零售总额 (元) Total Retail Sales of Consumer Goods (yuan)	49236	52029	54867	51365	55803	59345	61616
财政总收入 (元) Financial Revenue (yuan)	27136	31183	31924	32693	37749	37348	39493
#一般公共预算收入 (元) General Public Budget Revenue (yuan)	14560	16461	17195	17757	19749	19940	21020
一般公共预算支出 (元) General Public Budgetary Expenditure (yuan)	14313	15487	17080	17556	19794	20684	21176
全体居民可支配收入 (元) Annual Disposable Income of Urban and Rural Residents (yuan)	49832	54348	59261	61879	67709	70281	73797
全体居民消费性支出 (元) Annual Living Expendituer of Urban and Ruarual Residents (yuan)	34146	37369	40016	38235	44609	46440	50129
城镇居民可支配收入 (元) Annual Disposable Income of Urban Residents (yuan)	56276	61172	66068	68666	74700	77043	80587
城镇居民消费性支出 (元) Annual Living Expenditure of Urban Residents (yuan)	38179	41615	44076	41916	48629	50336	54103
农村居民可支配收入 (元) Annual Disposable Income of Rural Residents (yuan)	30397	33193	36255	38700	42692	45183	48180
农村居民消费性支出 (元) Annual Living Expenditure of Rural Residents (yuan)	21983	24203	26296	25664	30224	31980	35133

1-13 数字经济主要指标(2022-2023年)
Digital Economy(2022-2023)

指 标 Item	2022				2023			
	营业收入(亿元) Operating Income (100 million yuan)	增速(%) Growth (%)	增加值(亿元) Added Value (100 million yuan)	增速(%) Growth (%)	营业收入(亿元) Operating Income (100 million yuan)	增速(%) Growth (%)	增加值(亿元) Added Value (100 million yuan)	增速(%) Growth (%)
数字经济核心产业 Core Industries of Digital Economy	**16393**	**-0.5**	**5076**	**2.8**	**18737**	**7.9**	**5675**	**8.5**
相关产业 Related industries								
电子商务产业 E-commerce	4185	-3.5	1929	3.0	4539	8.6	2307	13.0
云计算与大数据产业 Cloud Computing and Big Data	4322	3.7	1686	2.2	4694	9.0	1818	9.9
物联网产业 Internet of Things	2825	0.3	656	4.6	2827	0.1	675	2.8
数字内容产业 Digital Content	9911	-2.6	3415	2.3	11790	9.3	4093	9.6
软件与信息服务产业 Software and Information Service	11940	-1.7	3835	2.1	13934	9.6	4399	9.1
电子信息产品制造产业 Electronic Information Products Manufacturing Industry	5950	4.2	1299	4.7	6281	2.8	1349	1.0
集成电路产业 Integrate Circuit Industry	452	8.9	124	10.2	452	0.0	119	-0.8
机器人产业 Robot Industry	175	15.3	46	13.4	193	10.1	48	7.7

1－14 分地区数字经济核心产业增加值(2023年)
Added Value of Core Industries of Digital Economy by Region(2023)

地　区	Region	增加值(亿元) Added Value (100 million yuan)	比上年增长(%) Increase over the preceding year(%)	占地区生产总值(%) Proportion in Gross Domestic Product(%)
杭州市	**Hangzhou**	**5675.0**	**8.5**	**28.3**
#上城区	Shangcheng	83.5	6.9	3.1
拱墅区	Gongshu	93.3	8.9	4.5
西湖区	Xihu	670.1	-0.8	32.1
高新(滨江)区	Hi－Tech(Binjiang)	1866.1	7.3	75.6
萧山区	Xiaoshan	274.5	8.5	12.3
余杭区	Yuhang	1998.5	11.9	68.1
临平区	Linping	75.1	10.2	7.0
钱塘区	Qiantang	155.9	12.2	12.3
富阳区	Fuyang	111.1	6.4	11.6
临安区	Lin'an	89.8	7.7	13.1
西湖风景名胜区	The West Lake Scenic Zone	-	-	-
桐庐县	Tonglu	63.4	2.3	13.5
淳安县	Chun'an	9.5	12.5	3.4
建德市	Jiande	21.1	15.1	4.7

1－15 “1＋6”产业集群主要指标(2022－2023 年)
“1＋6” Industrial Cluster(2022－2023)

产业分组 Industry Grouping	2022		2023	
	增加值(亿元) Added Value (100 million yuan)	速度(%) Growth (%)	增加值(亿元) Added Value (100 million yuan)	速度(%) Growth (%)
数字经济核心产业 Core Industries of Digital Economy	5076	2.8	5675	8.5
文化产业 Cultural Industry	2420	4.0	3211	11.3
金融产业 Financial service Industry	2409	7.5	2492	7.7
旅游休闲产业 Tourism Leisure Industry	929	－15.5	1097	18.0
健康产业 Health Industry	1577	8.5	1627	－0.9
时尚产业(制造业) Fashion Industry (Manufacturing)	291	－2.2	255	－8.5
高端装备产业(制造业) High－end Equipment Industry(Manufacturing)	1568	1.2	1760	4.7

注:1. 2021 年,根据《浙江省文化及相关特色产业分类(2018)》执行文化产业定义、范围和编码等省级标准;2022 年,依据国家《文化及相关产业分类(2018)》执行文化产业定义、范围和编码等国家标准》。

2. 高端装备产业(制造业)2022 年开始启用浙江省高端装备制造业统计分类目录(2021 年)。

a) In 2021, according to the Classification of Cultural and Related Characteristic Industries in Zhejiang Province (2018), provincial standards such as the definition, scope and coding of cultural industries were implemented; In 2022, according to the national Classification of Cultural and Related Industries (2018), national standards such as the definition, scope, and coding of cultural industries were implemented。

b) In 2022, High－end Equipment Industry(Manufacturing) implemented statistical classification catalogue of High－end Equipment Manufacturing Industry in Zhejiang Province 2021.

1-16 按机构类型和登记注册类型分组的法人单位数(2022年)

Number of Corporation Units by Types of Organization and Registration(2022)

单位:个 (unit)

指标名称	Item	法人单位数 Number of Corporation Units	单产业法人单位 Containing Single Industrial Activity	多产业法人单位 Containing Multiple Industrial Activity
总计	**Total**	**643191**	**630417**	**12774**
按机构类型分组	**By Type of Organization**			
企业	Enterprises	615090	602446	12644
事业单位	Publlic Institution	5039	5007	32
机关	Office	1223	1163	60
社会团体	Social Group	4523	4523	-
民办非企业单位	Private Non-enterprise Unit	8919	8918	1
基金会	Foundation	373	373	-
居委会	Neighborhood Committees	1257	1246	11
村委会	Village Committees	1899	1897	2
农民专业合作社	Specialty Cooperative of Peasants	2638	2627	11
农村集体经济组织	Rural Collective economic organization	985	978	7
其他组织机构	Other	1245	1239	6
按登记注册类型分组	**Grouped By Registered Type**	**643191**	**630417**	**12774**
内资企业	Domestic-funded	636408	624135	12273
国有企业	State-owned	7277	7124	153
集体企业	Collective-owned	3155	3123	32
股份合作企业	Cooperative	391	377	14
联营企业	Joint Ownership	156	155	1
国有联营企业	State Joint Ownership	8	8	-
集体联营企业	Collective Joint	19	19	-
国有与集体联营企业	Joint State-collective	11	11	-
其他联营企业	Other Joint Ownership	118	117	1

1－16 续表 continued

单位:个 (unit)

指标名称	Item	法人单位数 Number of Corporation Units	单产业法人单位 Containing Single Industrial Activity	多产业法人单位 Containing Multiple Industrial Activity
有限责任公司	Limited Liability Corporations	25795	24304	1491
国有独资公司	State－funded Corporations	758	658	100
其他有限责任公司	Other Limited Liability Corporations	25037	23646	1391
股份有限公司	Share－holding Corporations Ltd.	1205	895	310
私营企业	Private	581225	570981	10244
私营独资企业	Private－funded	12595	12447	148
私营合伙企业	Private Partnership	15530	15505	25
私营有限责任公司	Private Limited Liability Corporations	552181	542223	9958
私营股份有限公司	Private Share－holding Corporations Ltd.	919	806	113
其他企业	Other Domestic－funded	17204	17176	28
港、澳、台商投资企业	Enterprises With Investment from Hong Kong, Macao and Taiwan	2531	2357	174
合资经营企业(港或澳、台资)	Joint－venture Enterprises with funds from Hong Kong, Macao and Taiwan	639	586	53
合作经营企业(港或澳、台资)	Cooperative Enterprises with funds from Hong Kong, Macao and Taiwan	23	22	1
港、澳、台商独资经营企业	Enterprises With Sole Investment from Hong Kong, Macao and Taiwan	1788	1685	103
港、澳、台商投资股份有限公司	Share－holding Corporations Ltd. With Investment from Hong Kong, Macao and Taiwan	48	36	12
其他港、澳、台商投资企业	Other Enterprises With Investment from Hong Kong, Macao and Taiwan	33	28	5
外商投资企业	With Foreign Investment	4252	3925	327
中外合资经营企业	Joint－venture	1289	1199	90
中外合作经营企业	Cooperation Enterprises	43	36	7
外资企业	With Sole Foreign Investment	2700	2479	221
外商投资股份有限公司	Share－holding Corporations Ltd. With Foreign Investment	58	51	7
其他外商投资企业	Other Enterprises With Foreign Investment	162	160	2

1－17 按行业和地区分组的法人单位数(2022年)

Number of Corporation Units by Sector and Region(2022)

单位:个 (unit)

指标名称 Item	法人单位数 Number of Corporation Units	单产业法人单位 Containing Single Industrial Activity	多产业法人单位 Containing Multiple Industrial Activity
合计 Total	**643191**	**630417**	**12774**
一、按国民经济行业分组 Grouped by Sector			
农、林、牧、渔业 Farming, Forestry, Animal Husbandry and Fishery	6996	6960	36
农业 Agriculture	4011	3995	16
林业 Forestry	960	956	4
畜牧业 Animal Husbandry	672	664	8
渔业 Fishery	599	594	5
农、林、牧、渔、服务业 Services for Farming, Forestry, Animal Husbandry and Fishery	754	751	3
采矿业 Mining and Quarrying	135	133	2
煤炭采选业和洗选业 Coal Mining and Processing	2	2	-
黑色金属矿采选业 Ferrous Metals Mining and Processing	8	8	-
有色金属矿采选业 Nonferrous Metals Mining and Processing	11	10	1
非金属矿采选业 Nonmetal Minerals Mining and Processing	114	113	1
制造业 Manufacturing Industry	57072	56158	914
农副食品加工业 Agricultural Products Processing	955	932	23
食品制造业 Food Manufacturing	946	905	41
酒、饮料和精制茶制造业 Wine, Beverage and Tea Manufacturing	638	616	22
烟草制品业 Tobacco Processing	-	-	-
纺织业 Textile Industry	4774	4715	59
纺织服装、服饰业 Textile Products and Costune Industry	4901	4860	41

1－17 续表1 continued 1

单位：个 (unit)

指标名称 Item	法人单位数 Number of Corporation Units	单产业法人单位 Containing Single Industrial Activity	多产业法人单位 Containing Multiple Industrial Activity
皮革、毛皮、羽毛及其制品和制鞋业 Leather, Furs, Downand Related and Shoes Products	923	913	10
木材加工和木、竹、藤、棕、草制品业 Timber Processing, Bamboo, Cane, Palm Fiber and Straw Products	1085	1081	4
家具制造业 Furniture Manufacturing	1120	1104	16
造纸和纸制品业 Paper Making and Paper Products	2202	2184	18
印刷和记录媒介复制业 Printing and Record Media	1325	1315	10
文教、工美、体育和娱乐用品制造业 Cultural, Educational, Industrial Arts, Sports and Entertainment Goods	2381	2360	21
石油、煤炭及其他燃料加工业 Petroleum, Coal and other Fuel Processing	93	91	2
化学原料和化学制品制造业 Raw Chemical Materials and Chemical Products	1846	1804	42
医药制造业 Medical and Pharmaceutical Products	518	501	17
化学纤维制造业 Chemical Fiber	394	388	6
橡胶和塑料制品业 Rubber and Plastic Products	3393	3353	40
非金属矿物制品业 Nonmetal Minerals Products	2754	2712	42
黑色金属冶炼和压延加工业 Smelting and Processing of Ferrous Metal	271	268	3
有色金属冶炼和压延加工业 Smelting and Processing of Nonferrous Metals	346	339	7
金属制品业 Metals Products	6143	6082	61
通用设备制造业 Ordinary Machinery	6262	6165	97
专用设备制造业 For Special Purpose Equipment Manufacturing	3525	3449	76
汽车制造业 Automobile Manufacturing	1794	1775	19
铁路、船舶、航空航天和其他运输设备制造业 Railway, watercraft, Avigation spaceflight and other Equipment Manufacturing	470	466	4
电气机械和器材制造业 Electric Equipment and Machinery	3492	3406	86
计算机、通信和其他电子设备制造业 Computers, Telecommunications and Other Electronic Equipment Manufacturing	2192	2121	71
仪器仪表制造业 Instruments and Meters Manufacturing	1244	1185	59

1－17 续表 2 continued 2

单位:个 (unit)

指标名称 Item	法人单位数 Number of Corporation Units	单产业法人单位 Containing Single Industrial Activity	多产业法人单位 Containing Multiple Industrial Activity
其他制造业 Other Manufacturing	408	405	3
废弃资源综合利用业 Multiple Utilization of Waste Resouces	188	183	5
金属制品、机械和设备修理业 Metal Products, Machinery and Equipment Repair	489	480	9
电力、热力、燃气及水生产和供应业 Production and Supply of Electricity, Heating, Gas and Water	901	872	29
电力、热力生产和供应业 Production and Supply of Electric Power and Heat Power	604	595	9
燃气生产和供应业 Production and Supply of Gas	70	63	7
水的生产和供应业 Production and Supply of Water	227	214	13
建筑业 Construction	30797	29744	1053
房屋建筑业 Housing	4669	4358	311
土木工程建筑业 Civil Engineering	6398	6057	341
建筑安装业 Installation	2852	2716	136
建筑装饰、装修和其他建筑业 Building Decoration and Others	16878	16613	265
批发和零售业 Wholesale and Retail Trade	196791	193953	2838
批发业 Wholesale	116907	115596	1311
零售业 Retail Trade	79884	78357	1527
交通运输、仓储和邮政业 Transportation, Storage and Post	11858	11544	314
铁路运输业 Railway Transport	16	15	1
道路运输业 Highway Transport	8535	8363	172
水上运输业 Water Transport	143	137	6
航空运输业 Air Transport	86	82	4
管道运输业 Pipeline Transport	2	2	-
多式联运和运输代理业 Multimodal Transport and Transport Agency	1654	1597	57

1－17 续表3 continued 3

单位:个 (unit)

指标名称 Item	法人单位数 Number of Corporation Units	单产业法人单位 Containing Single Industrial Activity	多产业法人单位 Containing Multiple Industrial Activity
装卸搬运和仓储业 Carrying and Storage	938	917	21
邮政业 Postal Services	484	431	53
住宿和餐饮业 Lodging and Catering Services	14309	13579	730
住宿业 Lodging	4181	4041	140
餐饮业 Catering Services	10128	9538	590
信息传输、软件和信息技术服务业 Information Transmission , Software and Information Technology Services	83734	82687	1047
电信、广播电视和卫星传输服务 Telecommunication, Radio and Television, Satellite Transmission Services	808	759	49
互联网和相关服务 Internet and Related Services	7741	7626	115
软件和信息技术服务业 Software and Information Technology Services	75185	74302	883
金融业 Banking and Insurance	3808	3566	242
货币金融服务 Monetary and Financial Services	371	297	74
资本市场服务 Capital Market Services	2404	2365	39
保险业 Insurance	249	141	108
其他金融业 Others	784	763	21
房地产业 Real Estate	19611	18830	781
房地产业 Real Estate	19611	18830	781
租赁和商务服务业 Renting and Business Service	96181	94084	2097
租赁业 Renting	5915	5795	120
商务服务业 Commercial Service	90266	88289	1977
科学研究和技术服务业 Scientific Research and Technical Service	50977	49917	1060
研究和试验发展 Research and Experiment	5293	5229	64
专业技术服务业 Technical Services	24788	24001	787

1－17　续表 4　continued 4

单位：个　(unit)

指标名称 Item	法人单位数 Number of Corporation Units	单产业法人单位 Containing Single Industrial Activity	多产业法人单位 Containing Multiple Industrial Activity
科技推广和应用服务业 Technology Promotion and Application Services	20896	20687	209
水利、环境和公共设施管理业 Water Conservancy, Environment and Public Facility Management	3186	3091	95
水利管理业 Water Conservancy	175	172	3
生态保护和环境治理业 Ecological Protection and Environmental Management	640	617	23
公共设施管理业 Public Facility Management	2151	2096	55
土地管理业 Land Management	220	206	14
居民服务、修理和其他服务业 Service for the Residents ,Repair and Others	15653	15191	462
居民服务业 Resident Services	8849	8539	310
机动车、电子产品和日用产品修理业 Motor Vehicles , Electronics and Household Goods Repair Industry	4640	4551	89
其他服务业 Other Services	2164	2101	63
教育 Education	11405	11071	334
教育 Education	11405	11071	334
卫生和社会工作 Health Care & Social Welfare	5057	4738	319
卫生 Health Care	2531	2241	290
社会工作 Social Welfare	2526	2497	29
文化、体育和娱乐业 Culture, Sports and Entertainment	22020	21673	347
新闻和出版业 News and Publishing	234	226	8
广播、电视、电影和录音制作业 Television, Radio, Film and Television Sound Recording Production	4373	4324	49
文化艺术业 Culture and Arts	4973	4935	38
体育 Sports	2441	2328	113
娱乐业 Recreation	9999	9860	139

1－17　续表5　continued 5

单位:个　(unit)

指标名称 Item	法人单位数 Number of Corporation Units	单产业法人单位 Containing Single Industrial Activity	多产业法人单位 Containing Multiple Industrial Activity
公共管理、社会保障和社会组织 Public Administration ,Social Security and Social Organization	12700	12626	74
中国共产党机关 Communist Party Agencies	144	144	–
国家机构 Government Agencies	2586	2525	61
人民政协、民主党派 The CPPCC, Democratic Parties	40	40	–
社会保障 Social Security	51	51	–
群众团体、社会团体和其他成员组织 Mass Organizations,Social Groups and Other Members of Organization	5576	5576	–
基层群众自治组织及其他组织 Basic Level Mass Autonomous Organization and Other Organizations	4303	4290	13
二、按地区分组			
杭州市 HangZhou	643191	630417	12774
#上城区 Shangcheng	59914	57957	1957
拱墅区 Gongshu	84554	82362	2192
西湖区 Xihu	61162	59319	1843
高新(滨江)区 Hi－Tech(Binjiang)	50435	49515	920
萧山区 Xiaoshan	96345	94954	1391
余杭区 Yuhang	70691	69595	1096
富阳区 Fuyang	36963	36454	509
临安区 Lin'an	22469	22143	326
临平区 Linping	52239	51315	924
钱塘区 Qiantang	58826	57991	835
桐庐县 Tonglu	21978	21730	248
淳安县 Chun'an	14420	14128	292
建德市 Jiande	13195	12954	241

注:1.建筑业单位地区分组按照注册地行政区划代码进行汇总,因此与分机构类型、登记注册类型及行业汇总数据有差异。
a) Construction enterprises grouped by region is according to the code of administrative division of the registered area, therefore the data is different to grouped by organizations, groupe by registration types and industry aggregate.

1－18　市区分月气象概况(2023年)

Monthly Meteorological Conditions in Urban District(2023)

月　份	Month	平均气温(度) Average Temperature(℃)	日照时数(小时) Sunshine Hours(hours)	降雨天数(天) Rainfall Days (day)	降雨量(毫米) Precipitation(mm)
全　年	**Whole Year**	**18.7**	**2101.3**	**140**	**1167.2**
1　月	January	6.8	173.6	9	57.7
2　月	February	8.2	103.7	15	88.1
3　月	March	13.4	140.5	12	73.9
4　月	April	18.3	158.8	13	56.4
5　月	May	22.6	158.8	13	129.0
6　月	June	26.5	147.3	16	183.2
7　月	July	30.3	218.1	14	186.7
8　月	August	28.9	222.9	15	189.3
9　月	September	26.7	184.5	11	77.4
10　月	October	20.5	201.3	8	11.3
11　月	November	14.7	211.6	6	67.3
12　月	December	7.4	180.2	8	46.9

注:1. 市区数据不含萧山区、余杭区、临平区、富阳区、临安区。

a)The data of urban area doesn't include Xiaoshan District, Yuhang District, Linping District, Fuyang District and Lin'an District.

1-19 气　象
Meteorological

指　标	Item	市　区 Urban District	萧山区 Xiaoshan	余杭区 Yuhang
一、气　温	**The Atmospheric Temperature**			
全年平均气温　（度）	Annual Average Temperature　（℃）	18.7	18.4	18.8
极端最高气温　（度）	The Highest Temperature of the Year　（℃）	39.5	38.7	41.4
出现日期　（日/月）	Date　（d/m）	11/7	12/7,15/7	12/7
极端最低气温　（度）	The Lowest Temperature of the Year　（℃）	-5.4	-5.7	-5.7
出现日期　（日/月）	Date　（d/m）	22/12	22/12	25/1
二、降　雨	**Rainfall**			
本年降雨日数　（日）	Total Rainy Days　（day）	140	141	142
全年降雨总量　（毫米）	Annual Rainfall　（millimeters）	1167.2	1212.1	1295.1
最长连续降雨日数　（日）	Longest Consecutive Days of Rain　（day）	10	10	10
最长连续降雨总量　（毫米）	Rainfall　（millimeters）	79.6	64.7	73.0
最长连续降雨起止日期　（日/月）	Start/End　（d/m）	5/2-14/2	5/2-14/2	5/2-14/2
日最大降雨量　（毫米）	Maximum Daily Rainfall　（millimeters）	79.7	82.6	83.4
出现日期　（日/月）	Date　（d/m）	24/6	24/6	24/6
三、全年日照总时数　（小时）	**Total Sunshine Hours　（hours）**	**2101.3**	**1705.9**	
四、降　霜	**Frost**			
全年降霜日数　（日）	Annual Frost Days　（day）			
初霜日期　（日/月）	Start Date　（d/m）			
终霜日期　（日/月）	End Date　（d/m）			
五、降　雪	**Snow**			
全年降雪日数　（日）	Annual Frost Days　（day）	5	8	
初雪日期　（日/月）	Start Date　（d/m）	30/11/2022	30/11/2022	
终雪日期　（日/月）	End Date　（d/m）	24/1/2023	24/1/2023	

注:1. 市区数据不含萧山区、余杭区、临平区、富阳区、临安区。

概　　况(2023 年)
Conditions by Region(2023)

临平区 Linping	钱塘区 Qiantang	富阳区 Fuyang	临安区 Lin'an	桐庐县 Tonglu	淳安县 Chun'an	建德市 Jiande
18.1	18.3	18.4	17.5	18.2	18.3	18.3
38.8	39.5	39.3	38.2	40.5	38.0	39.6
12/7	12/7	12/7	12/7	15/7	12/7	15/7
-6.8	-5.9	-6.3	-7.7	-6.1	-5.5	-5.6
25/1	25/1	22/12	22/12	22/12	22/12	23/12
145	133	142	144	155	139	141
1307.8	1109.6	1176.2	1318.5	1266.3	1367.2	1282.3
10	10	10	8	10	10	10
80.4	69.7	71.3	111.8	75.8	74.9	68.8
5/2 -14/2	5/2 -14/2	5/2 -14/2	20/6 -27/6	5/2 -14/2	5/2 -14/2	5/2 -14/2
91.5	85.0	68.5	70.7	125.0	88.2	66.6
24/6	22/7	24/6	28/7	22/7	20/7	22/7
1542.6		1767.8	1858.2	1607.2	1720.5	1591.6
		11				
		22/12				
		16/2				
7		5	5	4	4	2
30/11/2022		16/12/2022	30/11/2022	30/11/2022	1/12/2022	2/12/2022
14/2/2023		14/2/2023	14/2/2023	16/1/2023	24/1/2023	17/1/2023

a) The data of urban area doesn't include Xiaoshan District, Yuhang District, Linping District, Fuyang District and Lin'an District.

主要统计指标解释

地区生产总值(GDP) 指一个国家(或地区)所有常住单位在一定时期内生产活动的最终成果。地区生产总值有三种表现形态,即价值形态、收入形态和产品形态。从价值形态看,它是所有常住单位在一定时期内生产的全部货物和服务价值超过同期投入的全部非固定资产货物和服务价值的差额,即所有常住单位的增加值之和;从收入形态看,它是所有常住单位在一定时期内创造并分配给常住单位和非常住单位的初次收入分配之和;从产品形态看,它是所有常住单位在一定时期内最终使用的货物和服务价值与货物和服务净出口价值之和。在实际核算中,生产总值有三种计算方法,即生产法、收入法和支出法。三种方法分别从不同的方面反映生产总值及其构成。

三次产业 是根据社会生产活动历史发展的顺序对产业结构的划分,产品直接取自自然界的部门称为第一产业,对初级产品进行再加工的部门称为第二产业,为生产和消费提供各种服务的部门称为第三产业。它是世界上较为通用的产业结构分类,但各国的划分不尽一致。2017 年前的三次产业划分标准按照当年《统计年鉴》,从 2018 年起,三次产业分类依据国家统计局修订的标准调整为:

第一产业是指农、林、牧、渔业(不含农、林、牧、渔专业及辅助性活动)。

第二产业是指工业[采矿业(不含开采专业及辅助性活动),制造业(不含金属制品、机械和设备修理业),电力、热力、燃气及水生产和供应业]和建筑业。

第三产业即服务业,是指除第一产业、第二产业以外的其他行业。

可比价格 指在不同时期的价值指标对比时,扣除了价格变动的因素,以确切反映物量的变化。按可比价格计算有两种方法:一种是直接用产品产量乘每一年的不变价格计算;另一种使用价格指数换算。

不变价格 指用同类产品的年平均价格作为固定价格,来计算各年产品价值。按不变价格计算的产品价值消除了价格变动因素,不同时期对比可反映出生产的发展速度。新中国成立后,随着工农业产品价格的变化,国家统计局先后五次制定了全国统一的工业产品不变价格和农业产品不变价格,从 1949 年到 1957 年使用 1952 工(农)业产品不变价格,从 1957 年到 1971 年使用 1957 年不变价格,从 1981 年到 1990 年使用 1980 年不变价格,从 1991 年到 2000 年使用 1990 年不变价格,从 2001 年到 2005 年使用 2000 年不变价格,从 2006 年到 2010 年使用 2005 年不变价格,从 2011 年到 2015 年使用 2010 年不变价格,从 2016 年到 2020 年使用 2015 年不变价格,从 2021 到 2025 年使用 2020 年不变价格。

数字经济 按照《国民经济行业分类(2017 版)》新的行业分类目录,界定数字经济核心产业统计分类目录,确定了计算机通信和其他电子设备制造业、电子信息机电制造业、专用电子设备制造业、电信广播电视和卫星传输服务业、互联网及其相关服务业、软件和信息技术服务业、文化数字内容及其服务业等 7 大类 128 个小类行业作为数字经济核心产业统计范围,并确定在全省组织开展数字经济核心产业定期统计监测工作。

“1 +6 产业集群” 2016 年,杭州在国民经济和社会发展第十三个五年规划纲要中,提出:构建以信息经济为引领、现代服务业为主导、先进制造业为支撑、都市现代农业为基础的现代产业新体系,推进产业迈向中高端。确立发展万亿信息产业集群以及文化创意、旅游休闲、金融服务、健康、时尚、高端装备制造等六大千亿产业集群的目标。

降水量 从天空降落到地面的液态或固态(经融化后)降水,未经蒸发、渗透、流失而在水平面上积聚的深度。降水量以毫米为单位。

空气的温度(简称气温) 表示空气冷热程度的物理量。

日照时数 太阳在一地实际照射地面的时数。

Explanatory Notes on Main Statistical Indicators

Gross Domestic Product (GDP) refers to the final products of all resident units in a country (or a region) during a certain period of time. Gross domestic product is expressed in three different forms, i. e. value, income, and products respectively. The form of value refers to the total value of all products and services produced by all resident units during a certain period of time minus total value of input of materials and services of the nature of non – fixed assets or the summation of the value – added of all resident units; the form of income includes all the income created by all resident units and distributed primarily to all resident and non – resident units; the form of products refers to all goods and services for final use by all resident units plus net export of goods and services during a given period of time. In the practice of national accounting, gross domestic product is calculated with three approaches, i. e. production approach, income approach, and expenditure approach, which reflect gross domestic product and its composition from different aspects.

Three Industries Industry structure has been classified according to the historical sequence of development. Primary Industry refers to extraction of natural resources; Secondary Industry involves processing of primary products; and Tertiary Industry provides services of various kinds for production and consumption. The above classification is universal although it varies to some extent from country to country. The division standard of three industries was in accordance with Hangzhou Statistical Yearbook of the year before 2017, but since 2018 according to the classification standard revised by the Antional Bureau of Statistics, it has been adjusted as follows.

Primary Industry refers to agriculture, forestry, animal husbandry and fishery industries (excluding professional and support activities in agriculture, forestry, animal husbandry and fishery) .

Second Industry refers to industry [mining(excluding its professional and support activities) , manufacturing(excluding the repair services of metal product, machine and equipment) , production and supply of electricity, heat, water and gas] and construction.

Tertiary Industry is the service industry, refers to all other industries other than Primary or Secondary industries.

Comparable Price refers to the price deducting the factor of price change when comparing value indicators of different periods to reflect accurately the changes in physical value. There are two methods to calculate comparable price: one is to multiply the output of products by their constant prices of a certain year, and the other is to converse the data by relevant price index.

Constant Price refers to the average price of a given production a certain year, which is used to calculate the product value per year. The product value calculated on constant prices eliminates the factor of price changes, so its comparison between different periods may reflect the speed of production development. since the establishment of new China, , with the changes in general price level, the State Statistical Bureau has issued nationally unified constant prices for five times. The 1952 constant prices had been used from1949 to1957, the 1957 constant prices from1957 to1971, the 1970 constant prices from1971 to1981, the 1980 constant prices from1981 to1990, the 1990 constant prices from 1991 to 2000, the 2000 constant prices from 2001 to 2005, the 2005 constant prices from 2006 to 2010, the 2010 constant prices from 2011 to 2015, the 2015 constant prices from 2016 to 2020, and the 2020 constant price from 2021 to 2025.

Digital Economy According to the new industry classification catalogue of national economic industry classification (2017 Edition) , define the statistical classification catalogue of core industries of digital economy. The statistical scope of the core industries of digital economy is determined as seven categories and 128 sub industries, including computer communication and other electronic equipment manufacturing industry, electronic information electromechanical manufacturing industry, special electronic equipment manufacturing industry, telecommunication, radio and television and satellite transmission service industry, Internet and its related service industry, software and information technology service industry, cultural digital content and its service industry. The regular statistical monitoring work of digital economy core industry is launched in the whole province.

"1 +6"Industrial Cluster In 2016, in the outline of the 13th five – year plan for national economic and social development, Hangzhou suggested to establish a new system of modern industry led by the information economy , dominated by the modern service industry, supported by the advanced manufacturing industry and based on the urban modern agriculture to promote industries to develop towards medium and high end. An aim is established to develop a trillion – scale information industrial cluster, and six hundred – billion – scale industrial cluster of Cultural and Creative Industry, Tourism Leisure Industry, Financial Services Industry, Health Industry, Fashion Industry and High – end Equipment Manufacturing Industry.

Precipitation refers to the depth of the water accumulated on the horizontal plane by rainwater, liquid or melt from solid, falling from the sky to the ground without evaporation, infiltration and loss.

It is calculated in the unit of millimeter (mm) .

Air Temperature refers to the physical quantity indicating the degree of coldness or hotness of the air.

Duration of sunshine refers to the number of hours the sun actually shines on the ground in one place.

二 人口和就业人员

POPULATION AND EMPLOYMENT

人口和就业人员
Population and Employment

主要统计指标
Major Statistical Indicators

年末常住人口	Long-term Residents(year-end)	1252.20	万人	(10, 000 persons)
为上年	As Compared with the Preceding Year	101.2	%	(%)
# 城镇人口	Urban Population	1054.30	万人	(10, 000 persons)
年末户籍登记户数	Total Registration Households(year-end)	271.79	万户	(10, 000 households)
为上年	As Compared with the Preceding Year	102.0	%	(%)
年末户籍登记人口	Total Registration Population(year-end)	860.60	万人	(10, 000 persons)
为上年	As Compared with the Preceding Year	101.6	%	(%)
# 男性	Male	423.30	万人	(10, 000 persons)
为上年	As Compared with the Preceding Year	101.4	%	(%)
户籍人口自然增长率	Natural Growth Rate of Household Registered Population	1.01	‰	(‰)
年末就业人员	Number of Employed Persons(year-end)	770.02	万人	(10, 000 persons)
为上年	As Compared with the Preceding Year	101.5	%	(%)

2-01 历次普查常住人口情况

Long-term Residents in the Past Population Census

单位:万人　　　　(10000 persons)

地　区 Region	第一次全国人口普查 1953.7.1 the First National Population Census (1953.7.1)	第二次全国人口普查 1964.7.1 the Second National Population Census (1964.7.1)	第三次全国人口普查 1982.7.1 the Third National Population Census (1982.7.1)	第四次全国人口普查 1990.7.1 the Fourth National Population Census (1990.7.1)	第五次全国人口普查 2000.11.1 the Fifth National Population Census (2000.11.1)	第六次全国人口普查 2010.11.1 the Sixth National Population Census (2010.11.1)	第七次全国人口普查 2020.11.1 the Seventh National Population Census (2020.11.1)
杭州市 Hangzhou	**301.13**	**421.90**	**526.05**	**583.21**	**687.87**	**870.04**	**1193.60**
市　区 Urban District	227.49	318.88	405.55	454.38	564.52	752.64	1071.12
#上城区 Shangcheng				21.10	33.51	34.46	35.77
下城区 Xiacheng				25.66	41.24	52.61	48.58
江干区 Jianggan				36.12	56.54	99.88	148.78
拱墅区 Gongshu				29.34	42.93	55.19	63.51
西湖区 Xihu				35.40	59.33	82.00	111.30
高新(滨江)区 Hi-Tech(Binjiang)					11.59	31.90	50.38
萧山区 Xiaoshan	56.32	82.34	106.11	113.06	123.33	151.13	225.89
余杭区 Yuhang	52.28	64.96	80.50	86.08	81.77	117.03	240.25
富阳区 Fuyang	29.22	39.66	54.13	58.07	62.86	71.77	83.20
临安区 Lin'an	26.01	35.57	45.65	49.55	51.42	56.67	63.46
桐庐县 Tonglu	19.73	26.20	34.83	37.66	37.81	40.64	45.31
淳安县 Chun'an	27.49	38.66	42.03	43.55	38.23	33.68	32.90
建德市 Jiande	26.42	38.15	43.64	47.63	47.31	43.08	44.27

注:1. 历年普查市区口径均已按现行行政辖区调整。

a) The data of the past population censuses in urban district were adjusted according to the current administrative division.

2-02 分地区常住人口和城镇化率(2021-2023 年末)
Resident Population and Urbanization Rate by Region (End of 2021-2023)

地区	Region	常住人口(万人) Long-term Residents(10000 Persons)			城镇化率(%) Urbanization Rate(%)		
		2021 年末 End of 2021	2022 年末 End of 2022	2023 年末 End of 2023	2021 年末 End of 2021	2022 年末 End of 2022	2023 年末 End of 2023
全市	**Whole City**	**1220.4**	**1237.6**	**1252.2**	**83.6**	**84.0**	**84.2**
上城区	Shangcheng	133.5	137.1	139.0	100.0	100.0	100.0
拱墅区	Gongshu	114.5	117.7	118.8	100.0	100.0	100.0
西湖区	Xihu	111.8	116.7	117.1	97.1	97.4	97.5
西湖风景名胜区	The West Lake Scenic Zone	2.4	2.4	2.4	100.0	100.0	100.0
高新(滨江)区	Hi-Tech (Binjiang)	52.5	53.0	54.3	100.0	100.0	100.0
萧山区	Xiaoshan	205.6	211.0	214.0	80.9	81.1	81.3
余杭区	Yuhang	130.9	136.4	140.5	72.9	74.1	74.6
临平区	Linping	119.1	110.8	112.7	89.5	89.1	89.2
钱塘区	Qiantang	79.3	79.7	80.2	88.4	88.6	88.7
富阳区	Fuyang	83.9	85.1	85.7	71.6	72.0	72.4
临安区	Lin'an	64.2	64.8	65.2	59.8	60.9	61.2
桐庐县	Tonglu	45.5	45.8	45.9	70.9	71.0	71.5
淳安县	Chun'an	32.8	32.5	32.1	48.6	50.7	52.3
建德市	Jiande	44.4	44.6	44.3	53.2	53.5	54.3

2－03 户籍人口和总户数(1949－2023年)
Household Registered Population and Households(1949－2023)

年份 Year	总户数(万户) Total Households (10000 Households)	总人口(万人) Total Population (10000 Persons)	城镇人口(万人) Urban Population (10000 Persons)	按性别分 By Gender 男(万人) Male (10000 Persons)	女(万人) Female (10000 Persons)
1949		288.08	68.67	152.99	135.09
1950		297.64	70.08	158.74	138.90
1951		304.89	73.10	163.27	141.61
1952		318.97	75.18	164.60	147.52
1953		328.63	77.17	168.69	150.28
1954		339.29	82.71	173.67	154.96
1955		346.57	85.27	179.25	160.04
1956		365.64	86.97	182.86	163.71
1957		372.75	99.49	192.46	173.18
1958		384.41	108.15	198.82	173.93
1959		391.16	117.88	204.89	179.52
1960		391.16	126.55	207.87	183.29
1961		393.79	119.23	207.15	186.64
1962		403.74	108.96	211.02	192.72
1963		416.36	108.83	217.15	199.21
1964		426.76	104.96	222.66	204.10
1965		435.66	107.29	226.56	209.10
1966		441.84	106.64	229.25	212.59
1967		449.35	107.92	233.27	216.18
1968		456.39	107.14	236.76	219.63
1969		455.58	104.49	235.77	219.81
1970		458.82	101.94	237.09	221.73
1971		467.81	105.98	241.93	225.88
1972		474.06	109.08	244.68	229.88
1973		480.62	110.10	248.06	232.56
1974		485.68	109.87	250.73	234.95
1975		491.68	110.87	253.71	237.97
1976		495.91	112.05	255.78	240.10
1977		499.96	112.14	257.75	242.20
1978	117.89	505.55	116.06	260.74	244.81
1979	116.61	511.83	124.60	263.97	247.86
1980	119.11	515.53	128.88	266.02	249.51
1981	125.96	520.73	134.56	268.69	252.04
1982	131.53	528.06	139.94	272.72	255.34
1983	135.55	533.05	143.34	275.64	257.41
1984	139.24	537.49	147.46	278.04	259.45
1985	145.23	543.05	153.46	281.11	261.94
1986	151.59	549.53	157.19	284.57	264.96
1987	157.66	557.63	161.12	288.70	268.93
1988	164.41	565.04	164.87	292.21	272.83
1989	169.09	570.98	167.28	295.15	275.83

2-03 续表 continued

年 份 Year	总户数(万户) Total Households (10000 Households)	总人口 (万人) Total Population (10000 Persons)	城镇人口(万人) Urban Population (10000 Persons)	按性别分 By Gender 男(万人) Male (10000 Persons)	女(万人) Female (10000 Persons)
1990	171.94	574.78	169.00	297.02	277.76
1991	174.78	578.73	171.25	298.85	279.88
1992	177.68	582.40	174.03	300.63	281.77
1993	179.17	587.10	179.11	303.03	284.07
1994	180.65	592.93	186.50	306.00	286.93
1995	182.55	597.96	191.43	308.25	289.71
1996	184.33	603.22	196.68	310.76	292.46
1997	186.28	607.96	204.39	313.02	294.94
1998	187.80	611.64	210.52	314.69	296.95
1999	191.60	616.05	219.05	316.63	299.42
2000	193.48	621.58	227.00	319.09	302.49
2001	195.56	629.14	237.77	322.78	306.36
2002	198.27	636.81	252.02	326.62	310.19
2003	201.12	642.78	263.67	329.04	313.74
2004	204.52	651.68	282.58	332.62	319.06
2005	207.42	660.45	297.54	336.12	324.33
2006	209.91	666.31	309.78	338.23	328.08
2007	211.99	672.35	323.75	340.50	331.85
2008	213.74	677.64	340.76	342.45	335.19
2009	215.28	683.38	354.48	344.51	338.87
2010	216.51	689.12	365.24	346.56	342.56
2011	218.26	695.71	376.03	349.09	346.62
2012	218.95	700.52	384.09	350.90	349.62
2013	220.66	706.61	393.88	353.32	353.29
2014	222.35	715.76	404.27	357.26	358.50
2015	225.79	723.55	447.24	360.68	362.87
2016	229.57	736.00	463.86	366.47	369.53
2017	235.26	753.88	482.55	374.75	379.12
2018	241.84	774.10	515.04	384.20	389.90
2019	248.14	795.37	535.96	394.26	401.11
2020	254.75	813.83	568.23	402.72	411.11
2021	261.95	834.54	593.36	412.25	422.30
2022	266.45	846.75	610.08	417.66	429.09
2023	271.79	860.60	634.34	423.30	437.30

注:1. 按公安户籍人口统计。
2. 城镇人口 2015 年前为非农业人口。
a) Figures in this table are based on the household registered statistics which published by Public Security Bureau.
b) Since 2015, the donotation of Non-agriculture Population has been adjusted to Urban Population.

2－04 市区户籍人口和总户数(1978－2023年)
Household Registered Population and Households of Urban District(1978－2023)

年 份 Year	总户数(万户) Total Households (10000 households)	总人口数(万人) Total Population (10000 persons)	城镇人口(万人) Urban Population (10000 persons)	按性别分 By Gender 男(万人) Male (10000 persons)	女(万人) Female (10000 persons)
1978	25.52	104.53	78.73	53.95	50.58
1979	26.23	110.50	85.05	57.09	53.41
1980	27.23	113.08	87.93	58.56	54.52
1981	29.88	115.59	90.53	59.96	55.63
1982	31.24	118.05	92.72	61.28	56.77
1983	32.69	120.13	94.94	62.43	57.70
1984	34.07	122.29	97.34	63.63	58.66
1985	35.36	124.67	100.01	64.96	59.71
1986	37.02	127.07	102.59	66.29	60.78
1987	38.70	129.16	104.09	67.38	61.78
1988	40.05	131.26	107.30	68.46	62.80
1989	41.19	132.84	108.88	69.28	63.56
1990	42.26	133.89	109.97	69.75	64.14
1991	42.98	134.97	111.20	70.33	64.64
1992	43.63	136.30	112.70	71.08	65.22
1993	44.55	138.33	115.13	72.22	66.11
1994	45.04	141.27	118.48	73.82	67.45
1995	46.06	143.52	121.38	74.91	68.61
1996	52.39	166.73	128.76	87.15	79.58
1997	53.14	169.29	131.76	88.53	80.76
1998	53.92	171.89	134.62	89.86	82.03
1999	54.64	175.27	139.29	91.65	83.62
2000	55.34	179.18	143.69	93.64	85.54
2001	115.81	379.49	193.26	194.59	184.90
2002	117.11	387.01	205.98	198.47	188.54
2003	119.01	393.19	216.13	201.14	192.05
2004	120.56	401.59	233.08	204.43	197.16
2005	122.02	409.52	245.56	207.70	201.82
2006	123.31	414.18	256.42	209.45	204.73
2007	124.40	419.50	269.30	211.59	207.91
2008	125.56	424.30	285.11	213.54	210.76
2009	126.92	429.44	297.83	215.56	213.88
2010	128.43	434.82	307.52	217.65	217.16
2011	130.14	440.34	317.63	219.86	220.48
2012	131.48	445.43	325.50	221.99	223.43
2013	133.27	450.82	334.38	224.24	226.58
2014	157.11	525.07	358.56	261.17	263.90
2015	160.47	532.86	389.14	264.71	268.15
2016	164.22	544.68	403.20	270.31	274.38
2017	188.48	615.23	440.61	304.86	310.37
2018	194.84	635.30	469.27	314.28	321.02
2019	201.01	656.56	488.16	324.39	332.17
2020	207.43	675.30	517.09	333.05	342.25
2021	214.44	696.59	541.52	342.89	353.70
2022	218.88	709.25	558.12	348.58	360.67
2023	224.25	723.83	582.45	354.65	369.18

注:1. 城镇人口2015年前为非农业人口。

a) Before 2015, the Urban Population was Non－agriculture Population.

2－05　分地区户籍人口和总户数(2023 年末)

Household Registered Population and Households by Region(End of 2023)

地　区 Region	总户数 (户) Total Households (household)	总人口数 (人) Total Population (person)	按性别分　By Gender	
			男(人) Male (person)	女(人) Female (person)
全　市 Whole City	**2717909**	**8606036**	**4233038**	**4372998**
市　区 Urban District	2242468	7238308	3546546	3691762
#上城区 Shangcheng	298544	903085	439872	463213
拱墅区 Gongshu	294863	894743	433386	461357
西湖区 Xihu	234525	834048	411481	422567
高新(滨江)区 Hi－Tech(Binjiang)	88537	334063	166522	167541
萧山区 Xiaoshan	382085	1288605	630234	658371
余杭区 Yuhang	236641	759189	370666	388523
临平区 Linping	190486	626191	300593	325598
钱塘区 Qiantang	97236	351512	173500	178012
富阳区 Fuyang	225516	701432	350566	350866
临安区 Lin'an	194035	545440	269726	275714
桐庐县 Tonglu	149959	418326	207047	211279
淳安县 Chun'an	146822	446881	225717	221164
建德市 Jiande	178660	502521	253728	248793

注:1. 西湖区包含风景名胜区。

a)Figures of Xihu include the West Lake Scenic Zone.

2－06 分地区户籍人口年龄构成(2023 年末)

Age Structure of Household Registered Population by Region(End of 2023)

地 区 Region	0－17 岁 0～17 years old		18－34 岁 18～34 years old		35－59 岁 35～59 years old		60 岁以上 over 60 years old	
	人数(人) Number of people (person)	占总人口% of the total population	人数(人) Number of people (person)	占总人口% of the total population	人数(人) Number of people (person)	占总人口% of the total population	人数(人) Number of people (person)	占总人口% of the total population
全 市 Whole City	**1558846**	**18.1**	**1688183**	**19.6**	**3193514**	**37.1**	**2165493**	**25.2**
市 区 Urban District	1366525	18.9	1443106	19.9	2656689	36.7	1771988	24.5
#上城区 Shangcheng	167603	18.6	157209	17.4	329310	36.5	248963	27.6
拱墅区 Gongshu	147658	16.5	175564	19.6	321752	36.0	249769	27.9
西湖区 Xihu	169712	20.3	174266	20.9	320564	38.4	169506	20.3
高新(滨江)区 Hi－Tech(Binjiang)	75979	22.7	84340	25.2	122035	36.5	51709	15.5
萧山区 Xiaoshan	222413	17.3	262349	20.4	453050	35.2	350793	27.2
余杭区 Yuhang	165809	21.8	158697	20.9	275041	36.2	159642	21.0
临平区 Linping	150692	24.1	121383	19.4	225313	36.0	128803	20.6
钱塘区 Qiantang	78252	22.3	86706	24.7	124019	35.3	62535	17.8
富阳区 Fuyang	109520	15.6	129582	18.5	275236	39.2	187094	26.7
临安区 Lin'an	78887	14.5	93010	17.1	210369	38.6	163174	29.9
桐庐县 Tonglu	62328	14.9	74695	17.9	162012	38.7	119291	28.5
淳安县 Chun'an	59980	13.4	80195	17.9	181239	40.6	125467	28.1
建德市 Jiande	70013	13.9	90187	17.9	193574	38.5	148747	29.6

2-07 户籍人口自然变动情况(1949-2023年)

Natural Changes of Household Registered Population(1949-2023)

年份 Year	人口自然变动人数(人) Population Natural Change(person)			人口自然变动率(‰) Population Natural Change Rate(‰)		
	出生人数 Birth Population	死亡人数 Death Population	自然增长人数 Natural Growth Population	出生率 Birth Rate	死亡率 Death Rate	自然增长率 Natural Growth Rate
1949	-	-	-	-	-	-
1950	101227	41810	59417	34.56	14.28	20.28
1951	116825	43156	73669	38.78	14.32	24.46
1952	120319	45073	75246	39.00	14.61	24.39
1953	124863	44777	80086	39.57	14.19	25.38
1954	130491	45526	84965	40.30	14.06	26.24
1955	130236	43984	86252	39.00	13.17	25.83
1956	111440	30537	80903	32.50	8.90	23.60
1957	142406	34673	107733	39.99	9.74	30.25
1958	137238	35642	101596	37.17	9.65	27.52
1959	102030	40031	61999	26.95	10.57	16.38
1960	108282	34569	73713	27.92	8.91	19.01
1961	83206	34361	48845	21.20	8.75	12.45
1962	155335	32116	123219	38.95	8.05	30.90
1963	170431	30884	139547	41.59	7.54	34.05
1964	146073	36868	109205	34.62	8.74	25.88
1965	137319	32585	104734	31.85	7.56	24.29
1966	120047	31509	88538	27.36	7.18	20.18
1967	107577	28248	79329	24.14	6.34	17.80
1968	111134	28303	82831	24.55	6.25	18.30
1969	109723	26956	82767	24.06	5.91	18.15
1970	101075	27768	73307	22.08	6.08	16.00
1971	96497	28571	67926	20.83	6.17	14.66
1972	85188	27890	57298	18.09	5.92	12.17
1973	81414	28144	53270	17.06	5.90	11.16
1974	70353	29723	40630	14.56	6.15	8.41
1975	74209	29655	44554	15.19	6.07	9.12
1976	71064	30053	41011	14.39	6.09	8.30
1977	73471	33239	40232	14.76	6.68	8.08
1978	73550	29928	43622	14.63	5.95	8.68
1979	71442	29500	41942	14.04	5.80	8.24
1980	52145	30727	21418	10.15	5.98	4.17
1981	73015	31352	41663	14.09	6.05	8.04
1982	82910	30805	52105	15.81	5.87	9.94
1983	69940	33598	36342	13.18	6.33	6.85
1984	60091	33070	27021	11.23	6.18	5.05
1985	66757	33715	33042	12.36	6.24	6.12
1986	84702	33576	51126	15.50	6.15	9.35
1987	94127	33238	60889	17.00	6.00	11.00
1988	85472	35356	50116	15.23	6.30	8.93
1989	81048	34031	47017	14.27	5.99	8.28

2－07 续表 continued

年 份 Year	人口自然变动人数(人) Population Natural Change(person)			人口自然变动率(‰) Population Natural Change Rate(‰)		
	出生人数 Birth Population	死亡人数 Death Population	自然增长人数 Natural Growth Population	出生率 Birth Rate	死亡率 Death Rate	自然增长率 Natural Growth Rate
1990	76579	34977	41602	13.37	6.11	7.26
1991	66144	33534	32610	11.47	5.81	5.66
1992	61708	34681	27027	10.63	5.97	4.66
1993	62465	34127	28338	10.68	5.84	4.84
1994	63580	35099	28481	10.78	5.95	4.83
1995	62586	36186	26400	10.51	6.08	4.43
1996	63680	35417	28263	10.60	5.90	4.70
1997	58471	34663	23808	9.65	5.72	3.93
1998	53951	38302	15649	8.85	6.28	2.57
1999	59085	36866	22219	9.63	6.01	3.62
2000	62300	40218	22082	10.07	6.50	3.57
2001	52088	33827	18261	8.33	5.41	2.92
2002	53064	35867	17197	8.38	5.67	2.72
2003	51420	36662	14758	8.04	5.73	2.31
2004	59940	34078	25862	9.26	5.27	3.99
2005	57233	35417	21816	8.72	5.39	3.33
2006	57790	38892	18898	8.71	5.86	2.85
2007	60296	37833	22463	9.01	5.65	3.36
2008	61332	42648	18684	9.09	6.32	2.77
2009	62441	39159	23282	9.18	5.76	3.42
2010	69606	46193	23413	10.14	6.73	3.41
2011	70337	38225	32112	10.16	5.52	4.64
2012	77349	49789	27560	11.08	7.13	3.95
2013	70850	37544	33306	10.07	5.34	4.73
2014	89743	40415	49328	12.62	5.68	6.94
2015	70617	40326	30291	9.81	5.60	4.21
2016	90896	35614	55282	12.46	4.88	7.58
2017	109496	63366	46130	14.70	8.51	6.19
2018	94713	46525	48188	12.40	6.09	6.31
2019	91450	36774	54676	11.65	4.68	6.97
2020	79806	42532	37274	9.92	5.29	4.63
2021	71606	47612	23994	8.69	5.78	2.91
2022	68655	47980	20675	8.17	5.71	2.46
2023	67443	58782	8661	7.90	6.89	1.01

注:1. 本表按公安部门统计。
a) Figures in this table are based on the Public Security Bureau.

2-08 市区户籍人口自然变动情况(1978-2023年)
Natural Changes of Household Registered Population of Urban District(1978-2023)

年 份 Year	人口自然变动人数(人) Population Natural Change(person)			人口自然变动率(‰) Population Natural Change Rate(‰)		
	出生人数 Birth Population	死亡人数 Death Population	自然增长人数 Natural Growth Population	出生率 Birth Rate	死亡率 Death Rate	自然增长率 Natural Growth Rate
1978	11923	6449	5474	11.56	6.25	5.31
1979	13184	5808	7376	12.26	5.40	6.86
1980	9708	6511	3197	8.68	5.82	2.86
1981	14938	6599	8339	13.06	5.77	7.29
1982	18092	6494	11598	15.49	5.56	9.93
1983	17107	6949	10158	14.36	5.84	8.52
1984	16257	6892	9365	13.41	5.69	7.72
1985	15824	7403	8421	12.81	6.84	6.82
1986	17120	6865	10255	13.60	5.45	8.15
1987	18701	7070	11631	14.60	5.52	9.08
1988	18503	7503	11000	14.21	5.76	8.45
1989	15868	6985	8883	12.02	5.29	6.73
1990	14085	7490	6595	10.56	5.62	4.94
1991	10195	7025	3170	7.58	5.22	2.36
1992	9994	7259	2735	7.37	5.35	2.02
1993	10099	7196	2903	7.35	5.24	2.11
1994	9918	7082	2836	7.09	5.06	2.03
1995	9806	7367	2439	6.89	5.17	1.72
1996	12098	8221	3877	7.80	5.30	2.50
1997	12304	8630	3674	7.32	5.13	2.19
1998	11714	9060	2654	6.87	5.31	1.56
1999	13694	8148	5546	7.89	4.69	3.20
2000	15058	10996	4062	8.50	6.20	2.30
2001	30902	19439	11463	8.22	5.17	3.05
2002	33156	19922	13234	8.65	5.20	3.45
2003	29019	21176	7843	7.44	5.43	2.01
2004	34858	19445	15413	8.77	4.89	3.88
2005	34056	21310	12746	8.39	5.25	3.14
2006	33260	21156	12104	8.08	5.14	2.94
2007	37029	20051	16978	8.88	4.81	4.07
2008	38703	21428	17275	9.17	5.08	4.09
2009	40293	22178	18115	9.44	5.20	4.24
2010	47052	25404	21648	10.89	5.88	5.01
2011	47256	22140	25116	10.80	5.06	5.74
2012	51892	27271	24621	11.72	6.16	5.56
2013	48107	21332	26775	10.74	4.76	5.97
2014	69577	27249	42328	13.36	5.23	8.13
2015	55275	26492	28783	10.45	5.01	5.44
2016	71427	23544	47883	13.26	4.37	8.89
2017	92571	52817	39754	15.96	9.11	6.85
2018	80238	36336	43902	12.83	5.81	7.02
2019	78168	27683	50485	12.10	4.28	7.82
2020	68661	33013	35648	10.31	4.96	5.35
2021	62554	37341	25213	9.12	5.44	3.68
2022	60594	37494	23100	8.62	5.33	3.29
2023	59620	46816	12804	8.32	6.53	1.79

2-09 分地区户籍人口自然变动情况(2023年)
Natural Changes of Household Registered Population by Region(2023)

地 区 Region	出 生 Birth		死 亡 Death		自然增长 Natural Growth	
	人数(人) Birth Population (person)	出生率(‰) Birth Rate(‰)	人数(人) Death Population (person)	死亡率(‰) Death Rate(‰)	人数(人) Natural Growth Population (person)	自然增长率(‰) Natural Growth Rate(‰)
全 市 Whole City	**67443**	**7.90**	**58782**	**6.89**	**8661**	**1.01**
市 区 Urban District	59620	8.32	46816	6.53	12804	1.79
#上城区 Shangcheng	6539	7.32	6577	7.37	-38	-0.04
拱墅区 Gongshu	6232	7.00	7884	8.85	-1652	-1.85
西湖区 Xihu	5874	7.08	4629	5.58	1245	1.50
高新(滨江)区 Hi-Tech(Binjiang)	3508	10.69	1185	3.61	2323	7.08
萧山区 Xiaoshan	10893	8.54	8565	6.72	2328	1.83
余杭区 Yuhang	9204	12.37	3882	5.22	5322	7.15
临平区 Linping	6346	10.33	3390	5.52	2956	4.81
钱塘区 Qiantang	3188	9.19	1490	4.29	1698	4.89
富阳区 Fuyang	4776	6.83	4659	6.66	117	0.17
临安区 Lin'an	3060	5.62	4555	8.37	-1495	-2.75
桐庐县 Tonglu	2514	6.00	3415	8.15	-901	-2.15
淳安县 Chun'an	2255	5.03	3928	8.76	-1673	-3.73
建德市 Jiande	3054	6.06	4623	9.17	-1569	-3.11

2－10 分地区户籍人口机械变动情况(2023 年)

Mechanical Changes of Household Registered Population by Region(2023)

单位:人 (person)

地 区 Region	本年迁入人数 Number of the Persons Moved in		本年迁出人数 Number of the Persons Moved Out		本年净迁入人数 Net Persons Moved in
	省 内 From Zhejiang Province	省 外 From Other Provinces	省 内 To Zhejiang Province	省 外 To Other Provinces	
全 市 Whole City	**59299**	**107763**	**16392**	**20803**	**129867**
市 区 Urban District	57706	104743	9899	19557	132993
#上城区 Shangcheng	9966	12631	868	1880	19849
拱墅区 Gongshu	8274	10943	1382	3493	14342
西湖区 Xihu	8749	13613	2155	5369	14838
高新(滨江)区 Hi－Tech(Binjiang)	4974	7741	865	1449	10401
萧山区 Xiaoshan	6591	12859	748	1181	17521
余杭区 Yuhang	6899	16080	848	1757	20374
临平区 Linping	5458	15729	506	845	19836
钱塘区 Qiantang	4825	8291	1766	2474	8876
富阳区 Fuyang	788	2729	262	448	2807
临安区 Lin'an	1182	4127	499	661	4149
桐庐县 Tonglu	668	1326	1627	407	－40
淳安县 Chun'an	417	702	2436	376	－1693
建德市 Jiande	508	992	2430	463	－1393

2-11 婚姻登记情况(2022-2023年)

Marriage Registration Situations(2022-2023)

地区 Region	2022			2023		
	准予登记结婚对数(对) Marriages Legally Registered(couples)	再婚人数(人) Re-married (person)	离婚对数(对) Divorces (couples)	准予登记结婚对数(对) Marriages Legally Registered(couples)	再婚人数(人) Re-married (person)	离婚对数(对) Divorces (couples)
全市 Whole City	**65315**	**25296**	**17027**	**72380**	**27959**	**20800**
市区 Urban District	56960	21622	14848	66295	24526	18324
#萧山区 Xiaoshan	9077	3050	1673	9142	3394	2170
余杭区 Yuhang	5434	2329	996	6226	2762	1386
临平区 Linping	4807	2648	934	4758	2677	1905
富阳区 Fuyang	4044	1811	1338	4472	2171	1564
临安区 Lin'an	2922	1646	1325	2906	1754	1642
桐庐县 Tonglu	2338	1237	766	2290	1227	881
淳安县 Chun'an	3672	1130	628	1589	940	677
建德市 Jiande	2345	1307	785	2206	1266	918

2－12 规模以上单位

Number of Employed Persons of

单位:人

地区、行业	Region, Sector	就业人员合计 Number of Employed Persons	非私营单位 Non－private
全市	**Total**	**3290416**	**1715976**
市区	Urban District	3103976	1643162
#上城区	Shangcheng District	327691	189009
拱墅区	Gongshu District	352224	188902
西湖区	Xihu District	389222	245822
高新(滨江)区	Hi－Tech(Binjiang) District	398132	263635
萧山区	Xiaoshan District	513716	203527
余杭区	Yuhang District	313371	169883
临平区	Linping	238277	79830
钱塘区	Qiantang	309861	186559
富阳区	Fuyang District	133886	60365
临安区	Lin'an District	116827	47289
西湖风景名胜区	The West Lake Scenic Zone	10769	8341
桐庐县	Tonglu County	72175	31539
淳安县	Chun'an County	40420	15976
建德市	Jiande City	73845	25299
按国民经济行业分组	**Grouped by Sector**		
农、林、牧、渔业	Farming, Forestry, Animal Husbandry & Fishery	－	－
采矿业	Mining	761	57
制造业	Manufacturing	1061833	550250
电力、热力、燃气及水生产和供应业	Production & Supply of Electricity, Heat, Gas & Water	15696	14117
建筑业	Construction	579386	128471
批发和零售业	Wholesale & Retail Trades	329486	168202
交通运输、仓储和邮政业	Transportation, Storage and Posts	128868	109756
住宿和餐饮业	Hotels and Catering Services	137682	80710
信息传输、软件和信息技术服务业	Information Transmission, Software and Information Technology	341503	246313
金融业	Financial Intermediation	－	－
房地产业	Real Estate	170665	126850
租赁和商务服务业	Leasing and Business Services	255910	149195
科学研究、技术服务业	Scientific Research, Technical Services	144453	82746
水利、环境和公共设施管理业	Management of Water Conservancy, Environment and Public Facilities	20858	11032
居民服务、修理和其他服务业	Service to Households, Repair and Other Services	42316	19294
教育	Education	12670	4304
卫生和社会工作	Health Care and Social Work	31888	13246
文化、体育和娱乐业	Culture, Sports and Entertainment	16441	11433
公共管理、社会保障和社会组织	Public Management, Social Security and Social Organizations	－	－

就业人员数（2023 年末）
Units Above Designated Size(End of 2023)

(person)

女性 Female	非私营单位 Non - private	在岗职工 Staff and Workers	非私营单位 Non - private	其他就业人员 Other Employed Persons	非私营单位 Non - private
1174169	**633561**	**3174516**	**1659958**	**115900**	**56018**
1107311	608302	2996673	1589992	107303	53170
127920	76438	307769	179616	19922	9393
129586	75975	331512	172410	20712	16492
150436	103683	374797	236126	14425	9696
137418	88142	394416	262306	3716	1329
160282	64234	498494	197873	15222	5654
114666	60142	299428	166722	13943	3161
88222	31230	230485	78344	7792	1486
105749	70045	304326	183860	5535	2699
49362	21014	130283	58606	3603	1759
39266	14207	114937	46240	1890	1049
4404	3192	10226	7889	543	452
28112	11694	70722	31065	1453	474
15855	6234	35782	13852	4638	2124
22891	7331	71339	25049	2506	250
–	–	–	–	–	–
143	14	761	57	0	0
394647	183383	1046419	543464	15414	6786
3940	3605	15418	13882	278	235
82569	20800	542120	119127	37266	9344
170926	85033	319049	160936	10437	7266
34273	28318	127346	108761	1522	995
76252	46869	114130	63022	23552	17688
123860	90894	340029	245521	1474	792
–	–	–	–	–	–
78516	58837	161947	121120	8718	5730
87540	51491	247244	144962	8666	4233
48479	29716	141783	81350	2670	1396
8549	4619	19678	10851	1180	181
25892	11943	40721	19237	1595	57
7457	2577	11833	4153	837	151
22554	9366	30115	12361	1773	885
8572	6096	15923	11154	518	279
–	–	–	–	–	–

2－13 规模以上单位

Average Number of Employed Persons of

单位:人

地区、行业	Region, Sector	就业人员年平均人数 Annual Average Number of Staff and Workers	非私营单位 Non－private
全市	**Total**	**3306652**	**1735213**
市区	Urban District	3120623	1662291
#上城区	Shangcheng District	326485	189421
拱墅区	Gongshu District	354040	192774
西湖区	Xihu District	392059	251402
高新(滨江)区	Hi－Tech(Binjiang) District	407198	270525
萧山区	Xiaoshan District	512672	203703
余杭区	Yuhang District	314264	169740
临平区	Linping	239398	80033
钱塘区	Qiantang	312198	188720
富阳区	Fuyang District	134511	60462
临安区	Lin'an Districty	117099	47285
西湖风景名胜区	The West Lake Scenic Zone	10699	8226
桐庐县	Tonglu County	75801	33643
淳安县	Chun'an County	38187	14350
建德市	Jiande City	72041	24929
按国民经济行业分组	**Grouped by Sector**		
农、林、牧、渔业	Farming, Forestry, Animal Husbandry & Fishery	－	－
采矿业	Mining	762	57
制造业	Manufacturing	1069225	557273
电力、热力、燃气及水生产和供应业	Production & Supply of Electricity, Heat, Gas & Water	16015	14469
建筑业	Construction	568461	134985
批发和零售业	Wholesale & Retail Trades	333658	169179
交通运输、仓储和邮政业	Transportation, Storage and Posts	129020	109638
住宿和餐饮业	Hotels and Catering Services	137054	78823
信息传输、软件和信息技术服务业	Information Transmission, Software and Information Technology	352571	252625
金融业	Financial Intermediation	－	－
房地产业	Real Estate	174106	129471
租赁和商务服务业	Leasing and Business Services	258138	147124
科学研究、技术服务业	Scientific Research, Technical Services	143567	81616
水利、环境和公共设施管理业	Management of Water Conservancy, Environment and Public Facilities	21415	11294
居民服务、修理和其他服务业	Service to Households, Repair and Other Services	40086	18982
教育	Education	13654	4612
卫生和社会工作	Health Care and Social Work	32275	13611
文化、体育和娱乐业	Culture, Sports and Entertainment	16645	11454
公共管理、社会保障和社会组织	Public Management, Social Security and Social Organizations	－	－

平均人员数(2023 年)
Units Above Designated Size(2023)

(person)

在岗职工年平均人数 Staff and Workers	非私营单位 Non - private	其他就业人员年平均人数 Average Number of Other Employed Persons	非私营单位 Non - private
3191395	**1682016**	**115257**	**53197**
3012727	1610326	107896	51965
306421	180280	20064	9141
333798	176948	20242	15826
376955	241555	15104	9847
403446	268953	3752	1572
496415	197821	16257	5882
299798	166997	14466	2743
232444	78726	6954	1307
306977	186084	5221	2636
131094	58879	3417	1583
115179	46281	1920	1004
10200	7802	499	424
74386	33182	1415	461
34801	13813	3386	537
69481	24695	2560	234
–	–	–	–
762	57	0	0
1054028	550629	15197	6644
15724	14221	291	248
532148	127995	36313	6990
323048	161677	10610	7502
127504	108591	1516	1047
112885	61570	24169	17253
350916	251625	1655	1000
–	–	–	–
165361	123817	8745	5654
250039	143393	8099	3731
140831	80191	2736	1425
20440	11115	975	179
38555	18931	1531	51
12730	4477	924	135
30367	12592	1908	1019
16057	11135	588	319
–	–	–	–

2-14 分行业规模以上单位

The Education Level of Workers in

单位:人

行　业	Sector	单位就业人员 The Education Level 研究生及以上 Postgraduate and above
总　计	**Total**	**165781**
农、林、牧、渔业	Farming, Forestry, Animal Husbandry & Fishery	-
采矿业	Mining	3
制造业	Manufacturing	43657
电力、热力、燃气及水生产和供应业	Production & Supply of Electricity, Heat, Gas & Water	499
建筑业	Construction	6919
批发和零售业	Wholesale & Retail Trades	11401
交通运输、仓储及邮政业	Transportation, Storage and Posts	1710
住宿和餐饮业	Hotels and Catering Services	410
信息传输、软件和信息技术服务业	Information Transmission, Software and Information Technology	62294
金融业	Financial Intermediation	-
房地产业	Real Estate	3171
租赁和商务服务业	Leasing and Business Services	9212
科学研究和技术服务业	Scientific Research, Technical Services	21252
水利、环境和公共设施管理业	Management of Water Conservancy, Environment and Public Facilities	318
居民服务、修理和其他服务业	Service to Households, Repair and Other Services	129
教育	Education	1175
卫生和社会工作	Health Care and Social Work	1801
文化、体育和娱乐业	Culture, Sports and Entertainment	1830
公共管理、社会保障和社会组织	Public Management, Social Security and Social Organizations	-

职工素质情况(2023 年末)

Units Above Designated Size by Sector(End of 2023)

(persons)

文化程度 of the Employed Persons				单位就业人员中专业技术人员 Professional and Technical Personnel	单位就业人员中技术工人 Skilled Workers
大学本科 Bachelor's Degree	大专 College Degree	中专及高中 Technical Secondary School and High School	初中及以下 Junior High School and Below		
877817	**654049**	**692985**	**899784**	**802730**	**837467**
–	–	–	–	–	–
35	91	163	484	83	310
231005	174864	238147	371877	235457	386131
6786	4302	2688	1421	4038	6365
89571	101175	151740	234013	126318	188539
106427	97111	73452	40601	43971	32154
30752	38482	27978	29940	11860	49645
11227	28745	47060	50286	4975	29136
200186	65841	10174	2823	190689	20150
–	–	–	–	–	–
32048	37366	40140	57240	17455	23084
61342	44882	75924	64353	35807	75691
77537	34705	8146	2731	100679	7358
2689	2185	3038	12628	2149	5927
2439	4704	7284	27763	1548	8934
8196	2156	793	341	4588	569
9887	14196	3984	2023	16814	2696
7690	3244	2274	1260	6299	778
–	–	–	–	–	–

2 - 15　三次产业就业人员及构成(2013 - 2023 年)

Number of Employed Persons by Three Industries(2013 - 2023)

单位:万人　　(10000 persons)

指标名称 Item	2013	2014	2015	2016	2017	2018	2019	2020	2021	2022	2023
全市总计 Total	**606.89**	**613.64**	**627.70**	**641.45**	**658.37**	**685.86**	**726.57**	**748.39**	**759.68**	**758.64**	**770.02**
第一产业 Primary Industry	57.29	55.67	48.95	44.83	43.30	36.06	34.28	30.31	30.32	29.81	29.08
第二产业 Secondary Industry	236.17	237.67	238.21	240.19	241.13	243.50	251.22	255.40	265.49	263.64	266.21
第三产业 Tertiary Industry	313.43	320.30	340.54	356.43	373.94	406.30	441.07	462.68	463.87	465.19	474.73
全市构成(以合计为100) Composition(Total = 100)	**100**	**100**	**100**	**100**	**100**	**100**	**100**	**100**	**100**	**100**	**100**
第一产业 Primary Industry	9.4	9.1	7.8	7.0	6.6	5.3	4.7	4.1	4.0	3.9	3.8
第二产业 Secondary Industry	38.9	38.7	37.9	37.4	36.6	35.5	34.6	34.1	34.9	34.8	34.6
第三产业 Tertiary Industry	51.6	52.2	54.3	55.6	56.8	59.2	60.7	61.8	61.1	61.3	61.6

注:1. 根据第七次人口普查结果,对 2011 - 2019 年数据进行修订。

a) The historical data of 2011 - 2019 are revised according to the results of the seventh population census.

主要统计指标解释

人口数 指一定时点、一定地区范围内的有生命的个人的总和。

年度统计的年末人口数是指每年 12 月 31 日 24 时的人口数。

常住人口 常住人口是国际上进行人口统计、发布人口数据时通用的总人口指标口径，指经常居住在某一地区的人口。在我国，常住人口是指实际经常居住在某地区半年以上的人口。主要包括三种类型的人口：一是居住在本乡镇街道且户口在本乡镇街道或户口待定的人。二是居住在本乡镇街道且离开户口登记地所在的乡镇街道半年以上的人。三是户口在本乡镇街道且外出不满半年或在境外工作学习的人。

出生率（又称粗出生率） 指一定时期内（通常为一年）平均每千人所出生的人数的比率，一般用千分率表示。计算公式：

$$出生率=\frac{年出生人数}{年平均人数}\times 1000‰$$

出生人数是指活产婴儿，即胎儿脱离母体时（不管怀孕月数），有过呼吸或其他生命现象。

年平均人数是年初、年底人口数的平均数，也可用年中人口数代替。

死亡率（又称粗死亡率） 指一定时期内（通常为一年）一定地区的死亡人数与同期平均人数（或期中人数）之比，一般用千分率表示。计算公式：

$$死亡率=\frac{年死亡人数}{年平均人数}\times 1000‰$$

人口自然增长率 指一定时期内（通常为一年）人口自然增加数（出生人数减死亡人数）与该时期内平均人数（或期中人数）之比，一般用千分率表示。计算公式：

$$人口自然增长率=\frac{本年出生人数-本年死亡人数}{年平均人数}\times 1000‰$$

人口自然增长率 = 人口出生率 - 人口死亡率

就业人员 指从事一定社会劳动并取得劳动报酬或经营收入人员，包括各级机关企事业单位就业人员、个体户主、个体就业人员、农村就业人员及其他未包括的就业人员（包括宗教职业者、现役军人等）。

单位就业人员 是指在各级国家机关、政党机关、社会团体及企业、事业单位中工作，并取得劳动报酬的全部人员。包括在岗职工、再就业的离退休人员、民办教师、在各单位中工作的外方人员和港、澳、台方人员以及聘用的外单位下岗职工、兼职人员、从事第二职业人员、使用的劳务派遣人员。各单位的就业人员反映了实际参加生产或工作的全部劳动力。

在岗职工 指在本单位工作并由单位支付劳动报酬的人员，以及在本单位有工作岗位，但由于学习、病伤产假等原因暂未工作，仍由单位支付劳动报酬的人，包括本单位临时性用工并支付劳动报酬的人员。2012 年开始在岗职工包含劳务派遣人员。

非私营单位 包括独立核算的机关、事业单位和国有、集体、股份制、港澳台投资及外商投资企业等。

规模以上单位 包括辖区内规模以上工业、有资质的建筑业、限额以上批发和零售业、限额以上住宿和餐饮业、有开发经营活动的全部房地产开发经营业、规模以上服务业法人单位。

Explanatory Notes on Main Statistical Indicators

Total Population refers to the total number of people alive at a certain point of time within a given area.

The annual statistics on total population is taken at midnight on December 31.

Permanent Resident Population The permanent resident population is the general population indicator used internationally for population statistics and population data release, referring to the population who frequently reside in a certain area. In China, the permanent resident population refers to the population who actually frequently reside in a certain area for more than half a year. There are mainly three types of population: firstly, people who reside in the local township(street) and have their household registration in the local township(street) or whose household registration is pending;Secondly, people who reside in the local township(street) and have left the township(street) where their household registration is located for more than six months. Thirdly, people with household registration in the local township(street) who have been away for less than six months or have been working or studying abroad.

Birth Rate (or Crude Birth Rate) refers to the ratio of the number of births to the average population during a certain period of time (usually a year), which is often expressed in ‰. The following formula is used:

$$\text{Birth Rate} = \frac{\text{Number of Births}}{\text{Average Number of Population}} \times 1000‰$$

Number of births refers to live births, i. e. the births when babies had showed any vital phenomena regardless of the length of pregnancy.

Annual Average Number of Population is the average of the number of population at the beginning of the year and that at the end of the year. Sometimes it is substituted by the mid – year population.

Death Rate (or Crude Death Rate) refers to the ratio of the number of deaths to the average population (or mid – year population) during a certain period of time (usually a year), which is often expressed in ‰. The following formula is used:

$$\text{Death Rate} = \frac{\text{Number of Deaths}}{\text{Annual Average Number of Population}} \times 1000‰$$

Natural Growth Rate of Population refers to the ratio of natural increase in population (number of births minus number ofdeaths) in a certain period of time (usually a year) to the average population(or mid – year population) of the same period, which is often expressed in ‰. The following formulas are applied:

$$\text{Natural Growth Rate of Population} = \frac{\text{Number of Births} - \text{Number of Deaths}}{\text{Average Number of Population}} \times 1000‰$$

Natural Growth Rate of Population = Birth Rate – Death Rate

Employed Persons refer to persons who are engaged in social labour and receive remuneration payment or earn business income, including all employees of government, enterprises and institutions, self – employed workers, employed persons in the rural areas and other employed workers(including religious professionals, servicemen, etc.).

Persons Employed in Various Units refer to all the persons working in government agencies of various levels, political and party organizations, social organizations, enterprises, institutions, and receiving wages or other forms of payment, which include fully – employed staff and workers, re – employed retirees, teachers in schools run by the local people, foreigners and Chinese compatriots from Hong Kong, Macao, and Taiwan working in various units, hired laid – off workers from other units, part – time employees, employees engaged a second job, dispatched personnels. Persons Employed in various units reflect the total laborers actually engaged in production or work.

Fully Employed Staff and Workers refer to persons who work and receive wages from their working units, as well as persons who maintain their posts, are out of commission temporarily for reasons of study, sickness, injury or maternal leave, but still receive wages from their working units, which includes persons who are temporarily employed and receive remuneration payment. After2012, fully employed staff includes dispatched personnels.

Non – private Units include independent accounting government organizations and institutions, state – owned, collective – owned and joint stock enterprises, and enterprises with funds from foreign and from Hong Kong, Macao and Taiwan.

Units above designated size include industries above designated size, qualified construction industries, wholesale and retail Industries above designated size, accommodation and catering industries above designated size, all real estate development and operation industries with development and business activities, and service industries legal entities above designated size.

三 农业

AGRICULTURE

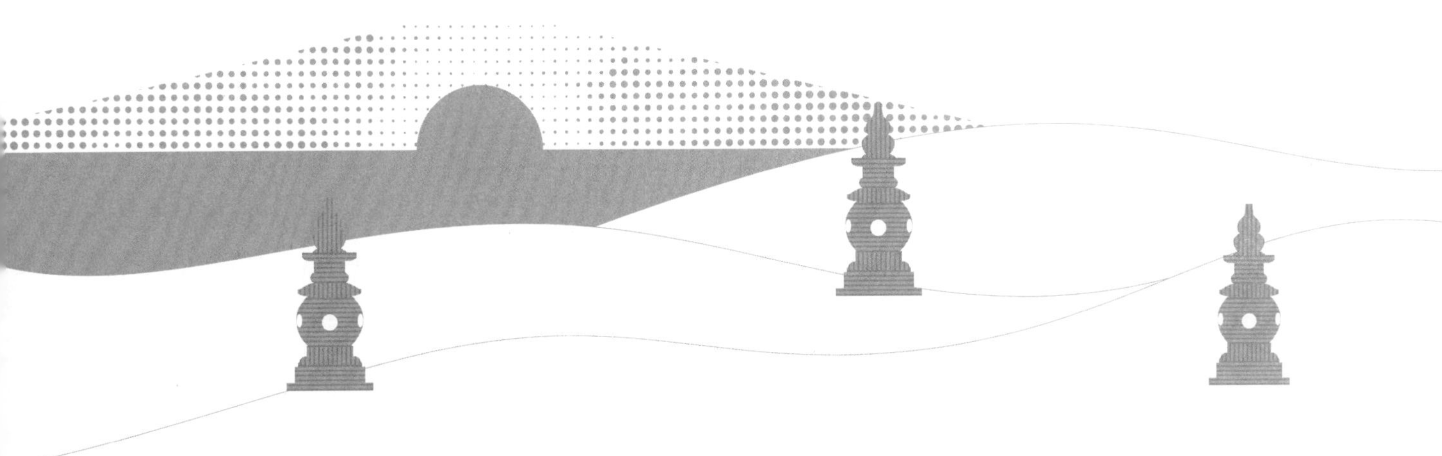

农　　业
Agriculture

主要统计指标
Major Statistical Indicators

农村机械总动力	Total Power of Agricultural Machinery	195.60	万千瓦	(10, 000 kW)
为上年	As Compared with the Preceding Year	103.6	%	(%)
农林牧渔业增加值	Value-added of Farming,Forestry,Animal Husbandry and Fishery	356.90	亿元	(100 million yuan)
为上年	As Compared with the Preceding Year	103.7	%	(%)
粮食总产量	Total Output of Grain Crops	55.19	万吨	(10, 000 tons)
为上年	As Compared with the Preceding Year	104.2	%	(%)
肉类产量	Total Output of Meat	13.93	万吨	(10, 000 tons)
为上年	As Compared with the Preceding Year	107.5	%	(%)

3－01 分地区农林牧渔业增加值(2023年)

The Added Value of Agriculture, Forestry, Animal Husbandry and Fishery(2023)

单位:亿元 (100 million yuan)

地 区 Region	农林牧渔业合计 Total	为上年(%) As Compared with the Preceding Year(%)	农、林、牧、渔专业及辅助性活动 Services for Farming, Forestry, Animal Husbandary and Fishery	为上年(%) As Compared with the Preceding Year(%)
全 市 Whole City	**356.9**	**103.7**	**9.8**	**104.7**
市 区 Urban District	242.0	103.5	7.5	104.8
#上城区 Shangcheng	–	–	–	–
拱墅区 Gongshu	–	–	–	–
西湖区 Xihu	3.6	107.9	0.1	104.1
高新(滨江)区 Hi－Tech(Binjiang)	0.5	108.8	–	–
萧山区 Xiaoshan	59.8	101.7	2.8	105.2
余杭区 Yuhang	43.8	103.8	2.2	104.1
临平区 Linping	17.6	104.1	0.8	105.0
钱塘区 Qiantang	13.2	104.5	0.4	102.1
富阳区 Fuyang	53.8	104.2	0.5	105.6
临安区 Lin'an	47.9	104.3	0.7	106.7
西湖风景名胜区 The West Lake Scenic Zone	1.6	–	–	–
桐庐县 Tonglu	29.1	104.3	0.6	104.8
淳安县 Chun'an	45.2	104.3	0.8	104.9
建德市 Jiande	40.5	103.9	0.9	103.6

3-02 农林牧渔业总产值(1949-2023 年)

Gross Output Value of Agriculture, Forestry, Animal Husbandry and Fishery(1949-2023)

单位:亿元 (100 million yuan)

年 份 Year	合计 Total	为上年(%) As Compared with the Preceding Year(%)	#农业 Agriculture	#林业 Forestry	#牧业 Animal	#渔业 Fishery	农、林、牧、渔专业及辅助性活动 Services for Farming, Forestry, Animal Husbandary and Fishery
1949	3.38	-	2.34	0.47	0.47	0.10	
1950	4.03	119.3	2.85	0.55	0.52	0.11	
1951	4.57	113.3	3.27	0.61	0.58	0.11	
1952	5.16	112.9	3.71	0.65	0.69	0.12	
1953	5.33	103.2	3.77	0.66	0.78	0.13	
1954	5.24	98.5	3.58	0.73	0.80	0.13	
1955	5.67	108.1	4.10	0.72	0.70	0.14	
1956	5.99	105.7	4.15	0.80	0.89	0.15	
1957	6.40	106.8	4.34	0.78	1.13	0.15	
1958	6.76	105.6	4.97	0.80	0.86	0.13	
1959	6.89	101.9	4.93	0.95	0.86	0.15	
1960	6.32	91.8	4.53	0.86	0.80	0.13	
1961	5.97	94.5	4.53	0.65	0.67	0.11	
1962	6.24	104.4	4.63	0.71	0.80	0.09	
1963	6.74	108.1	4.97	0.64	1.03	0.09	
1964	7.20	106.8	5.24	0.66	1.19	0.11	
1965	7.86	109.1	5.67	0.66	1.36	0.17	
1966	8.10	103.1	5.82	0.67	1.47	0.14	
1967	7.94	98.1	5.81	0.53	1.50	0.10	
1968	7.98	100.5	5.92	0.59	1.35	0.11	
1969	8.06	101.0	5.96	0.59	1.39	0.12	
1970	8.40	104.7	6.15	0.56	1.61	0.13	
1971	8.44	100.1	6.21	0.38	1.74	0.11	
1972	9.16	108.5	6.85	0.43	1.79	0.11	
1973	8.79	98.9	6.43	0.44	1.80	0.12	
1974	9.05	103.0	6.61	0.46	1.87	0.11	
1975	8.62	95.2	6.29	0.45	1.74	0.13	
1976	8.85	102.7	6.72	0.49	1.53	0.12	
1977	8.90	100.5	6.73	0.46	1.58	0.13	
1978	8.59	114.0	6.74	0.34	1.45	0.07	
1979	11.56	115.0	8.47	0.46	2.52	0.11	
1980	11.24	92.3	7.90	0.73	2.50	0.11	
1981	12.08	105.9	8.74	0.83	2.38	0.13	
1982	15.06	116.5	10.76	0.89	3.18	0.23	
1983	14.89	95.7	10.37	0.98	3.27	0.27	
1984	17.70	113.5	12.26	1.48	3.59	0.38	
1985	21.30	98.3	13.69	1.90	5.01	0.69	
1986	23.83	105.8	15.08	2.00	5.82	0.93	
1987	28.13	104.4	17.31	2.64	7.01	1.17	
1988	35.85	101.0	20.88	3.14	10.10	1.72	
1989	38.68	100.3	22.60	2.79	11.40	1.90	

3－02 续表 continued

单位:亿元 (100 million yuan)

年 份 Year	合计 Total	为上年(%) As Compared with the Preceding Year(%)	#农业 Agriculture	#林业 Forestry	#牧业 Animal	#渔业 Fishery	农、林、牧、渔专业及辅助性活动 Services for Farming, Forestry, Animal Husbandary and Fishery
1990	42.10	103.3	26.00	2.70	11.34	2.06	
1991	46.36	104.4	28.43	3.78	11.75	2.41	
1992	49.79	104.7	30.08	3.56	13.39	2.76	
1993	60.08	106.7	36.51	4.75	15.48	3.34	
1994	81.25	106.6	49.64	5.86	21.72	4.02	
1995	99.64	105.2	62.01	8.13	24.41	5.10	
1996	117.33	104.7	74.02	9.57	27.17	6.57	
1997	128.77	106.2	79.78	11.45	29.42	8.12	
1998	136.76	105.2	84.51	12.12	28.91	11.22	
1999	141.47	103.4	87.67	12.60	29.35	11.86	
2000	152.65	107.9	90.33	13.68	33.16	15.48	
2001	165.00	108.1	96.50	14.93	36.23	17.34	
2002	168.50	102.1	93.30	16.22	39.19	19.80	
2003	189.01	112.2	99.16	18.26	41.78	23.26	6.56
2004	198.27	104.9	101.09	20.68	45.76	23.41	7.33
2005	219.48	110.7	113.66	23.30	49.59	27.08	5.85
2006	225.38	102.7	122.48	26.77	49.04	20.61	6.47
2007	247.14	109.7	130.80	29.47	58.55	22.26	6.05
2008	273.76	110.8	140.81	32.02	63.66	30.93	6.34
2009	289.74	105.5	149.74	36.23	64.29	32.56	6.92
2010	316.34	109.2	169.88	32.93	70.56	34.90	8.07
2011	357.07	112.9	190.79	34.85	83.65	39.00	8.78
2012	384.34	107.6	207.72	38.18	86.85	42.00	9.59
2013	399.37	103.9	216.11	40.82	91.13	40.73	10.59
2014	418.58	104.8	233.38	47.02	82.82	44.20	11.16
2015	440.41	105.2	252.42	49.81	80.70	45.23	12.26
2016	449.01	102.0	262.15	53.05	76.88	43.61	13.32
2017	457.70	101.9	273.88	54.91	68.58	45.32	15.00
2018	466.10	101.8	282.71	57.30	61.85	47.47	16.77
2019	501.15	107.5	295.34	61.89	76.77	48.57	18.58
2020	500.65	99.9	296.05	63.10	70.87	49.99	20.62
2021	501.53	100.2	314.29	56.81	53.34	54.65	22.45
2022	515.75	102.8	321.04	59.89	58.98	51.06	24.77
2023	533.11	103.4	335.59	62.80	55.98	52.49	26.25

3-03 农林牧渔业总产值构成(1978-2023年)

Composition of Gross Output Value of Agriculture, Forestry, Animal Husbandry and Fishery (1978-2023)

单位:% (%)

年 份 Year	农林牧渔业 Gross Output Value	#农业 Farming	种植业 Planting	林业 Forestry	牧业 Animal	渔业 Fishery	农、林、牧、渔专业及辅助性活动 Services for Farming, Forestry, Animal Husbandary and Fishery
1978	100	78.4	74.9	4.0	16.8	0.8	-
1979	100	73.3	70.9	4.0	21.8	0.9	-
1980	100	70.3	67.7	6.5	22.2	1.0	-
1981	100	72.3	67.6	6.9	19.7	1.1	-
1982	100	71.4	68.6	5.9	21.1	1.6	-
1983	100	69.6	64.7	6.6	22.0	1.8	-
1984	100	69.2	65.1	8.3	20.3	2.2	-
1985	100	64.3	59.2	9.0	23.5	3.2	-
1986	100	63.3	58.0	8.4	24.4	3.9	-
1987	100	61.5	55.4	9.4	24.9	4.2	-
1988	100	58.2	52.3	8.8	28.2	4.8	-
1989	100	58.4	52.1	7.2	29.5	4.9	-
1990	100	61.8	55.4	6.4	26.9	4.9	-
1991	100	61.3	55.0	8.2	25.3	5.2	-
1992	100	60.4	51.6	7.2	26.9	5.5	-
1993	100	60.8	50.1	7.9	25.8	5.5	-
1994	100	61.1	51.1	7.2	26.7	5.0	-
1995	100	62.2	52.8	8.2	24.5	5.1	-
1996	100	63.1	52.6	8.2	23.1	5.6	-
1997	100	62.0	51.7	8.9	22.8	6.3	-
1998	100	61.8	51.3	8.9	21.1	8.2	-
1999	100	62.0	52.1	8.9	20.7	8.4	-
2000	100	59.2	49.4	9.0	21.7	10.1	-
2001	100	58.5	52.2	9.0	22.0	10.5	-
2002	100	55.4	52.6	9.6	23.3	11.7	-
2003	100	52.5	50.2	9.7	22.1	12.3	3.4
2004	100	51.0	49.1	10.4	23.1	11.8	3.7
2005	100	51.8	50.3	10.6	22.6	12.3	2.7
2006	100	54.3	52.9	11.9	21.8	9.1	2.9
2007	100	52.9	51.8	11.9	23.7	9.0	2.5
2008	100	51.4	50.2	11.7	23.3	11.3	2.3
2009	100	51.7	50.5	12.5	22.2	11.2	2.4
2010	100	53.7	52.9	10.4	22.3	11.0	2.6
2011	100	53.4	52.7	9.8	23.4	10.9	2.5
2012	100	54.0	53.1	9.9	22.6	10.9	2.6
2013	100	54.1	53.1	10.2	22.8	10.2	2.7
2014	100	55.8	54.7	11.2	19.8	10.6	2.6
2015	100	57.3	56.1	11.3	18.3	10.3	2.8
2016	100	58.4	57.0	11.8	17.1	9.7	3.0
2017	100	59.8	58.5	12.0	15.0	9.9	3.3
2018	100	60.7	59.3	12.3	13.3	10.2	3.5
2019	100	58.9	57.7	12.3	15.3	9.7	3.8
2020	100	59.1	57.9	12.6	14.2	10.0	4.1
2021	100	62.7	61.6	11.3	10.6	10.9	4.5
2022	100	62.2	61.3	11.6	11.4	9.9	4.8
2023	100	62.9	62.0	11.8	10.5	9.8	4.9

3－04 农林牧渔业分项产值（2016－2023年）

Gross Output Value of Agriculture, Forestry, Animal Husbandry and Fishery by Branch (2016－2023)

单位：万元　　　　(10,000 yuan)

指　　标	Item	2016	2017	2018	2019	2020	2021	2022	2023
农林牧渔业总产值（现价）	**Gross Output Value (Current Price)**	**4490065**	**4577017**	**4660989**	**5011510**	**5006463**	**5015320**	**5157483**	**5331182**
一、农业产值	**Farming**	**2621544**	**2738813**	**2827117**	**2953377**	**2960514**	**3142887**	**3210448**	**3355910**
1. 种植业产值	Planting	2558927	2677779	2766080	2892153	2900314	3088317	3162314	3306615
粮食	Grain	171736	177764	175924	179017	192009	206011	208083	208657
油料	Oil－bearing Crops	34737	37332	38607	45369	47251	48568	54237	55475
棉花	Cotton	467	397	371	451	381	345	354	314
麻类	Fiber Crops	5	3	2	2	－	9	－	－
甘蔗	Sugarcane	5770	5214	5102	8426	9763	7370	6264	5513
烟叶	Tobacco	1	1	－	－	－	－	－	－
药材类	Crude Drugs	98954	112902	122997	139832	151006	167083	171779	190605
蔬菜	Vegetables	834633	829020	842779	880336	875957	937460	972001	1035231
茶、桑、果、坚果	Tea, Mulberry & Fruits	828571	908024	942095	985879	989268	1078315	1124525	1204260
其他	Others	584053	607122	638203	652841	634679	643156	625071	606560
2. 其他农业产值	Other Farming	62617	61034	61037	61224	60200	54569	48134	49295
二、林业产值	**Forestry**	**530464**	**549138**	**572957**	**618886**	**631016**	**568055**	**598875**	**628037**
人造林木生长	Artificial Forestry	31490	31415	32211	32962	33162	51748	34789	25896
林产品	Forest Products	327864	349421	373384	414016	432001	430788	468752	493499
竹木采伐	Lumbering	125112	122773	121574	124431	117730	85520	95334	108642
采集野生植物	Wild Plant collected	45998	45529	45788	47477	48123	－	－	－
三、畜牧业产值	**Animal Husbandry**	**768795**	**685811**	**618513**	**767683**	**708743**	**533385**	**589796**	**559823**
牲畜	Livestock	572122	498108	411261	556348	514871	343831	404793	369163
家禽饲养	Poultry Raising	36208	30122	36241	43002	39813	37940	130456	135045
活的畜禽产品	Livestock Products	92066	88831	98876	98252	85921	94302	－	－
捕猎野兽野禽	Hunting Wild Beast and Wild Fowl	6032	6043	5534	6777	6842	4533	－	－
其他动物饲养	Other Animals Raising	62367	62707	66601	63304	61296	52779	54547	55616
四、渔业产值	**Fishery**	**436050**	**453211**	**474742**	**485734**	**499942**	**546511**	**510624**	**524887**
五、农、林、牧、渔专业及辅助性活动	**Services for Farming, Forestry, Animal Husbandary and Fishery**	**133212**	**150044**	**167660**	**185830**	**206248**	**224482**	**247740**	**262525**

注：1. 2022年起“人造林木生长”口径调整为“林木的培育和种植”。
　　2. 2022年起家禽饲养包括肉禽和禽蛋。
　　3. 2022年起牲畜包含生猪饲养和牲畜饲养。

a) Artificial Forestry was adjusted to Cultivation and Planting of Forestry since 2022.
b) Since 2022, Poultry Raising include Poultry meat and eggs.
c) Since 2022, Livestock include pig raising and livestock raising

3-05 农林牧渔业分项

Composition of Gross Output Value of Agriculture, Forestry,

单位:%

指　　标	Item	2013	2014	2015
农林牧渔业总产值(现价)	**Gross Output Value (Current Price)**	**100**	**100**	**100**
一、农业产值	**Farming**	**54.1**	**55.8**	**57.3**
1. 种植业产值	Planting	53.1	54.7	56.1
粮食	Grain	6.2	5.4	5.2
油料	Oil Plants	0.9	0.9	1.1
棉花	Cotton	–	–	–
麻类	Fiber Crops	–	–	–
甘蔗	Sugarcane	0.5	0.4	0.4
烟叶	Tobacco	–	–	–
药材类	Crude Drugs	1.7	1.8	2.0
蔬菜	Vegetables	16.7	16.4	16.9
茶、桑、果、坚果	Tea, Mulberry & Fruits	15.8	17.9	18.2
其他	Others	11.3	11.9	12.2
2. 其他农业产值	Other Farming	1.0	1.0	1.3
二、林业产值	**Forestry**	**10.2**	**11.2**	**11.3**
人造林木生长	Artificial Forestry	0.8	0.8	0.7
林产品	Forest Products	5.7	6.4	6.7
竹木采伐	Lumbering	2.6	3.1	2.9
采集野生植物	Wild Plant collected	1.1	0.9	1.0
三、畜牧业产值	**Animal Husbandry**	**22.8**	**19.8**	**18.3**
牲畜	Livestock Raising	14.8	12.5	11.9
家禽饲养	Poultry Raising	1.9	1.7	1.6
活的畜禽产品	Livestock Products	3.3	3.0	2.6
捕猎野兽野禽	Hunting Wild Beast and Wild Fowl	0.1	0.1	0.1
其他动物饲养	Other Animals Raising	2.7	2.4	2.1
四、渔业产值	**Fishery**	**10.2**	**10.6**	**10.3**
五、农、林、牧、渔专业及辅助性活动	**Services for Farming, Forestry, Animal Husbandary and Fishery**	**2.7**	**2.6**	**2.8**

产值构成(2013－2023年)

Animal Husbandry and Fishery by Branch(2013－2023)

(%)

2016	2017	2018	2019	2020	2021	2022	2023
100	**100**	**100**	**100**	**100**	**100**	**100**	**100**
58.4	**59.8**	**60.7**	**58.9**	**59.1**	**62.7**	**62.2**	**62.9**
57.0	58.5	59.3	57.7	57.9	61.6	61.3	62.0
3.8	3.9	3.8	3.6	3.8	4.1	4.0	3.9
0.8	0.8	0.8	0.9	0.9	1.0	1.1	1.0
–	–	–	–	–	–	–	–
–	–	–	–	–	–	–	–
0.1	0.1	0.1	0.2	0.2	0.1	0.1	0.1
–	–	–	–	–	–	–	–
2.2	2.5	2.6	2.8	3.0	3.3	3.3	3.6
18.6	18.1	18.1	17.6	17.5	18.7	18.8	19.4
18.5	19.8	20.2	19.7	19.8	21.5	21.8	22.6
13.0	13.3	13.7	13.0	12.7	12.8	12.1	11.4
1.4	1.3	1.4	1.2	1.2	1.1	0.9	0.9
11.8	**12.0**	**12.3**	**12.3**	**12.6**	**11.3**	**11.6**	**11.8**
0.7	0.7	0.7	0.6	0.7	1.0	0.7	0.5
7.3	7.6	8.0	8.3	8.6	8.6	9.1	9.3
2.8	2.7	2.6	2.5	2.4	1.7	1.8	2.0
1.0	1.0	1.0	0.9	0.9	–	–	–
17.1	**15.0**	**13.3**	**15.3**	**14.2**	**10.6**	**11.4**	**10.5**
12.7	10.9	8.9	11.1	10.3	6.8	7.8	6.9
0.8	0.7	0.8	0.8	0.8	0.8	2.5	2.5
2.1	1.9	2.1	2.0	1.7	1.9	–	–
0.1	0.1	0.1	0.1	0.1	–	–	–
1.4	1.4	1.4	1.3	1.3	1.1	1.1	1.0
9.7	**9.9**	**10.2**	**9.7**	**10.0**	**10.9**	**9.9**	**9.8**
3.0	**3.3**	**3.5**	**3.8**	**4.1**	**4.5**	**4.8**	**4.9**

3－06 分地区农林牧

Gross Output Value of Agriculture, Forestry,

单位:万元

指　　标	Item	全　市 Whole City	市　区 Urban District	上城区 Shangcheng	拱墅区 Gongshu	西湖区 Xihu
合　　计	**Gross Output Value**	**5331182**	**3607069**			**53479**
一、农业产值	**Farming**	**3355910**	**2207394**			**38690**
1.谷物	Cereal	164460	119574			1006
2.薯类	Tubers	23176	10887			–
3.油料	Oil Plants	55475	26840			38
4.豆类	Beans	21021	11143			–
5.棉花	Cotton	314	135			–
6.生麻	Fiber Crops	–	–			–
7.糖类	Sugar Crops	5513	3803			–
8.烟草	Tobacco	–	–			–
9.其他农作物	Others	49295	15977			–
10.蔬菜	Vegetables	1035231	787202			6709
11.食用菌	Edible Fungi	18388	8028			91
12.花卉	Flowers and Plants	509579	460719			1382
13.盆景园艺	Bonsai gardening	78592	66207			3414
14.水果、坚果、茶、饮料和香料	Fruits, Nuts, Tea, Beverages and Spices	1204260	644132			25836
15.中草药材	Chinese Herbal Medicine	190605	52743			213
二、林业产值	**Forestry**	**628037**	**445614**			**–**
1.林木的培育和种植	Cultivation and Planting of Trees	25896	17730			–
2.竹木采伐	Lumbering	108642	72767			–
3.林产品	Forest Products	493499	355116			–
三、畜牧业产值	**Animal Husbandry**	**559823**	**314917**			**–**
1.牲畜饲养	Livestock Raising	57770	49564			–
2.猪的饲养	Pig Raising	311393	203794			–
3.家禽饲养	Poultry Raising	135045	39405			–
4.其他畜牧业	Other Animal Husbandry	55615	22152			–
四、渔业产值	**Fishery**	**524887**	**432047**			**12912**
五、农、林、牧、渔专业及辅助性活动	**Services for Farming, Forestry, Animal Husbandary and Fishery**	**262525**	**207097**			**1877**

渔业总产值(2023 年)
Animal Husbandry and Fishery by Region(2023)

(10,000 yuan)

高新(滨江)区 Hi-Tech (Binjiang)	萧山区 Xiaoshan	余杭区 Yuhang	临平区 Linping	钱塘区 Qiantang	富阳区 Fuyang	临安区 Lin'an	西湖风景名胜区 The West Lake Scenic Zone	桐庐县 Tonglu	淳安县 Chun'an	建德市 Jiande
8136	**926057**	**687591**	**263570**	**182945**	**760421**	**697890**	**26980**	**424597**	**633027**	**666490**
7286	**609662**	**366418**	**148999**	**132089**	**499542**	**377728**	**26980**	**285865**	**445924**	**416726**
68	21277	32212	4920	12677	30197	17217	–	18491	7547	18847
–	627	508	38	33	7868	1813	–	1286	7031	3972
49	8627	1556	1151	1973	8041	5405	–	8306	10912	9416
–	3124	1357	472	1465	3946	779	–	1580	5428	2870
–	99	5	28	3	–	–	–	–	141	38
–	–	–	–	–	–	–	–	–	–	–
–	2626	73	284	512	275	33	–	933	96	682
–	–	–	–	–	–	–	–	–	–	–
10	5	–	2800	–	13037	125	–	3765	2240	27312
1388	276165	108411	98413	86394	126590	83132	–	83414	80799	83816
–	572	152	15	–	2554	4644	–	1635	8280	445
5721	230409	90335	5108	9410	82592	35762	–	23163	10539	15159
–	5793	18168	6437	756	22961	8678	–	2011	1291	9083
49	54468	106565	27989	18867	184734	198644	26980	112389	254666	193072
–	5869	7077	1343	–	16745	21496	–	28893	56953	52016
–	**14097**	**95902**	**45**	**–**	**126866**	**208704**	**–**	**52307**	**85799**	**44316**
–	2947	8283	45	–	3819	2636	–	338	2534	5293
–	1220	21313	–	–	25482	24752	–	3878	21665	10331
–	9930	66306	–	–	97565	181315	–	48091	61600	28693
–	**110938**	**40196**	**5098**	**27548**	**60403**	**70734**	**–**	**42532**	**46779**	**155594**
–	26793	4075	863	3037	3516	11280	–	1261	1038	5908
–	77471	21873	1621	23884	36101	42844	–	19377	26756	61465
–	5518	13925	537	226	6717	12482	–	4898	6919	83821
–	1156	322	2077	400	14069	4128	–	16996	12066	4400
850	**112316**	**120805**	**89957**	**14910**	**60632**	**19665**	**–**	**27375**	**40107**	**25359**
–	**79044**	**64270**	**19471**	**8398**	**12977**	**21060**	**–**	**16518**	**14417**	**24494**

3-07 主要农作物播种面积及产量(2022-2023年)
Sown Areas and Yield of Major Farm Crops(2022-2023)

指 标	Item	2022			2023		
		播种面积(千公顷) Sown Area (1000 hectares)	总产量(吨) Total Output (ton)	公顷产量(公斤) Yield per Hectare (kg/hectare)	播种面积(千公顷) Sown Area (1000 hectares)	总产量(吨) Total Output (ton)	公顷产量(公斤) Yield per Hectare (kg/hectare)
农作物总计	**Total Farm Crops**	**247.92**	**-**	**-**	**252.27**	**-**	**-**
一、粮 食	**Grain Crops**	**93.04**	**530065**	**5697**	**93.26**	**551912**	**5918**
(一)谷 物	Cereals	71.42	448523	6280	72.94	475967	6525
1.稻谷	Rice	45.10	339088	7518	46.38	362432	7815
①早稻及早中稻	Early Rice & Semi-late Rice	3.28	20744	6328	3.57	22716	6372
②晚稻及迟中稻	Late Rice & Semi-late Rice	41.82	318344	7611	42.81	339715	7935
#单季稻	#Single-crop Rice	39.57	303051	7659	40.20	322250	8017
2.小麦	Wheat	17.27	69226	4008	23.29	99389	4268
3.玉米	Corn	8.22	37146	4519	2.58	11607	4499
4.其他谷物	Other Cereals	0.83	3063	3701	0.70	2539	3648
大麦	Barley	0.41	1514	3650	0.005	16	3521
(二)豆 类	Beans	14.66	42139	2874	13.16	37276	2833
1.大豆	Soybeans	12.23	35215	2879	12.23	34652	2834
2.其他小豆类	Other	2.43	6923	2849	0.93	2624	2820
(三)薯 类	Tubers	6.95	39404	5666	7.16	38670	5398
二、油料	**Oil Plants**	**27.54**	**71145**	**2583**	**28.99**	**72622**	**2505**
1.油菜籽	Rapeseeds	24.19	61327	2535	25.51	62242	2440
2.花生	Peanuts	2.03	7565	3726	2.10	7992	3806
3.芝麻	Sesame	1.32	2220	1682	1.33	2285	1718
4.其他	Others	-	-	-	-	-	-
三、棉花(皮棉)	**Cotton**	**0.14**	**187**	**1382**	**0.13**	**175**	**1378**
四、麻类	**Fiber Crops**	**-**	**-**	**-**			
五、糖类	**Sugar Crops**	**0.69**	**36779**	**53303**	**0.63**	**31480**	**49967**
六、烟叶	**Tobacco**	**-**	**-**	**-**	**-**	**-**	**-**
七、药材	**Crude Drugs**	**8.46**	**57573**	**6805**	**9.03**	**60800**	**6733**
八、蔬菜	**Vegetables**	**100.67**	**3512248**	**34889**	**103.07**	**3604882**	**34975**
九、果用瓜	**Melon as Fruit**	**9.69**	**326656**	**33711**	**9.89**	**329253**	**33292**
十、其他作物	**Others**	**7.70**	**-**	**-**	**7.27**	**-**	**-**

3－08　分地区粮食播种面积及产量(2023 年)
Sown Areas and Yield of Grain Crops by Region(2023)

地　区	Region	播种面积总计（公顷）(Sown Area of Grain Crops (hectare))	总产量（吨）Yield of Grain Crops(ton)	公顷产量（公斤）Yield per Hectare(kg)
全　市	**Whole City**	**93260**	**551912**	**5918**
萧山	Xiaoshan	11294	70485	6241
余杭	Yuhang	15272	100511	6581
富阳	Fuyang	15415	100115	6495
临安	Lin'an	7387	46273	6264
临平	LinPing	2799	16478	5888
钱塘	Qiantang	7863	45857	5832
桐庐	Tonglu	8374	53255	6359
淳安	Chun'an	11509	45163	3924
建德	Jiande	12730	70603	5546
西湖	Xihu	617	3173	5146

3－09 分地区油、菜、茶、

Statistics on Rapeseeds, Vegetables, Tea,

指标	Item	全市 Whole City	市区 Urban District	上城区 Shangcheng	拱墅区 Gongshu	西湖区 Xihu
一、油料	Oil Plants					
播种面积（亩）	Sown Area (Mu)	434853	189325			1846
每亩产量（公斤）	Yield per Mu (kg)	167	174			108
总产量（吨）	Total Output (ton)	72622	32875			199
二、蔬菜	Vegetables					
播种面积（亩）	Sown Area (Mu)	1546057	1128485			10566
总产量（吨）	Total Output (ton)	3604882	2778306			16067
三、茶叶	Tea					
（一）茶园面积（亩）	Tea Garden Area (Mu)	557338	233677			15402
（二）总产量（吨）	Output of Tea (ton)	31331	18566			385
绿　茶（吨）	Green Tea (ton)	30457	18247			378
红　茶（吨）	Black Tea (ton)	653	306			7
白　茶（吨）	White Tea (ton)	206	9			–
四、桑蚕	Silkworm Cocoons & Mulberry					
（一）桑园总面积（亩）	Mulberry Garden Area (Mu)	49274	4527			–
（二）蚕茧总产量（吨）	Output of Silkworm Cocoons (ton)	1006	323			–

注：1. 蔬菜产量包含食用菌。

蚕、果生产情况(2023 年)

Silkworm Cocoons and Fruits Production by Region(2023)

高新(滨江)区 Hi-Tech (Binjiang)	萧山区 Xiaoshan	余杭区 Yuhang	临平区 Linping	钱塘区 Qiantang	富阳区 Fuyang	临安区 Lin'an	西湖风景名胜区 The West Lake Scenic Zone	桐庐县 Tonglu	淳安县 Chun'an	建德市 Jiande
420	47516	15704	11860	17840	60862	33277	–	50144	98834	96550
175	184	151	153	187	177	167	–	164	141	182
74	8742	2379	1814	3333	10763	5571	–	8204	13943	17600
3785	309479	211513	157919	122246	180595	132382	–	116607	158493	142472
6245	920521	410561	393036	336914	452157	242803	–	257671	294346	274559
–	16848	65563	101	–	71791	56735	7237	59622	194143	69896
–	683	7410	8	–	7047	2857	176	4206	5430	3129
–	661	7157	8	–	7021	2846	176	3823	5271	3116
–	13	250	–	–	24	11	–	187	148	13
–	6	1	–	–	2	–	–	196	1	–
–	200	304	831	–	580	2612	–	4546	39102	1099
–	–	0.2	0.8	–	0.6	321	–	2.4	645	36

a) Vegetable Output contains edible fungus.

3 - 09 续表

指标		Item		全市 Whole City	市区 Urban District	上城区 Shangcheng	拱墅区 Gongshu	西湖区 Xihu
五、水果生产		**Fruits**						
(一)果园面积合计	(亩)	Area of Orchards	(Mu)	430787	161399			659
柑桔园	(亩)	Citrus	(Mu)	112602	9182			35
梨　园	(亩)	Pears	(Mu)	51182	24671			–
桃　园	(亩)	Peaches	(Mu)	75034	31109			45
猕猴桃园	(亩)	Kiwifruit Orchard	(Mu)	14010	7374			–
杨梅园	(亩)	Red Bayberry	(Mu)	43495	20164			–
李子园	(亩)	Plum Orchard	(Mu)	12597	6063			8
枇杷园	(亩)	Loquat	(Mu)	35728	17863			–
柿子园	(亩)	Persimmons	(Mu)	13363	4910			325
葡萄园	(亩)	Grapes	(Mu)	16821	12630			102
其他果园	(亩)	Others	(Mu)	55953	27433			144
(二)水果总产量	(吨)	Yield of Fruits	(ton)	843247	370472			1146
柑　桔	(吨)	Citrus	(ton)	208313	12582			43
梨　头	(吨)	Pears	(ton)	63829	35204			–
桃　子	(吨)	Peaches	(ton)	91920	57685			23
猕猴桃	(吨)	Kiwifruit	(ton)	12084	6989			–
杨　梅	(吨)	Red Bayberry	(ton)	19356	11429			–
枇　杷	(吨)	Loquat	(ton)	19407	10342			–
柿　子	(吨)	Persimmons	(ton)	11962	5945			301
葡　萄	(吨)	Grapes	(ton)	25545	20268			107
红　枣	(吨)	Jujube	(ton)	8	–			–
李　子	(吨)	Plum	(ton)	12422	5474			2
热带水果	(吨)	Tropical fruits	(ton)	292	123			–
果用瓜	(吨)	Melon as Fruit	(ton)	329253	177843			529
其他水果	(吨)	Others	(ton)	48854	26589			142

continued

								桐庐县 Tonglu	淳安县 Chun'an	建德市 Jiande
高新(滨江)区 Hi - Tech (Binjiang)	萧山区 Xiaoshan	余杭区 Yuhang	临平区 Linping	钱塘区 Qiantang	富阳区 Fuyang	临安区 Lin'an	西湖风景名胜区 The West Lake Scenic Zone			
41	20751	35256	20589	655	48390	35058	–	51024	123582	94781
5	735	1182	222	23	4825	2155	–	1541	63941	37938
10	1168	12260	261	107	7100	3765	–	13607	7818	5086
–	2055	8636	729	16	13688	5941	–	13419	18329	12178
–	166	1298	–	5	3514	2391	–	2709	1997	1930
6	7815	1821	1584	–	6260	2679	–	6990	6094	10247
–	363	665	32	5	1206	3784	–	1509	1617	3408
5	135	1135	15195	15	1046	333	–	792	8763	8310
–	942	303	91	–	2413	837	–	306	6852	1296
–	956	2612	1778	474	4039	2670	–	1617	1387	1186
15	6417	5345	697	10	4301	10504	–	8535	6785	13201
40	73818	48483	18240	21272	139788	67685	–	94236	134786	243753
8	638	2722	377	31	7211	1553	–	2322	67658	125752
16	1069	14042	352	166	15329	4230	–	16029	6285	6310
–	2179	10922	669	28	36121	7743	–	12702	10948	10584
–	107	1499	–	2	3397	1984	–	3175	1120	800
3	3427	1251	900	–	4221	1627	–	2563	2154	3209
6	55	946	8179	7	755	394	–	851	5232	2982
–	994	671	93	–	2526	1359	–	288	4429	1301
–	1285	3807	2666	731	8245	3427	–	1668	1166	2444
–	–	–	–	–	–	–	–	6	2	–
–	903	726	22	2	1437	2382	–	1403	2169	3377
–	–	23	–	–	–	100	–	–	31	138
–	61034	6752	4124	20293	55872	29239	–	47561	29597	74252
8	2126	5123	859	12	4673	13645	–	5668	3995	12604

3-10 分地区畜牧业
Statistics on Animal Husbanday

指　标	Item	全　市 Whole City		市　区 Urban District	
		2022	2023	2022	2023
一、生猪	**Hogs**				
生猪年末存栏　（万头）	Being Raised at Year-end　(10000 heads)	95.31	80.64		
#能繁殖的母猪　（万头）	#Reproducible　(10000 heads)	10.10	8.40		
年内肥猪出栏　（万头）	Slaughtered Hogs of the Year　(10000 heads)	131.29	144.84		
全年饲养量　（万头）	Number of Hogs Raised in the year　(10000 heads)		225.48		
二、牛	**Cattle & Buffaloes**				
牛年末存栏　（头）	Being Raised at Year-end　(head)	12065	12854		
#良种及改良种乳牛　（头）	#Improved Milk Cows　(head)	6900	6909		
牛年内出栏　（头）	Slaughtered Cattle & Buffaloes of the Year　(head)	5553	5841		
三、羊	**Sheep & Goats**				
羊年末存栏　（万只）	Being Raised at Year-end　(10000 heads)	22.49	23.54		
羊年内出栏　（万只）	Slaughtered Sheep & Goats of the Year　(10000 heads)	17.54	18.23		
四、兔	**Rabbits**				
兔年末存栏　（万只）	Being Raised at Year-end　(10000 heads)	5.93	2.37		
兔年内出栏　（万只）	Slaughtered Rabbits of the Year　(10000 heads)	20.53	22.95		
五、家禽	**Poultry**				
家禽年末存栏　（万只）	Being Raised at Year-end　(10000 heads)	934.10	960.59		
家禽年内出栏　（万只）	Slaughtered Poultry of the Year　(10000 heads)	1139.23	1117.92		
六、年末养蜂箱数　（箱）	**Beehives　(case)**	**169507**	**178049**		
七、畜禽产品产量	**Output of Livestock Products**				
1.肉类产量　（吨）	Output of Meat　(ton)	129555	139273		
#猪　肉　（吨）	Pork　(ton)	108931	118642		

渔业生产(2022－2023 年)
and Fishery by Region(2022－2023)

上城区 Shangcheng		拱墅区 Gongshu		西湖区 Xihu		高新(滨江)区 Hi－Tech(Binjiang)		萧山区 Xiaoshan		余杭区 Yuhang	
2022	2023	2022	2023	2022	2023	2022	2023	2022	2023	2022	2023
								23.83	19.87	6.13	5.85
								3.11	2.14	0.54	0.51
								29.86	34.12	7.28	9.13
									53.99		14.98
								2495	2491	80	96
								2427	2359	–	–
								933	1260	45	58
								10.94	11.27	1.88	1.82
								7.72	8.35	2.64	2.46
								0.01	0.01	1.38	0.97
								0.07	0.03	7.26	8.55
								66.00	59.35	92.22	90.06
								162.68	124.77	272.41	265.97
								3016	1941	2428	2302
								28523	30826	9819	10976
								24900	27600	5401	6796

3－10 续表1

指 标		Item		全 市 Whole City		市 区 Urban District	
				2022	2023	2022	2023
牛 肉	(吨)	Beef	(ton)	902	895		
羊 肉	(吨)	Mutton	(ton)	3167	3411		
兔 肉	(吨)	Rabbit Meat	(ton)	295	234		
禽 肉	(吨)	Poultry Meat	(ton)	15924	15761		
2. 禽蛋产量	(吨)	Poultry Eggs	(ton)	86366	90181		
3. 蜂蜜产量	(吨)	Honey	(ton)	13820	13755.9		
4. 蜂皇浆产量	(公斤)	Honey Tonic	(kg)	556413	539932.8		
5. 牛奶产量	(吨)	Milk	(ton)	32757	35096		
6. 兔毛产量	(吨)	Rabbit Wool	(ton)	–	–		
八、渔业生产		**Fishery**					
(一)淡水产品产量总计	(吨)	Total Output of Freshwater Aquatic Products	(ton)	178117	186001	142825	149550
其中:养殖产量	(吨)	Artificially Cultured	(ton)	161812	167956	133964	139054
1. 鱼 类	(吨)	Fish	(ton)	103064	105933	77222	79821
#鲫 鱼	(吨)	#Crucians	(ton)	17293	17180	12566	12792
鳊 鱼	(吨)	Breams	(ton)	7980	8835	5193	5408
黑 鱼	(吨)	Snake Heads	(ton)	292	248	230	230
2. 虾蟹类	(吨)	Shrimps, Prawns & Crabs	(ton)	27545	27958	27340	27676
3. 贝 类	(吨)	Shellfish	(ton)	970	1200	334	365
4. 其 他	(吨)	Others	(ton)	30020	32865	28914	31192
#甲 鱼	(吨)	Turtles	(ton)	28059	30190	27310	29113
(二)淡水养殖面积合计	(公顷)	Freshwater Aquiculture Area	(hectare)	52036	51955	8105	8064

continued 1

上城区 Shangcheng		拱墅区 Gongshu		西湖区 Xihu		高新(滨江)区 Hi – Tech(Binjiang)		萧山区 Xiaoshan		余杭区 Yuhang	
2022	2023	2022	2023	2022	2023	2022	2023	2022	2023	2022	2023
								102	164	7	9
								1435	1576	507	470
								1	1	114	46
								2069	1485	3780	3635
								1119	1126	2723	2986
								214	80.1	134	115.1
								17254	12646.3	10073	5142.0
								11016	10914	–	–
								–	–	–	–
				5915	6153	560	550	37938	39422	40289	41830
				5125	4701	300	320	37445	39056	37917	38500
				4967	4504	140	140	14513	14195	23013	25052
				989	293	–		597	1542	3132	3339
				331	248	–		20	41	2111	2406
				201	80	–		–		–	122
				53	105	80	80	20472	20216	2260	1883
								–	–	–	
				101	92	80	100	2460	4645	12644	11565
				101	92	80	100	2342	4522	12195	11096
				327	305	50	50	2109	2109	1455	1505

3－10 续表2

指 标		Item		市 区			
				临平区 Linping		钱塘区 Qiantang	
				2022	2023	2022	2023
一、生猪		**Hogs**					
生猪年末存栏	（万头）	Being Raised at Year－end	（10000 heads）	0.57	0.37	5.32	4.32
#能繁殖的母猪	（万头）	#Reproducible	（10000 heads）	0.05	0.03	0.63	0.60
年内肥猪出栏	（万头）	Slaughtered Hogs of the Year	（10000 heads）	0.82	0.83	8.88	10.62
全年饲养量	（万头）	Number of Hogs Raised in the year	（10000 heads）		1.20		14.94
二、牛		**Cattle & Buffaloes**					
牛年末存栏	（头）	Being Raised at Year－end	（head）		－	1941	1795
#良种及改良种乳牛	（头）	#Improved Milk Cows	（head）		－	1715	1688
牛年内出栏	（头）	Slaughtered Cattle & Buffaloes of the Year	（head）		－	251	343
三、羊		**Sheep & Goats**					
羊年末存栏	（万只）	Being Raised at Year－end	（10000 heads）	0.75	0.87	0.92	0.59
羊年内出栏	（万只）	Slaughtered Sheep & Goats of the Year	（10000 heads）	0.93	0.59	0.61	0.41
四、兔		**Rabbits**					
兔年末存栏	（万只）	Being Raised at Year－end	（10000 heads）		－	0.23	－
兔年内出栏	（万只）	Slaughtered Rabbits of the Year	（10000 heads）		－	0.91	0.25
五、家禽		**Poultry**					
家禽年末存栏	（万只）	Being Raised at Year－end	（10000 heads）	11.02	8.06	2.73	3.40
家禽年内出栏	（万只）	Slaughtered Poultry of the Year	（10000 heads）	22.10	15.62	5.72	6.73
六、年末养蜂箱数	**（箱）**	**Beehives**	**（case）**	**3630**	**4942**	**3355**	**3407**
七、畜禽产品产量		**Output of Livestock Products**					
1. 肉类产量	（吨）	Output of Meat	（ton）	1187	1233	7936	9469
#猪 肉	（吨）	Pork	（ton）	707	828	7694	9265

continued 2

Urban District						桐庐县 Tonglu		淳安县 Chun'an		建德市 Jiande	
富阳区 Fuyang		临安区 Lin'an		西湖风景名胜区 The West Lake Scenic Zone							
2022	2023	2022	2023	2022	2023	2022	2023	2022	2023	2022	2023
8.70	6.95	12.08	13.71			5.31	4.04	10.23	9.74	23.14	15.79
0.85	0.56	1.24	1.19			0.50	0.45	1.03	0.96	2.15	1.96
16.12	16.62	19.52	20.80			7.17	8.37	14.15	14.61	27.49	29.74
	23.57		34.51				12.41		24.35		45.53
771	916	3043	3136			820	897	572	657	2343	2866
–	–	2020	2223			–	–	–	–	738	639
1326	1077	1207	1110			585	608	195	295	1011	1090
1.21	1.20	4.74	5.36			0.38	0.36	0.55	0.83	1.12	1.24
1.16	1.60	3.44	3.16			0.25	0.21	0.15	0.54	0.64	0.91
4.21	1.29	–	–			0.07	0.08	0.01	0.01	0.01	0.01
11.87	14.01	0.37	–			0.03	0.05	0.02	0.02		0.04
64.31	62.88	89.73	103.04			64.13	62.96	44.13	45.26	499.83	525.58
113.47	117.18	94.48	92.18			62.41	61.39	42.99	47.51	362.97	386.57
11226	11382	13402	16417			65425	63644	46151	52528	20874	21486
16701	16300	19985	20551			7582	8018	11598	12682	26224	29218
14320	13871	17623	18230			6607	7162	10960	11851	20719	23039

3－10 续表3

指 标		Item		市 区 临平区 Linping 2022	市 区 临平区 Linping 2023	市 区 钱塘区 Qiantang 2022	市 区 钱塘区 Qiantang 2023
牛 肉	(吨)	Beef	(ton)		–	51	52
羊 肉	(吨)	Mutton	(ton)	173	115	81	46
兔 肉	(吨)	Rabbit Meat	(ton)		–	30	8
禽 肉	(吨)	Poultry Meat	(ton)	307	290	80	98
2. 禽蛋产量	(吨)	Poultry Eggs	(ton)	52	40	48	68
3. 蜂蜜产量	(吨)	Honey	(ton)	56	51.5	53	77.3
4. 蜂皇浆产量	(公斤)	Honey Tonic	(kg)	13940	6010.2	22095	31510.0
5. 牛奶产量	(吨)	Milk	(ton)		–	7597	8347
6. 兔毛产量	(吨)	Rabbit Wool	(ton)	–	–	–	–
八、渔业生产		**Fishery**					
(一)淡水产品产量总计	(吨)	Total Output of Freshwater Aquatic Products	(ton)	28657	30487	4620	4764
其中:养殖产量	(吨)	Artificially Cultured	(ton)	27333	29096	4580	4728
1. 鱼 类	(吨)	Fish	(ton)	15819	16721	1864	1471
#鲫 鱼	(吨)	#Crucians	(ton)	1611	1628	214	218
鳊 鱼	(吨)	Breams	(ton)	905	907	25	5
黑 鱼	(吨)	Snake Heads	(ton)	–	–	–	–
2. 虾蟹类	(吨)	Shrimps, Prawns & Crabs	(ton)	668	799	2481	3183
3. 贝 类	(吨)	Shellfish	(ton)	–	–	–	–
4. 其 他	(吨)	Others	(ton)	10846	11576	98	74
#甲 鱼	(吨)	Turtles	(ton)	10770	11506	98	71
(二)淡水养殖面积合计	(公顷)	Freshwater Aquiculture Area	(hectare)	1037	1037	754	684

continued 3

Urban District						桐庐县 Tonglu		淳安县 Chun'an		建德市 Jiande	
富阳区 Fuyang		临安区 Lin'an		西湖风景名胜区 The West Lake Scenic Zone							
2022	2023	2022	2023	2022	2023	2022	2023	2022	2023	2022	2023
203	164	228	177			89	96	30	44	192	189
207	325	619	606			24	20	19	77	102	176
143	178	5	0				1	1	1		1
1784	1718	1283	1315			822	707	588	708	5211	5805
2917	2146	7731	8783			2679	2335	3655	3349	65442	69348
651	666.9	705	385.1			6329	6498.8	3751	3869.4	1928	2011.7
21655	23509.7	60352	54010.0			326922	332669.5	68332	58163.6	15791	16271.5
	–	8985	10428				–	5	–	5154	5407
	–		–				–		–		–
19515	20706	5258	5599			9952	10509	15400	15627	9940	10315
18330	19478	2934	3175			8836	9340	12230	12435	6782	7127
14606	15329	2300	2409			8212	8395	11847	11891	5783	5826
5456	5282	567	490			1865	1791	1960	1727	902	870
1554	1556	247	245			1085	1851	860	766	842	810
29	28	–				11		–	1	51	17
1219	1292	107	118			72	67	–		133	215
334	350	–	15			–		–		636	835
2158	2507	527	633			515	878	383	544	208	251
1336	1336	391	390			421	715	265	271	60	91
1655	1655	718	719			1317	1317	41041	40994	1573	1580

3－11 分地区林业
Statistics on Forestry

指 标 Item		全 市 Whole City	市 区 Urban Districtt	上城区 Shangcheng	拱墅区 Gongshu	西湖区 Xihu
一、营林情况 Afforestation						
1. 当年造林面积 Afforested Areas	（公顷）（hectare）	1054	71			
2. 迹地更新面积 Area of Forest Updating	（公顷）（hectare）	1963	39			
3. 封山育林面积 Area of Afforestation in Enclosed Mountain	（公顷）（hectare）	1679	132			
4. 零星（四旁）植树 Planting Trees	（万株）（10000 plant）	690	185			
5. 中、幼龄林抚育面积 Area of Grown Forest Cultivated	（公顷）（hectare）	10890	3956			
二、林产品产量 Output of Forest Products						
1. 油茶籽 Camellia Seeds	（吨）（ton）	13819	350			
2. 竹笋干 Dried Bamboo Shoots	（吨）（ton）	83604	64411			
3. 核 桃 Walnuts	（吨）（ton）	19540	17368			
4. 板 栗 Chestnuts	（吨）（ton）	4948	740			
三、竹木采伐量 Lumbering						
1. 木 材 Timber Cut	（万立方米）（10000 cu. m）	28	3			
2. 竹 材 Bamboo Cut	（万支）（10000 pieces）	4390	3544			

注：1. 2019 年起封山育林面积为当年新增封山育林面积。

生产(2023 年)
by Region(2023)

高新(滨江)区 Hi - Tech (Binjiang)	萧山区 Xiaoshan	余杭区 Yuhang	临平区 Linping	钱塘区 Qiantang	富阳区 Fuyang	临安区 Lin'an	西湖风景名胜区 The West Lake Scenic Zone	桐庐县 Tonglu	淳安县 Chun'an	建德市 Jiande
					40	31		137	460	386
						39			1200	724
	132									1547
						185		49	391	65
	363	336			2419	838		1478	1533	3923
					200	150		455	9900	3114
	2304	15443			16504	30160		8355	7620	3218
						17368		1950		222
						740		1435		2773
	–	–			1	2		1	16	7
	143	1187			1507	707		125	478	243

a) Area of Afforestation in Enclosed Mountain was newly added in the cument year since 2019.

3－12 分地区主要农

Possession of Major Agricultural

指 标 Item		全 市 Whole City	西湖区 Xihu	高新（滨江）区 Hi－Tech（Binjiang）
一、农业机械总动力 Total Power of Agricultural Machinery	**（千瓦） （kW）**	**1956034**	**62622**	**3055**
二、主要农机具 Agricultural Machinery and Machinery For Processing Farm Products				
大中型拖拉机 Large & Medium Tractors	（台） （unit）	1775	4	－
拖拉机配套农具 Mechanized Farm Implement	（台） （unit）	7990	18	－
小型（22.1 千瓦及以下）拖拉机 Mini－tractors	（台） （unit）	2299	1	－
联合收割机 Combine Harvesters	（台） （unit）	816	3	－
机动脱粒机 Motorized Thresher	（台） （unit）	3951	－	
谷物烘干机 Cereal Dryer	（台） （unit）	1164	10	－
水泵 Water Pump for Agricultural Use	（台） （unit）	95999	2404	45
节水灌溉类机械 Saving Water and Sprinkling Machinery	（套） （set）	5015	18	2
粮食加工机械 Grain Processing Machinery	（台） （unit）	9181	16	－
棉花加工机械 Cotton Processing Machinery	（台） （unit）	115	－	－
油料加工机械 Oil Processing Machinery	（台） （unit）	1336	2	－

机具年末拥有量(2023 年)
Machinery at the Year - end by Region(2023)

萧山区 Xiaoshan	余杭区 Yuhang	临平区 Linping	钱塘区 Qiantang	富阳区 Fuyang	临安区 Lin'an	桐庐县 Tonglu	淳安县 Chun'an	建德市 Jiande
392758	**247239**	**45990**	**80605**	**236912**	**301120**	**118965**	**303644**	**163124**
420	302	22	228	329	184	97	70	119
1368	1084	29	458	2386	452	707	123	1365
3	1146	1	39	607	37	372	39	54
153	143	7	55	170	49	115	45	76
1	–	–	–	1969	–	358	1594	29
175	209	32	84	199	122	135	55	143
14182	7289	5760	965	16440	16358	5338	5207	22011
304	385	8	105	270	70	12	643	3198
898	219	32	125	199	410	482	5891	909
23	1	3	5	–	–	11	56	16
81	27	5	55	68	101	196	523	278

3－13 农业物资
Agricultural Material

指 标 Item		全 市 Whole City	市 区 Urban Districtt	上城区 Shangcheng	拱墅区 Gongshu	西湖区 Xihu
一、农业化肥施用量 Consumption of Chemical Fertilizer						
按折纯法计算 Pure Consumption	(吨) (ton)	76210	47292			727
1.氮　肥 Nitrogenous Fertilizer	(吨) (ton)	19029	12138			131
2.磷　肥 Phosphate Fertilizer	(吨) (ton)	3112	2651			7
3.钾　肥 Potash Fertilizer	(吨) (ton)	4933	2816			50
4.复合肥 Compound Fertilizer	(吨) (ton)	49137	29687			538
二、农用塑料薄膜使用量 Use of Plastic Film	**(吨) (ton)**	**6593**	**3812**			**54**
三、农用柴油使用量 Consumption of Diesel Oil	**(吨) (ton)**	**12520**	**9613**			**341**
四、农药使用量 Consumption of Pesticide	**(吨) (ton)**	**4445**	**3002**			**38**

消耗情况(2023 年)
Consumption(2023)

Urban District								桐庐县 Tonglu	淳安县 Chun'an	建德市 Jiande
高新(滨江)区 Hi-Tech (Binjiang)	萧山区 Xiaoshan	余杭区 Yuhang	临平区 Linping	钱塘区 Qiantang	富阳区 Fuyang	临安区 Lin'an	西湖风景名胜区 The West Lake Scenic Zone			
158	14785	7885	2918	3278	7145	10358	38	8254	6601	14063
39	4296	2102	566	972	1555	2477	–	1633	1220	4038
15	1620	115	72	164	251	406	–	242	124	95
10	1012	282	110	203	275	876	–	392	448	1277
94	7857	5386	2170	1940	5064	6599	38	5987	4809	8654
14	**1433**	**776**	**114**	**548**	**525**	**348**	**–**	**552**	**1097**	**1132**
–	**3275**	**1200**	**369**	**1049**	**1730**	**1650**	**–**	**885**	**951**	**1071**
3	**810**	**346**	**138**	**348**	**627**	**685**	**7**	**461**	**393**	**589**

3－14 乡(镇)

Statistics on Towns

乡镇名称	Town	社区(居民委员会) Number of communities (residents committees)	村民委员会(个) Number of Villagers´ Committees (unit)	乡镇户籍户数(户) Resident Households in Towns (household)
全　市	**Whole City**	**840**	**1902**	**1871001**
西湖区	**Xihu District**	**100**	**32**	**109547**
留下街道	Liuxia Subdistrict	12	1	10635
转塘街道	Zhuantang Subdistrict	38	8	30665
三墩镇	Sandun	41	2	50609
双浦镇	Shuangpu	9	21	17638
高新(滨江)区	**Hi－Tech(Bingjiang) District**			
西兴街道	Xixing Subdistrict			
长河街道	Changhe Subdistrict			
浦沿街道	Puyan Subdistrict			
西湖风景名胜区	**The West Lake Scenic Zone**	**6**	**9**	**5925**
西湖街道	West Lake Subdistrict	6	9	5925
萧山区	**Xiaoshan District**	**236**	**336**	**380490**
城厢街道	Chengxiang Subdistrict	36	－	40729
北干街道	Beigan Subdistrict	39	1	36258
蜀山街道	Shushan Subdistrict	28	8	14899
新塘街道	Xintang Subdistrict	27	17	23766
靖江街道	Jingjiang Subdistrict	7	10	10466
南阳街道	Nanyang Subdistrict	3	13	10880
闻堰街道	Wenyan Subdistrict	9	6	11239
宁围街道	Ningwei Subdistrict	17	6	19805

基本情况（2023 年）
and Townships（2023）

乡镇户籍人口数（人）Resident Population in Towns (person)	乡镇常用耕地面积（公顷）Commonly used cultivated area of township (hectare)	一般公共预算收入（万元）General public budget income (10,000 yuan)	一般公共预算支出（万元）General public budget expenditure (10,000 yuan)
5867206	**150398**	**4488421**	**2529693**
371797	**3425**	**474153**	**105097**
41765	59	28410	28410
87044	405	255831	29429
173235	484	153482	29228
69753	2477	36430	18031
18321	**–**	**23914**	**19022**
18321	–	23914	19022
1282546	**23841**	**1306680**	**594408**
115500	–	69866	33577
104842	57	126285	28411
64846	494	88917	18800
83038	599	138956	29038
38119	1120	31253	18104
42723	678	37561	16458
38986	118	41663	21219
58774	781	144951	61598

3-14 续表1

乡镇名称	Town	社区(居民委员会) Number of Communities (residents committees)	村民委员会(个) Number of Villagers' Committees (unit)	乡镇户籍户数(户) Resident Households in Towns (household)
新街街道	Xinjie Subdistrict	8	15	20378
盈丰街道	Yingfeng Subdistrict	15	-	16251
楼塔镇	Louta	1	12	8054
河上镇	Heshang	1	15	9098
戴村镇	Daicun	2	22	11190
浦阳镇	Puyang	2	18	9902
进化镇	Jinhua	1	25	13520
临浦镇	Linpu	14	20	16569
义桥镇	Yiqiao	6	21	18839
所前镇	Suoqian	2	19	10866
衙前镇	Yaqian	2	11	6795
瓜沥镇	Guali	13	61	46550
益农镇	Yinong	1	19	12062
党湾镇	Dangwan	2	17	12374
余杭区	**Yuhang District**	**106**	**116**	**237401**
五常街道	Wuchang Subdistrict	20	-	18775
仁和街道	Renhe Subdistrict	4	18	19654
良渚街道	Liangzhu Subdistrict	24	20	54462
闲林街道	Xianlin Subdistrict	13	8	29552
仓前街道	Cangqian Subdistrict	10	6	18229
余杭街道	Yuhang Subdistrict	16	11	37301

continued 1

乡镇户籍人口数 (人) Resident Population in Towns (person)	乡镇常用耕地面积 (公顷) Commonly used cultivated area of township (hectare)	一般公共预算收入 (万元) General public budget income (10,000 yuan)	一般公共预算支出 (万元) General public budget expenditure (10,000 yuan)
69573	1523	77900	29801
50353	642	22000	20977
26626	454	8383	11982
28756	948	37428	23074
39100	1100	21470	15899
32859	993	34798	16693
47391	677	24629	20755
56642	785	55412	32237
63195	493	62872	35894
41433	804	40824	22750
27265	520	47052	26514
165312	6213	140178	73327
43531	2593	14217	18036
43682	2250	40065	19266
761574	**19968**	**1277399**	**571117**
63600	24	292505	55134
81224	2530	79167	46499
178433	1943	251707	116288
81491	260	90056	85425
65951	1197	317489	48291
111468	2678	68924	68924

3－14 续表2

乡镇名称	Town	社区(居民委员会) Number of Communities (residents committees)	村民委员会(个) Number of Villagers' Committees (unit)	乡镇户籍户数(户) Resident Households in Towns (household)
中泰街道	Zhongtai Subdistrict	6	10	13897
径山镇	Jingshan	2	13	13138
瓶窑镇	Pingyao	8	13	19590
鸬鸟镇	Luniao	1	6	4310
百丈镇	Baizhang	1	6	3430
黄湖镇	Huanghu	1	5	5063
富阳区	**Fuyang District**	**87**	**276**	**223496**
富春街道	Fuchun Subdistrict	42	12	50946
春江街道	Chunjiang Subdistrict	2	9	7931
鹿山街道	Lushan Subdistrict	2	9	8572
东洲街道	Dongzhou Subdistrict	5	15	12864
银湖街道	Yinghu Subdistrict	12	22	18175
万市镇	Wanshi	1	15	7098
洞桥镇	Dongqiao	–	11	6094
渌渚镇	Luzhu	–	13	5842
永昌镇	Yongchang	–	5	3589
里山镇	Lishan	–	5	2653
常绿镇	Changlu	–	8	5194
场口镇	Changkou	2	24	13483
常安镇	Chang'an	–	16	7724
龙门镇	Longmen	–	4	2476
新登镇	Xindeng	7	28	23774
胥口镇	Xukou	–	13	6484
大源镇	Dayuan	1	15	10875

continued 2

乡镇户籍人口数（人） Resident Population in Towns (person)	乡镇常用耕地面积（公顷） Commonly used cultivated area of township (hectare)	一般公共预算收入（万元） General public budget income (10,000 yuan)	一般公共预算支出（万元） General public budget expenditure (10,000 yuan)
40292	1056	48461	28987
38909	2807	34842	34156
64487	2130	65090	50714
11798	596	5509	7895
10443	3819	9571	15243
13478	929	14078	13562
700184	**20417**	**169581**	**160935**
139806	895	21077	7764
31577	355	4293	7597
26813	752	9152	9152
49819	1036	11456	11456
60728	1646	16159	16159
21492	1114	6573	6573
18867	1222	4850	4787
16883	946	5463	5463
10970	425	3750	3750
10123	399	2020	3446
15209	198	3059	3059
43501	1298	8971	8971
24585	874	5599	5599
7219	242	4003	4003
67486	2612	19783	19783
17986	881	5017	5017
37251	490	10243	10243

3－14　续表3

乡镇名称	Town	社区(居民委员会) Number of Communities (residents committees)	村民委员会(个) Number of Villagers' Committees (unit)	乡镇户籍户数(户) Resident Households in Towns (household)
灵桥镇	Lingqiao	–	13	7473
新桐乡	Xintong	–	7	4588
上官乡	Shangguan	–	5	2652
环山乡	Huanshan	7	7	3924
湖源乡	Huyuan	–	10	4378
春建乡	Chunjian	6	6	2914
渔山乡	Yushan	–	4	3793
临安区	**Lin'an City**	**49**	**270**	**194035**
玲珑街道	Linlong Subdistrict	4	14	9349
锦南街道	Jinnan Subdistrict	4	7	4951
锦城街道	Jincheng Subdistrict	19	4	35537
锦北街道	Jinbei Subdistrict	9	5	16792
青山湖街道	Qingshanghu Subdistrict	10	14	15358
高虹镇	Gaohong	–	9	4893
太湖源镇	Taihuyuan	–	20	10934
於潜镇	Yuqian	1	30	16865
太阳镇	Taiyang	–	18	9015
潜川镇	Qianchuan	–	16	8199
昌化镇	Changhua	1	14	7226
河桥镇	Heqiao	–	11	5967
湍口镇	Tuankou	–	13	4116
清凉峰镇	Qingliangfeng	–	17	9568
岛石镇	Daoshi	–	16	8172
板桥镇	Banqiao	–	15	8374

continued 3

乡镇户籍人口数 （人） Resident Population in Towns （person）	乡镇常用耕地面积 （公顷） Commonly used cultivated area of township （hectare）	一般公共预算收入 （万元） General public budget income （10,000 yuan）	一般公共预算支出 （万元） General public budget expenditure （10,000 yuan）
27250	640	5569	5569
14004	502	4168	4168
8145	2338	3300	3300
12879	355	4552	4552
15291	261	4122	4122
9176	704	3832	3832
13124	232	2571	2571
545440	**18097**	**243990**	**148042**
26902	664	12279	11906
14995	167	7242	6800
90552	337	15510	14850
47845	292	11406	10535
46526	844	62524	11758
14194	577	10375	4886
30734	2067	11438	8674
47007	1604	22260	11818
25937	1376	5919	3986
22597	827	7834	4638
20725	870	10737	7495
16647	2250	6455	5312
12160	488	8072	5717
26828	1289	7980	7808
24419	637	9247	7748
24669	924	8441	8687

3－14 续表4

乡镇名称	Town	社区(居民委员会) Number of Communities (residents committees)	村民委员会(个) Number of Villagers' Committees (unit)	乡镇户籍户数(户) Resident Households in Towns (household)
天目山镇	Tianmushan	1	23	11772
龙岗镇	Longgang	–	24	6947
临平区	**Linping**	**139**	**57**	**192163**
临平街道	Linpin Subdistrict	15	–	17352
南苑街道	Nanyuan Subdistrict	31	–	33824
东湖街道	Donghu Subdistrict	45	3	43022
星桥街道	Xingqiao Subdistrict	17	–	19016
乔司街道	Qiaosi Subdistrict	8	11	20983
运河街道	Yunhe Subdistrict	5	14	12657
崇贤街道	Chongxian Subdistrict	7	11	21227
塘栖镇	Tangqi	11	18	24082
钱塘区	**Qiantang Area**	**18**	**59**	**47538**
河庄街道	Hezhuang Subdistrict	4	20	14564
义蓬街道	Yipeng Subdistrict	8	22	19827
新湾街道	Xinwan Subdistrict	2	12	8157
临江街道	Linjiang Subdistrict	2	2	2617
前进街道	Qianjin Subdistrict	2	3	2373
桐庐县	**Tonglu County**	**34**	**181**	**154938**
旧县街道	Jiuxian Subdistrict	–	5	2789
桐君街道	Tongjun Subdistrict	7	6	18821
城南街道	Chengnan Subdistrict	15	13	28928
凤川街道	Fengchuan Subdistrict	3	13	11771
富春江镇	Fuchunjiang	2	15	9215
横村镇	Hengcun	2	24	14699

continued 4

乡镇户籍人口数（人） Resident Population in Towns (person)	乡镇常用耕地面积（公顷） Commonly used cultivated area of township (hectare)	一般公共预算收入（万元） General public budget income (10,000 yuan)	一般公共预算支出（万元） General public budget expenditure (10,000 yuan)
32363	1892	12724	5147
20340	992	13547	10277
630284	**6211**	**560184**	**352500**
47991	61	26500	18580
107853	433	135356	34248
147862	854	177932	177549
54129	138	45772	19453
70797	782	51786	31346
45818	1242	19024	18683
71404	895	57353	25062
84430	1807	46462	27579
173063	**7403**	**140421**	**122368**
57598	2152	78112	55658
70853	2632	33428	30280
27863	1108	15250	13316
7671	997	8280	12036
9078	514	5351	11078
434828	**15068**	**87576**	**46048**
8234	465	1419	1157
43453	346	18780	2897
80803	895	8061	6206
33842	591	1752	1752
24023	1145	14520	6280
40999	2139	12984	2208

3－14　续表5

乡镇名称	Town	社区(居民委员会) Number of Communities (residents committees)	村民委员会(个) Number of Villagers´ Committees (unit)	乡镇户籍户数(户) Resident Households in Towns (household)
分水镇	Fenshui	3	26	19053
瑶琳镇	Yaolin	–	16	11941
百江镇	Baijiang	–	15	6142
江南镇	Jiangnan	2	19	16936
莪山畲族乡	Eshan	–	7	2998
钟山乡	Zhongshan	–	11	6840
新合乡	Xinghe	–	5	1644
合村乡	Hecun	–	6	3161
淳安县	**Chun´an County**	**24**	**337**	**146821**
千岛湖镇	Qiandaohu	19	16	32202
文昌镇	Wenchang	–	14	4224
石林镇	Shilin	–	7	1441
临歧镇	Linqi	1	16	5919
威坪镇	Weiping	1	35	15676
姜家镇	Jiangjia	1	17	8347
梓桐镇	Zitong	–	18	5908
汾口镇	Fenkou	1	42	16301
中洲镇	Zhongzhou	–	15	5979
大墅镇	Dashu	1	13	4363
枫树岭镇	Fengshuling	–	18	5646
里商乡	Lishang	–	13	3389
金峰乡	Jinfeng	–	9	2013
富文乡	Fuwen	–	8	2443
左口乡	Zuokou	–	9	3306

continued 5

乡镇户籍人口数 (人) Resident Population in Towns (person)	乡镇常用耕地面积 (公顷) Commonly used cultivated area of township (hectare)	一般公共预算收入 (万元) General public budget income (10,000 yuan)	一般公共预算支出 (万元) General public budget expenditure (10,000 yuan)
53425	1900	10322	2246
33889	1861	3851	3851
19523	945	4893	4893
51577	1522	2196	2196
9060	903	1369	3786
20938	1396	3558	4786
5144	255	657	576
9918	704	3215	3215
446881	**16734**	**34769**	**230027**
85346	496	13015	27071
14218	552	3333	12731
4869	171	440	4203
19999	959	1758	12990
45142	2693	1540	20288
25459	1204	1915	14179
18069	684	630	7974
53666	2325	1915	23560
19589	1036	342	8550
13620	939	1140	10405
17846	1090	1080	13580
11023	254	1538	8969
5893	320	637	3561
8118	183	471	6612
11319	438	809	7377

3－14 续表6

乡镇名称	Town	社区（居民委员会）Number of Communities（residents committees）	村民委员会（个）Number of Villagers' Committees（unit）	乡镇户籍户数（户）Resident Households in Towns（household）
屏门乡	Pingmen	–	11	3822
瑶山乡	Yaoshan	–	10	2770
王阜乡	Wangfu	–	15	5731
宋村乡	Songcun	–	6	2086
鸠坑乡	Jiukeng	–	8	2518
浪川乡	Langchuan	–	17	6063
界首乡	Jieshou	–	8	3073
安阳乡	Anyang	–	12	3601
建德市	**Jiande City**	**41**	**229**	**178647**
新安江街道	Xin'anjiang Subdistrict	11	4	32446
洋溪街道	Yangxi Subdistrict	4	2	7005
更楼街道	Genglou Subdistrict	2	14	7772
莲花镇	Lianhua	1	6	3456
乾潭镇	Qiantan	1	24	14734
梅城镇	Meicheng	5	13	14674
杨村桥镇	Yangcunqiao	1	13	6995
下涯镇	Xiaya	1	11	8885
大洋镇	Dayang	3	19	10476
三都镇	Sandu	1	19	8810
寿昌镇	Shouchang	4	23	16734
航头镇	Hangtou	1	18	12065
大慈岩镇	Daciyan	1	12	6851
大同镇	Datong	3	34	18365
李家镇	Lijia	1	10	6507
钦堂乡	Qintang	1	7	2872

continued 6

乡镇户籍人口数（人）Resident Population in Towns (person)	乡镇常用耕地面积（公顷）Commonly used cultivated area of township (hectare)	一般公共预算收入（万元）General public budget income (10,000 yuan)	一般公共预算支出（万元）General public budget expenditure (10,000 yuan)
12426	305	410	5231
9370	261	567	5232
16853	370	662	7830
6752	55	289	3508
7274	184	655	5266
19642	1042	975	8706
9218	444	303	6172
11170	729	345	6032
502288	**19234**	**169754**	**180129**
84311	296	48831	28202
17885	190	11753	11481
22877	946	6874	6928
10110	381	754	6921
43543	1896	11437	29682
39556	1014	18370	12275
20498	726	4399	5021
27042	1084	23070	9568
32721	1420	5165	6617
23979	1960	2048	6446
44162	1670	9722	11531
33949	1921	3878	6344
20003	1298	3055	6383
53742	2927	8664	20933
19425	885	8053	5638
8485	622	3681	6157

主要统计指标解释

农林牧渔业总产值　是以货币表现的农、林、牧、渔业全部产品的总量和对农林牧渔生产活动进行的各种支持性服务活动的价值。它反映一定时期内农林牧渔业生产的总规模和总成果。

农林牧渔业的统计范围是：

(1)农业　包括农作物种植业和其他农业。

农作物种植业　包括谷类、豆类、薯类、棉花、麻类、烟叶、蔬菜、药材、瓜类和其他农作物的种植以及茶园、桑园、果园的生产经营。

其他农业　包括采集野生植物的果实、纤维、树脂、油料以及柴草、野生药材、菌类等。

(2)林业　包括林木的栽培(不包括茶园、桑园和果园的栽培、管理和收获等活动)、林产品的采集、村及村以下合作经济组织和农户的竹木砍伐。

(3)牧业　包括除渔业养殖以外的一切动物饲养和放牧以及野生动物的捕猎和饲养。

(4)渔业　包括水生动物和海藻类植物的养殖和捕捞。

(5)农林牧渔服务业　包括对农林牧渔生产活动进行的各种支持性服务活动。

粮食产量　指全社会的产量，包括国有农场等全民所有制经营、集体统一经营和农民家庭经营的产量，还包括工矿企业家属办的农场和其他生产单位的产量。粮食除包括稻谷、小麦、大麦、玉米、高粱、谷子及其他杂粮外，还包括薯类和豆类。其产量计算方法，豆类按去豆荚后的干豆计算，薯类按 5 公斤鲜薯折 1 公斤粮食计算，其他粮食一律按脱粒后的原粮计算。

猪、牛、羊肉产量　指当年出栏并已屠宰的猪、牛、羊的肉产量，即屠宰后除去头蹄下水后带骨的(即胴体重)重量。

水产品产量　指人工养殖的水产品和天然生长的水产品的捕捞量。包括海水的鱼类、虾蟹类、贝类和藻类以及内陆水域的鱼类、虾蟹类和贝类，不包括淡水生植物。

有效灌溉面积　指具有一定水源，地块比较平整，灌溉工程或设备已经配套，在一般年景下当年能够进行正常灌溉的耕地面积。

农业机械总动力　指主要用于农、林、牧、渔业的各种动力机械的动力总和。包括耕作机械、排灌机械、收获机械、农用运输机械、植物保护机械、牧业机械、林业机械和其他农业机械[内燃机按引擎马力折成瓦(特)计算，电动机按功率折成瓦(特)计算]。不包括专门用于乡、镇、村、组办工业、基本建设、非农业运输、科学试验和教学等非农业方面的动力机械与作业机械。

农村用电量　指本年度内扣除在农村中的全民所有制工业、交通、基建单位的用电量以后的农村生产上和生活上的全年用电总度数(全年累计数)，包括国家电网的供电量，也包括农村自办电站的供电量。

农用化肥施用量　指本年内实际用于农业生产的化肥数量。包括氮肥、磷肥、钾肥及复合肥。化肥施用量要求按折纯量计算数量。折纯量是指氮肥、磷肥、钾肥分别按含氮、含五氧化二磷、含氧化钾的百分之百成分进行折算后的数量。复合肥按其所含主要成分折算。

Explanatory Notes on Main Statistical Indicators

Gross Output Value of Farming, Forestry, Animal Husbandry and Fishery refers to the total volume of products of farming, forestry, animal husbandry and fishery in value terms and output value of all kinds of service activities that support farming, forestry, animal husbandry and fishery production. It reflects the total scale and total result of agricultural production during a given period of time.

The statistical scopes for Farming, Forestry, Animal Husbandry and Fishery are as follows:

(1) **Farming** includes crop cultivation and other farming.

Crop cultivation includes planting of cereals, beans, tubers, cotton, fiber crops, tobacco, vegetables, crude drugs, melons and others, as well as production and management of tea, mulberry and fruit plantation.

Other farming includes gathering of wild plant fruits, fiber, gum, oil, firewood, wild crude drugs, fungus.

(2) **Forestry** includes planting of trees (not including planting, management and harvest of tea, mulberry and fruit plantation), collection of forest products, and felling of bamboos and trees by villagers and cooperative organizations of villages and under villages.

(3) **Animal Husbandry** includes raising and grazing of any kind of animals and hunting and raising of wild animals, other than fish breeding.

(4) **Fishery** includes cultivation and catches of aquatic animals and seaweed.

(5) **Service Industry for Farming, Forestry, Animal Husbandry and Fishery** refers to all kinds of service activities that support farming, forestry, animal husbandry and fishery production.

Grain Yield refers to the total yield including grains produced by state – owned, collectively operated and family farms as well as grains produced by farms run by family members of industrial and mining enterprises. Grain includes rice, wheat, corn, sorghum, millet and other miscellaneous grains as well as tubers and beans. For the yield of beans, it is to calculated by beans without pods, for tubers is to convert the yield of fresh tubers into that of grain at the ratio 5:1, and for others are all the husked grain.

Output of Pork, Beef, and Mutton refers to the meat weight of slaughtered hogs, cattle, sheep and goats, which are full grown, without heads, feets and offal but with bones.

Output of Aquatic Products refers to catches of both artificially cultured and naturally grown aquatic products, including fish, shrimps, crabs and shellfish in sea and inland water as well as seaweed. Freshwater plants are not included.

Irrigated Area refers to cultivated areas that are flat with water source and complete irrigation projects or equipments to be effectively irrigated under normal conditions. ,

Total Power of Farm Machinery refers to total mechanical power of machinery used in farming, forestry, animal husbandry, and fishery, including the machinery of ploughing, irrigation and drainage, harvesting, transport, plant protection, stock breeding, forestry and others. For internal combustion engine is to calculate its engine power in watts and for electric motor is to calculate its power in watts. Machinery employed for non – agricultural purposes, such as the machines used in town and village run industries, capital construction, non – agricultural transport, scientific experiments and teaching, is excluded.

Electricity Consumption in Rural Areas refers to annual total degree (annual aggregate) of electricity consumption of rural production and living discounting the consumption of industries owned by the whole people, transport and infrastructure units in the rural areas, including the power supply of State Grid and rural run power stations.

Consumption of Chemical Fertilizers in Agriculture refers to the quantity of chemical fertilizers applied in agriculture in the year, including nitrogen, phosphorus, potassium and compound fertilizers. The consumption of chemical fertilizers is required to calculate by the purity, i. e. by 100% nitrogen content in nitrogenous fertilizer, 100% phosphorous pent oxide content in phosphorus fertilizer, 100% potassium oxide contents in potassium fertilizer. Compound fertilizer is calculated by its major component.

四 工业、能源

INDUSTRY AND ENERGY

工业、能源
Industry and Energy

主要统计指标
Major Statistical Indicators

规模以上工业企业单位数	Number of Industrial Enterprises above Designated Size	6950	个	(unit)
为上年	As Compared with the Preceding Year	102.2	%	(%)
规模以上工业增加值	Value-added of Industrial Enterprises above Designated Size	4192	亿元	(100 million yuan)
为上年	As Compared with the Preceding Year	102.4	%	(%)
规模以上工业总产值	Gross Output Value of Industrial Enterprises above Designated Size	19135	亿元	(100 million yuan)
为上年	As Compared with the Preceding Year	101.8	%	(%)
轻工业	Light Industry	5699	亿元	(100 million yuan)
为上年	As Compared with the Preceding Year	96.7	%	(%)
重工业	Heavy Industry	13436	亿元	(100 million yuan)
为上年	As Compared with the Preceding Year	104.1	%	(%)

4－01 工业企业单位数(主要年份)

Number of Industrial Enterprises(Main Years)

单位:个 (unit)

年 份 Year	规模以上工业合计 Industry above Designated Size Total	国有经济 State－owned Enterprises	集体经济 Collective－owned Enterprises	其他各种经济类型 Enterprises of Other Types of Ownership
1978	2868	680	2188	－
1980	3519	691	－	－
1985	5800	823	－	－
1990	6183	921	4966	11
1991	6234	933	5219	82
1992	6235	941	5162	132
1995	6744	1086	4722	936
1996	6148	1011	4268	869
1997	4980	760	3250	970
1998	2559	464	815	1280
1999	2474	396	689	1389
2000	2715	282	598	1835
2001	3580	237	252	3091
2002	4015	172	232	3611
2003	4689	144	219	4326
2004	7738	185	192	7361
2005	7359	124	169	7066
2006	7826	110	162	7554
2007	8674	71	131	8472
2008	9907	73	101	9733
2009	10032	71	84	9877
2010	10370	74	68	10228
2011	5868	52	25	5791
2012	5927	56	20	5851
2013	6284	25	11	6248
2014	6169	22	9	6138
2015	6073	17	5	6051
2016	5684	15	4	5665
2017	5533	10	2	5521
2018	5431	9	1	5421
2019	5698	7	－	5691
2020	5992	14	3	5975
2021	6528	7	2	6519
2022	6802	10	3	6789
2023	6950	2	3	6945

注:1. 规模以上工业口径:1997 年及以前为乡及以上工业;1998－2010 年为主营业务收入 500 万及以上;2011 年为主营业务收入 2000 万及以上(后同)。

2. 登记注册统计类别按《关于市场主体统计分类的划分规定》(国统字〔2023〕14 号)执行(后同)。

a) Industry above Designated Size: Data after 2011 refer to all the industrial enterprises with annual Sales income of over 20 million yuan, data in 1998－2010 refer to all the industrial enterprises with annual sales income of over 5 million yuan, data in 1997 and before refer to enterprises at township and above level.

b) The registration of statistical categories in this form shall be implemented in accordance with the Provisions on the Classification of Statistical Classification of Market Entities . The same applies to the tables following .

4－02 市区工业企业单位数(主要年份)

Number of Industrial Enterprises in Urban District(Main Years)

单位:个 (unit)

年 份 Year	规模以上工业合计 Industry above Designated Size Total	国有经济 State－owned Enterprises	集体经济 Collective－owned Enterprises	其他各种经济类型 Enterprises of Other Types of Ownership
1978	787	313	414	－
1980	894	315	579	－
1985	1250	345	859	7
1990	1360	361	971	28
1991	1411	382	990	39
1992	1490	395	1024	71
1995	1998	440	1102	456
1996	2043	458	1109	476
1997	1733	372	951	410
1998	1019	315	315	389
1999	959	255	284	420
2000	1005	182	253	570
2001	2645	195	200	2250
2002	2838	140	178	2520
2003	3230	115	158	2957
2004	5527	156	122	5249
2005	4995	98	104	4793
2006	5195	85	91	5019
2007	5726	54	77	5595
2008	6530	55	64	6411
2009	6477	52	49	6376
2010	6478	51	37	6390
2011	3867	36	10	3821
2012	3862	37	7	3818
2013	4145	18	5	4122
2014	4716	17	5	4694
2015	4584	12	3	4569
2016	4235	11	2	4222
2017	4726	8	1	4717
2018	4746	8	1	4737
2019	4984	6	－	4978
2020	5188	13	2	5173
2021	5653	5	1	5647
2022	5898	7	2	5889
2023	6031	2	2	6027

4-03 工业总产值(1949-2023年)

Gross Industrial Output Value(1949-2023)

单位:亿元 (100 million yuan)

年 份 Year	工业总产值 Gross Industrial Output Value	#轻工业 Light Industry	重工业 Heavy Industry	国有经济 State-owned	集体经济 Collective-owned
1949	1.41				
1950	1.60				
1951	2.46				
1952	3.00				
1953	3.80				
1954	4.26				
1955	4.38				
1956	5.42				
1957	6.08				
1958	11.73				
1959	16.16				
1960	18.48				
1961	12.65				
1962	10.30				
1963	10.76				
1964	12.82				
1965	15.12				
1966	14.81				
1967	16.73				
1968	15.90				
1969	20.74				
1970	24.08				
1971	27.04				
1972	28.32				
1973	31.38				
1974	26.24				
1975	25.10				
1976	26.24				
1977	35.92				
1978	43.96				
1979	51.00				
1980	63.45				
1981	71.00				
1982	75.08				
1983	84.44				
1984	106.21				
1985	146.55				
1986	177.96				
1987	226.30				
1988	297.62				
1989	331.56				
1990	359.47				
1991	435.79				
1992	568.33				
1993	828.92				
1994	1181.50				
1995	1509.71				
1996	1479.22				
1997	1654.70				

4－03 续表 continued

单位:亿元 (100 million yuan)

年 份 Year	工业总产值 Gross Industrial Output Value	#轻工业 Light Industry	重工业 Heavy Industry	国有经济 State－owned	集体经济 Collective－owned
1998	1109.94	572.64	537.30	342.23	282.48
1999	1200.08	613.00	587.08	316.46	254.40
2000	1543.57	762.33	781.24	186.03	269.84
2001	1919.51	995.70	923.81	178.88	191.13
2002	2400.30	1243.55	1156.75	214.71	215.15
2003	3202.52	1565.25	1637.28	248.42	244.40
2004	4486.58	1976.19	2510.38	342.00	55.89
2005	5441.13	2405.97	3035.16	605.43	60.34
2006	6975.46	2909.35	4066.11	677.68	66.76
2007	8351.40	3587.84	4763.56	768.89	51.79
2008	9379.58	3873.53	5506.05	744.07	38.61
2009	9390.73	4011.60	5379.14	757.65	35.47
2010	11081.04	4576.47	6504.57	905.05	30.03
2011	12352.92	4866.08	7486.84	1022.05	17.19
2012	12959.68	5137.76	7821.92	1150.72	16.73
2013	12418.00	4866.38	7551.63	714.09	3.98
2014	12853.05	4997.92	7855.13	692.22	3.22
2015	12415.68	4820.80	7594.88	230.94	1.41
2016	12420.96	4693.99	7726.97	553.41	1.23
2017	12963.76	4711.50	8252.27	187.04	0.59
2018	14016.41	4882.08	9134.33	169.11	0.24
2019	14585.45	5221.27	9364.18	177.62	0.00
2020	14712.08	4839.21	9872.87	355.79	4.37
2021	17746.18	5616.85	12129.33	26.38	0.62
2022	18360.12	5812.68	12547.45	174.80	1.02
2023	19135.27	5699.01	13436.25	0.62	0.46

注:1. 从 1998 年以来为规模以上工业。
a) It was industry above designated size since 1998.

4－04 市区工业总产值(主要年份)

Gross Industrial Output Value in Urban District(Main Years)

单位:万元 (10,000 yuan)

年份 Year	工业总产值 Gross Industrial Output Value	#轻工业 Light Industry	重工业 Heavy Industry	国有经济 State－owned	集体经济 Collective－owned	其他经济 Other Types of Ownership
1978	304242	－	－	248534	55708	－
1980	433623	－	－	335789	97834	－
1985	812246	512767	301998	536498	267613	8135
1990	1533000	1026764	599899	1067400	416500	49100
1991	1814600	1140394	674072	1237600	496800	80200
1992	2291300	1379154	917085	1497400	601200	192700
1995	4760900	2507752	2753196	2252300	908900	1599700
1996	4599778	2460319	2139459	2018768	951432	1629578
1997	4997257	2889406	2609217	2537740	819984	1639533
1998	6110192	3068600	3041592	2989467	1123013	1997712
1999	6280838	3178286	3102552	2668519	979070	2633249
2000	7804302	3635578	4168724	1498595	968509	5337198
2001	16156245	8377563	7778681	1695132	1792228	12668885
2002	20252484	10431428	9821056	2036097	2045450	16170937
2003	26945006	13080771	13864235	2390424	2305431	22249151
2004	37564968	16361706	21203262	3097656	419720	34047592
2005	44775260	19601053	25174207	5592419	390555	38792286
2006	57255453	23722868	33532585	6305071	347788	50602594
2007	67565456	29452269	38113187	7123810	323842	60117804
2008	74564803	31236743	43328060	6812616	219140	67533047
2009	74059755	32178951	41880805	6880470	148937	67030348
2010	86653885	36440816	50213069	8155395	156026	78342464
2011	97800625	39467105	58333520	9253445	70299	88476881
2012	101396009	41428864	59967145	10452692	72743	90870574
2013	94197123	38407906	55789218	6332681	22398	87842044
2014	110230328	42840596	67389732	6463681	22354	103744292
2015	105641721	40775608	64866113	1841145	8633	103791944
2016	105688299	39331082	66357217	5061048	6629	100620622
2017	119823690	42792636	77031054	1689177	2846	118131668
2018	131259285	45433816	85825469	1570111	2375	129686799
2019	135952373	48734026	87218348	1649607	－	134302766
2020	136802991	44921301	91881690	3437846	41400	133323745
2021	164637453	52134466	112502987	199356	3990	164434107
2022	169579282	53925969	115653313	1277510	8184	168293588
2023	177483187	52771398	124711789	6186	3207	177473794

注:1. 从1998年以来为规模以上工业。
a) It was industry above designated size since 1998.

4-05 规模以上工业企业

Main Economic Indicators of Industrial

单位:亿元

年份 Year	规模以上工业总产值 Output Value of Industrial Enterprises Above Designated Size	规模以上工业增加值 Added Value of Industrial Enterprises Above Designated Size	资产总计 Total Assets	流动资产合计 Total Current Assets	营业收入 Revenue	主营业务收入 Revenues in Main Business	利润总额 Total Profits
2001	1919.51	444.91	2148.96	1122.07		1828.28	107.56
2002	2400.30	597.01	2514.19	1313.92		2288.21	145.48
2003	3202.52	783.51	3258.93	1783.50		3117.46	194.16
2004	4486.58	1019.47	4118.31	2300.84		4363.27	226.74
2005	5441.13	1126.54	4781.34	2692.73		5282.80	234.99
2006	6975.46	1363.17	5564.68	3215.19		6807.64	314.49
2007	8351.40	1717.65	6573.12	3880.23		8057.03	414.55
2008	9379.58	1743.20	7506.26	4437.50		8976.46	453.92
2009	9390.73	1792.00	8405.62	4968.21		9026.32	510.97
2010	11081.04	2153.83	9937.41	6011.68		10843.24	764.47
2011	12352.92	2369.00	10968.69	6709.76		12022.57	795.53
2012	12959.68	2492.00	11983.52	7215.40		12525.39	771.68
2013	12418.00	2664.13	12680.28	7609.51		12424.15	853.60
2014	12853.05	2813.51	13376.72	7938.51		12833.70	904.60
2015	12415.68	2875.05	14015.54	8306.78		12237.39	891.12
2016	12420.96	2990.34	14467.36	8502.92		12367.54	946.06
2017	12963.76	3184.05	15403.30	9009.58		13209.59	998.56
2018	14016.41	3415.45	16662.89	9885.42		14432.89	1015.16
2019	14585.45	3481.89	18290.37	10971.46		15212.51	1126.17
2020	14712.08	3467.16	20502.77	12384.26		15712.46	1302.40
2021	17746.18	4021.14	23281.43	14219.33	20379.36	19280.83	1515.22
2022	18360.12	4185.06	27707.42	17541.50	21288.42	20237.29	1543.04
2023	19135.27	4191.83	28118.84	17124.38	21986.68	21016.23	1485.50

主要经济效益指标(2001－2023年)
Enterprises Above Designated Size(2001－2023)

(100 million yuan)

利税总额 Total Profits and Tax	资产负债率(%) Ratio of Debts to Assets(%)	流动资产周转次数(次) Turnover of Current Assets(times)	成本费用利润率(%) Ratio of Profits to Costs(%)	全员劳动生产率(元/人) Overall Labor Productivity (Yuan/Person)	产品销售率(%) Rate of Production Sold (%)
208.54	57.20	1.70	6.26	59518	97.40
274.98	56.82	1.82	6.84	76402	97.76
359.54	58.70	1.87	6.69	91284	97.68
427.23	59.80	2.00	5.50	98809	98.10
450.68	60.12	2.06	4.69	105786	98.25
576.51	59.83	2.23	4.87	120289	98.36
730.50	60.43	2.21	5.44	138016	98.17
802.13	60.42	2.10	5.34	152070	98.14
882.62	59.07	1.86	5.86	151002	98.63
1224.48	58.34	1.96	7.60	166516	98.83
1330.48	59.12	1.91	6.96	190110	98.61
1339.94	49.57	1.74	6.60	232587	98.63
1450.55	58.09	1.63	7.39	222570	99.18
1538.07	56.83	1.62	7.61	245726	98.48
1559.68	55.69	1.54	7.91	257020	98.50
1655.64	54.29	1.53	7.97	278384	99.43
1772.81	54.66	1.55	7.77	301608	98.45
1800.26	55.00	1.54	7.19	330206	98.28
1854.99	55.02	1.46	7.85	339577	–
2006.46	54.26	1.34	8.51	340083	–
2286.68	52.87	1.43	8.05	377338	–
2353.25	54.97	1.21	7.81	382489	–
2282.69	53.09	1.28	7.23	381977	–

4－06 分地区工业
Number of Industrial Enterprises

单位:个

指标	Item	全市 Whole City	市区 Urban District	上城区 Shangcheng	拱墅区 Gongshu
规模以上工业合计	**Industrial above Designated Size**	**6950**	**6031**	**90**	**91**
一、按轻重工业分	**Grouped by Light & Heavy Industry**				
轻工业	Light Industry	3125	2684	22	26
重工业	Heavy Industry	3825	3347	68	65
二、按登记注册统计类别分组	**Grouped by Statistical Categories of Registration**				
内资企业	Domestic－funded Enterprises	6287	5412	79	82
有限责任公司	Limited Liability Corporations	5778	4954	63	65
股份有限公司	Share－holding Corporations Ltd.	415	373	16	17
非公司企业法人	Non corporate legal entity	9	8		
个人独资企业	Sole Proprietorship Enterprises	79	71		
合伙企业	Partnership Enterprises	6	6		
其他内资企业	Other Domestic Enterprises				
港澳台投资企业	Funded from Hong Kong,Macao and Taiwan	268	245	6	4
港澳台投资有限责任公司	Hong Kong, Macau and Taiwan Investment Co., Ltd	247	225	6	3
港澳台投资股份有限公司	Share－holding Corporations Ltd. With Investment from Hong Kong,Macao and Taiwan	20	19		1
港澳台投资合伙企业	Hong Kong, Macau, and Taiwan Investment Partnership Enterprises				
其他港澳台投资企业	Other Enterprises With Investment from Hong Kong,Macao and Taiwan	1	1		
外商投资企业	Enterprises With Foreign Investment	395	374	5	5
外商投资有限责任公司	Foreign Investment Limited Liability Companies	362	343	4	5
外商投资股份有限公司	Share－holding Corporations Ltd. With Foreign Investment	26	24	1	
外商投资合伙企业	Foreign Invested Partnership Enterprises	3	3		
其他外商投资企业	Other Enterprises With Foreign Investment	4	4		
其他统计类别	Other Statistical Categories				
合计中:国有控股企业	Of the Total:State－owned Holding Enterprises	231	197	7	7
三、按企业规模分	**Grouped by Size of Enterprises**				
大型企业	Large	130	121	6	1
中型企业	Medium－sized	592	542	10	10
小微企业	Small	6228	5368	74	80

企业单位数（2023 年末）
by Region（End of 2023）

（unit）

西湖区 Xihu	高新（滨江）区 Hi－Tech（Binjiang）	萧山区 Xiaoshan	余杭区 Yuhang	临平区 Linping	钱塘区 Qiantang	富阳区 Fuyang	临安区 Lin'an	桐庐县 Tonglu	淳安县 Chun'an	建德市 Jiande
162	**297**	**1620**	**778**	**785**	**715**	**765**	**727**	**410**	**96**	**413**
41	75	959	269	438	287	232	335	215	50	176
121	222	661	509	347	428	533	392	195	46	237
143	251	1462	723	710	532	726	703	382	92	401
124	197	1389	651	655	486	676	648	346	91	387
19	54	51	66	47	36	35	31	29	1	12
		3	2		2		1			1
		17	4	6	7	15	22	7		1
		2		2	1		1			
9	16	74	16	41	49	15	15	13	2	8
9	11	71	14	39	45	13	14	12	2	8
	5	3	2	2	3	2	1	1		
					1					
10	30	84	39	34	134	24	9	15	2	4
9	25	81	32	31	123	24	9	15	2	2
1	5	3	6	2	6					2
			1		2					
				1	3					
14	19	23	13	21	39	23	30	13	6	15
3	19	23	7	15	33	5	9	6		3
13	48	126	63	74	112	43	43	21	8	21
146	230	1471	708	696	570	717	675	383	88	389

4－07 分地区工业
Gross Industrial

单位:万元

指　　标	Item	全　市 Whole City	市　区 Urban District	上城区 Shangcheng	拱墅区 Gongshu
规模以上工业合计	**Industrial above Designated Size**	**191352661**	**177483187**	**9760345**	**2960729**
一、按轻重工业分	**Grouped by Light & Heavy Industry**				
轻工业	Light Industry	56990148	52771398	4488946	1446036
重工业	Heavy Industry	134362513	124711789	5271399	1514693
二、按登记注册统计类别分组	**Grouped by Statistical Categories of Registration**				
内资企业	Domestic－funded Enterprises	154711341	141908370	8621434	2709171
有限责任公司	Limited Liability Corporations	117724378	106902594	7924707	1960929
股份有限公司	Share－holding Corporations Ltd.	36572737	34611669	696727	748242
非公司企业法人	Non corporate legal entity	27543	26163		
个人独资企业	Sole Proprietorship Enterprises	365620	346881		
合伙企业	Partnership Enterprises	21064	21064		
其他内资企业	Other Domestic Enterprises				
港澳台投资企业	Funded from Hong Kong, Macao and Taiwan	14224792	13812734	47901	31130
港澳台投资有限责任公司	Hong Kong, Macau and Taiwan Investment Co., Ltd	10911192	10600407	47901	30416
港澳台投资股份有限公司	Share－holding Corporations Ltd. With Investment from Hong Kong, Macao and Taiwan	3307346	3206074		
港澳台投资合伙企业	Hong Kong, Macau, and Taiwan Investment Partnership Enterprises				
其他港澳台投资企业	Other Enterprises With Investment from Hong Kong, Macao and Taiwan				
外商投资企业	Enterprises With Foreign Investment	22416529	21762083	1091011	220427
外商投资有限责任公司	Foreign Investment Limited Liability Companies	17449213	16843998	736099	220427
外商投资股份有限公司	Share－holding Corporations Ltd. With Foreign Investment	2513718	2464486		
外商投资合伙企业	Foreign Invested Partnership Enterprises	64668	64668		
其他外商投资企业	Other Enterprises With Foreign Investment	2388930	2388930		
其他统计类别	Other Statistical Categories				
合计中:国有控股企业	Of the Total: State－owned Holding Enterprises	31011618	29064104	7353531	397323
三、按企业规模分	**Grouped by Size of Enterprises**				
大型企业	Large	67605920	64963310	8298583	
中型企业	Medium－sized	55961411	52070168	769252	904349
小微企业	Small	67785331	60449709	692511	881530

总产值(2023 年)

Output Value by Region(2023)

(10,000 yuan)

西湖区 Xihu	高新(滨江)区 Hi - Tech(Binjiang)	萧山区 Xiaoshan	余杭区 Yuhang	临平区 Linping	钱塘区 Qiantang	富阳区 Fuyang	临安区 Lin'an	桐庐县 Tonglu	淳安县 Chun'an	建德市 Jiande
3552756	**35560095**	**32547777**	**10440250**	**17018278**	**36537780**	**15499908**	**13602285**	**5841362**	**1254009**	**6774103**
1092659	2788350	16100921	2413293	6499065	11989585	2204380	3748162	1589721	806014	1823016
2460097	32771744	16446856	8026957	10519213	24548195	13295528	9854123	4251642	447995	4951088
2069827	24947861	27296637	9529719	14388443	25068195	14156867	13117231	5289340	1186358	6327272
1105909	16766026	22795863	7259689	8595739	20347465	12180821	7965445	4374698	1165984	5281102
963918	8181835	4316457	2253591	5770989	4688053	1934782	5054089	898430		1042264
		11482	5699		6186					
		166418	10740	15783	22115	41264	90561	16212		
		6417		5932						
244933	7069957	2743097	241321	1569619	1217778	367823	279176	282939	7915	121204
244933	4743570	2556921	207525	1248735	1037960	295866	186581	181667	7915	121204
	2326387	186176	33796	320884	173565	71957				
1237996	3542276	2508044	669210	1060216	10251807	975219	205878	269083	59736	325627
1062649	3248651	1882241	455108	800820	7256907	975219	205878	269083	59736	276395
	293626	625803	184426	236139	594234					49232
			29675		34993					
					2365674					
701503	5068459	3924620	971482	3636616	3249136	1478770	2279679	1288493	128441	530580
763678	16885315	6303341	1328089	6481777	14411708	4344928	4971040	1684514		958096
1555053	12263180	9416492	3508167	4726972	12331080	3764275	2831350	1527309	262517	2101418
1234025	6411599	16827944	5603994	5809529	9794991	7390705	5799895	2629539	991493	3714590

4－08 规模以上工业

Main Economic Indicators of Industrial

单位:万元

指　　标	Item	企业单位数(个) Number of Enterprises (unit)	亏损企业(个) Loss Making Enterprises (unit)
总　　计	**Total**	**6950**	**1662**
按隶属关系分	**Grouped by Subordination**		
中央	Central	62	4
地方	Local	167	38
其他	Other	6721	1620
按登记注册统计类别分组	**Grouped by Statistical Categories of Registration**		
内资企业	Domestic－funded Enterprises	6287	1503
有限责任公司	Limited Liability Corporations	5778	1397
股份有限公司	Share－holding Corporations Ltd.	415	87
非公司企业法人	Non corporate legal entity	9	2
个人独资企业	Sole Proprietorship Enterprises	79	16
合伙企业	Partnership Enterprises	6	1
其他内资企业	Other Domestic Enterprises		
港澳台投资企业	Funded from Hong Kong, Macao and Taiwan	268	82
港澳台投资有限责任公司	Hong Kong, Macau and Taiwan Investment Co., Ltd	247	75
港澳台投资股份有限公司	Share－holding Corporations Ltd. With Investment from Hong Kong, Macao and Taiwan	20	7
港澳台投资合伙企业	Hong Kong, Macau, and Taiwan Investment Partnership Enterprises		
其他港澳台投资企业	Other Enterprises With Investment from Hong Kong, Macao and Taiwan	1	－
外商投资企业	Enterprises With Foreign Investment	395	77
外商投资有限责任公司	Foreign Investment Limited Liability Companies	362	70
外商投资股份有限公司	Share－holding Corporations Ltd. With Foreign Investment	26	6
外商投资合伙企业	Foreign Invested Partnership Enterprises	3	1
其他外商投资企业	Other Enterprises With Foreign Investment	4	－
其他统计类别	Other Statistical Categories		
按企业规模分	**Grouped by Size of Enterprises**		
大型企业	Large	130	12
中型企业	Medium－sized	592	90
小微企业	Small	6228	1560

企业主要经济指标(2023年)(一)

Enterprises Above Designated Size(2023)(Ⅰ)

(10,000 yuan)

工业总产值(当年价格) Gross Industrial Output Value (current price)	新产品产值 Output of New Products	实收资本 Total Capital Hold	国家资本 State Capital	个人资本 Personal Capital	港澳台资本 Hongkong, Macau and TaiWan Capital	外商资本 Foreign Capital	就业人员年平均人数(人) Annual Average Number of Staff and Workers (person)
191352661		**41492717**	**1449685**	**9102516**	**2132297**	**3536307**	**1097403**
17691916		1667586	217839	7937	–	–	26876
13319702		4441665	990329	322204	48978	216506	49288
160341044		35383467	241517	8772375	2083319	3319801	1021239
154711341		32089698	1295664	8348642	19424	191109	873236
117724378		22944644	1131872	5261717	17589	84566	685885
36572737		9059547	163522	3060806	1835	106543	181919
27543		51437	270	4558	–	–	747
365620		32037	–	19682	–	–	4399
21064		2033	–	1878	–	–	286
14224792		4593884	96667	538432	1832814	305907	83226
10911192		2724303	21611	65618	1710103	299337	54686
3307346		1848592	75056	472815	122710	6571	28498
22416529		4809135	57353	215442	280059	3039290	140941
17449213		4056664	55610	72696	257211	2931871	117637
2513718		687598	1743	142746	22849	93951	20656
64668		15786	–	–	–	–	593
2388930		49087	–	–	–	13469	2055
67605920		11039735	187369	1357370	492512	1023057	298936
55961411		11462482	195374	1920143	501979	1058196	301737
67785331		18990500	1066941	5825003	1137807	1455053	496730

4-08 续表1

单位:万元

指标	Item	企业单位数(个) Number of Enterprises (unit)	亏损企业(个) Loss Making Enterprises (unit)
按轻重工业分	**Grouped by Light & Heavy Industry**		
轻工业	Light Industry	3125	804
重工业	Heavy Industry	3825	858
按地区分	**Grouped by Region**		
上城区	Shangcheng	90	18
拱墅区	Gongshu	91	16
西湖区	Xihu	162	38
高新(滨江)区	Hi-Tech(Binjiang)	297	79
萧山区	Xiaoshan	1620	347
余杭区	Yuhang	778	213
临平区	Linping	785	197
钱塘区	Qiantang	715	181
富阳区	Fuyang	765	182
临安区	Lin'an	727	170
桐庐县	Tonglu	410	96
淳安县	Chun'an	96	28
建德市	Jiande	413	97
按国民经济行业分	**Grouped by Economic Sector**		
采矿业	Mining and Quarrying	17	3
煤炭开采和洗选业	Coal Mining and Dressing	1	-
黑色金属矿采选业	Ferrous Metals Mining and Dressing		
有色金属矿采选业	Nonferrous Metals Mining and Dressing	3	-
非金属矿采选业	Nonmetal Minerals Mining and Dressing	13	3
制造业	Manufacturing Industry	6819	1644
农副食品加工业	Agricultural Products Processing	125	30
食品制造业	Food Manufacturing	137	42
酒、饮料和精制茶制造业	Wine, Beverage and Tea Manufacturing	59	9
烟草制品业	Tobacco Processing	2	-
纺织业	Textile Industry	660	189
纺织服装、服饰业	Textile Products and Costune Indnstry	258	75

continued 1

(10,000 yuan)

工业总产值（当年价格） Gross Industrial Output Value (current price)	新产品产值 Output of New Products	实收资本 Total Capital Hold	国家资本 State Capital	个人资本 Personal Capital	港澳台资本 Hongkong, Macau and TaiWan Capital	外商资本 Foreign Capital	就业人员年平均人数（人） Annual Average Number of Staff and Workers (person)
56990148		13805926	228560	3677306	918972	1709849	455981
134362513		27686791	1221125	5425210	1213326	1826458	641422
9760345		1812592	12	180442	8035	22988	29094
2960729		616712	21114	179768	9686	1883	22953
3552756		934714	14042	256092	332865	26542	23052
35560095		5797549	251604	884230	245888	336216	122182
32547777		8505587	79677	2324210	509874	1034295	230182
10440250		2595422	40109	1258124	102992	125753	98537
17018278		3301694	207365	889509	325823	197786	123985
36537780		8578017	362291	724632	467156	1481785	179533
15499908		4379423	121057	875871	46775	88129	82856
13602285		2285992	161853	768629	33323	53011	80617
5841362		1105657	17116	356541	13846	78622	53503
1254009		291255	63331	51780	-	3057	9322
6774103		1252804	74815	352689	36034	86239	41452
126540		36246	1000	12718	-	-	776
18108		3868	-	3368	-	-	247
106198		32280	1000	9252	-	-	508
176079263		38442490	843081	9077916	2012860	3469705	1075749
1565943		249038	-	115742	47593	6486	8433
2384407		621249	32569	120238	48506	232103	23050
2270377		599155	500	16655	109819	144667	12605
4022697		66112	-	3085	-	-	2605
6604256		1718678	1893	786889	109214	187262	86003
2278840		638511	9170	151658	294898	57613	36655

4－08　续表 2

单位：万元

指　　标	Item	企业单位数（个）Number of Enterprises (unit)	亏损企业（个）Loss Making Enterprises (unit)
皮革、毛皮、羽毛及其制品和制鞋业	Leather, Furs, Downand Related and Shoes Products	90	26
木材加工和木、竹、藤、棕、草制品业	Timber Processing, Bamboo, Cane, Palm Fiber and Straw Products	41	9
家具制造业	Furniture Manufacturing	110	30
造纸和纸制品业	Paper Making and Paper Products	199	52
印刷和记录媒介复制业	Printing and Record Media	98	29
文教、工美、体育和娱乐用品制造业	Cultural, Educational, Industrial Arts, Sports and Entertainment Goods	110	26
石油、煤炭及其他燃料加工业	Petroleum, Coal and Other Fuel Processing	13	2
化学原料和化学制品制造业	Raw Chemical Materials and Chemical Products	318	69
医药制造业	Medical and Pharmaceutical Products	161	50
化学纤维制造业	Chemical Fiber	160	29
橡胶和塑料制品业	Rubber and Plastic Products	406	89
非金属矿物制品业	Nonmetal Minerals Products	357	120
黑色金属冶炼和压延加工业	Ferrous Metals Smelting and Processing	50	15
有色金属冶炼和压延加工业	Nonferrous Metals Smelting and Processing	53	16
金属制品业	Metals Products	504	99
通用设备制造业	Ordinary Machinery	737	135
专用设备制造业	For Special Purpose Equipment Manufacturing	432	123
汽车制造业	Automobile Manufacturing	233	45
铁路、船舶、航空航天和其他运输设备制造业	Railway, watercraft, Avigation spaceflight and other Equipment Manufacturing	66	15
电气机械和器材制造业	Electric Equipment and Machinery	604	118
计算机、通信和其他电子设备制造业	Computers, Telecommunications and Other Electronic Equipment Manufacturing	509	151
仪器仪表制造业	Instruments and Meters Manufacturing	266	33
其他制造业	Other Manufacturing	27	6
废弃资源综合利用业	Multiple Utilization of Waste Resouces	29	12
金属制品、机械和设备修理业	Metal Products, Machinery and Equipment Repair	5	-
电力、热力、燃气及水的生产和供应业	Production and Supply of Electricity, Heating, Gas and Water	114	15
电力、热力生产和供应业	Production and Supply of Electric Power and Heat Power	66	7
燃气生产和供应业	Production and Supply of Gas	19	3
水的生产和供应业	Production and Supply of Water	29	5

continued 2

(10,000 yuan)

工业总产值(当年价格) Gross Industrial Output Value (current price)	新产品产值 Output of New Products	实收资本 Total Capital Hold	国家资本 State Capital	个人资本 Personal Capital	港澳台资本 Hongkong, Macau and TaiWan Capital	外商资本 Foreign Capital	就业人员年平均人数(人) Annual Average Number of Staff and Workers (person)
1130091		229923	2248	83114	20799	1057	11897
242480		48065	–	42951	–	–	3218
1302407		449661	440	94856	12431	61601	22474
2335367		440046	2235	187062	6964	4516	19541
781525		289217	30155	58275	58250	2965	10626
1488312		230354	–	65770	8629	85786	14092
191541		708832	4420	8065	–	700	670
9103245		2043425	10401	433842	46353	205984	37157
7325343		1778192	45920	215927	22649	165057	49880
8819788		2677577	3000	691081	14986	177703	29484
7273846		1298392	38537	511344	34551	230689	49046
5267432		1169288	151628	305767	14214	127560	31168
1069996		131623	–	70490	–	939	2888
5602344		389571	–	33431	8892	26152	5647
6631229		1124387	2910	393372	127031	41622	48274
17074825		3175395	138549	920578	122136	256790	130647
5270378		1816454	64399	488535	147761	202772	53984
9377020		2222617	15713	298855	31808	318105	45711
1595206		238142	9750	60465	2000	22676	11399
24460793		5284143	219574	1312451	148037	485878	100542
33193846		7448752	51520	1014123	558542	339045	164837
6105836		1177340	6551	494962	15285	72820	55454
351317		56672	–	26862	814	4588	3970
911797		117914	1000	41282	–	6570	3491
46784		3769	–	190	700	–	301
15146858		3013981	605603	11882	119438	66602	20878
8388179		875167	175780	9108	79378	48051	11139
6104329		1065278	69695	1774	40060	18551	3604
654350		1073536	360129	1000	–	–	6135

4－09 规模以上工业

Main Economic Indicators of Industrial

单位:万元

指 标	Item	资产合计 Total Assets	流动资产合计 Total Circulating Funds
总 计	**Total**	**281188374**	**171243815**
按隶属关系分	**Grouped by Subordination**		
中央	Central	16680440	5866589
地方	Local	25659840	12830089
其他	Other	238848095	152547137
按登记注册统计类别分组	**Grouped by Statistical Categories of Registration**		
内资企业	Domestic－funded Enterprises	226305985	133300905
有限责任公司	Limited Liability Corporations	138604472	84045120
股份有限公司	Share－holding Corporations Ltd.	81677694	48620149
非公司企业法人	Non corporate legal entity	5674311	399218
个人独资企业	Sole Proprietorship Enterprises	331602	223888
合伙企业	Partnership Enterprises	17907	12531
其他内资企业	Other Domestic Enterprises		
港澳台投资企业	Funded from Hong Kong,Macao and Taiwan	27324357	19272744
港澳台投资有限责任公司	Hong Kong, Macau and Taiwan Investment Co. , Ltd	14229816	10380190
港澳台投资股份有限公司	Share－holding Corporations Ltd. With Investment from Hong Kong,Macao and Taiwan	13065944	8867459
港澳台投资合伙企业	Hong Kong, Macau, and Taiwan Investment Partnership Enterprises		
其他港澳台投资企业	Other Enterprises With Investment from Hong Kong, Macao and Taiwan		
外商投资企业	Enterprises With Foreign Investment	27558032	18670166
外商投资有限责任公司	Foreign Investment Limited Liability Companies	18824091	13519074
外商投资股份有限公司	Share－holding Corporations Ltd. With Foreign Investment	6918422	3972874
外商投资合伙企业	Foreign Invested Partnership Enterprises	130358	81839
其他外商投资企业	Other Enterprises With Foreign Investment	1685162	1096380
其他统计类别	Other Statistical Categories		
按企业规模分	**Grouped by Size of Enterprises**		
大型企业	Large	104301227	61834707
中型企业	Medium－sized	80870184	50335655
小微企业	Small	96016964	59073453

企业主要经济指标(2023 年)(二)

Enterprises Above Designated Size(2023)(Ⅱ)

(10,000 yuan)

应收账款 Receivables	存 货 Stock	产成品 Finished Products	固定资产净 额 Fixed Assets	累计折旧 Accumulated Depreciation	本年折旧 Depreciation of the year	负债合计 Total Liabilities	流动负债合 计 Total Current Liabilities	应付账款 Accounts Payable	所有者权益合计 Creditors' Equity
53237252	**32263089**	**12161102**	**41000357**	**39346040**	**4731468**	**149292566**	**125466800**	**40035151**	**131909452**
1942076	2351434	193351	7422722	8535167	771412	10632984	7392322	1541474	6047455
3089241	2533223	899896	5431917	4741842	502019	15463496	10725207	2842697	10196343
48205936	27378432	11067856	28145719	26069030	3458037	123196086	107349272	35650981	115665653
41302546	25772680	9848209	34767151	31370373	3910260	123871292	103581897	32481417	102448339
29696968	17651602	6729962	27978004	26179793	3129537	84096075	71723677	24184784	54522046
11484886	8054932	3088368	6694732	5059772	766960	35544978	29073945	8161855	46132714
33404	13230	8718	11634	17689	1738	3953142	2523374	71667	1721169
81461	50175	19046	79625	106509	11597	260054	245184	61305	71548
5828	2741	2115	3156	6610	428	17044	15717	1807	863
5223906	2781725	938653	2035390	2159782	230369	11631873	9679762	3622930	15692482
2903268	2466557	825790	1381195	1630024	163827	8312492	7414696	3196852	5917323
2319429	311475	111803	651858	523008	66240	3311987	2257674	425101	9753958
6710800	3708684	1374241	4197816	5815885	590838	13789400	12205141	3930805	13768630
4976917	2788820	921025	3127077	4676300	450835	9591811	8511652	2850644	9232277
883083	694587	338975	500250	365439	51271	2507085	2071032	664436	4411337
41459	9273	5146	19906	10036	2014	57620	49754	11706	72738
809341	216005	109095	550584	764110	86719	1632884	1572702	404018	52278
20791704	10666492	3568915	13146961	13339817	1561814	56176344	47158365	14974759	48124882
13728423	10535481	4006607	13412129	12698505	1535207	40856063	33346739	12176552	40030928
18717125	11061115	4585580	14441268	13307718	1634447	52260159	44961696	12883841	43753642

4－09 续表1

单位:万元

指标	Item	资产合计 Total Assets	流动资产合计 Total Circulating Funds
按轻重工业分	**Grouped by Light & Heavy Industry**		
轻工业	Light Industry	81590367	47270311
重工业	Heavy Industry	199598007	123973504
按地区分	**Grouped by Region**		
上城区	Shangcheng	15465824	6740804
拱墅区	Gongshu	4665972	2877177
西湖区	Xihu	6008226	4364946
高新(滨江)区	Hi－Tech(Binjiang)	57116409	41940643
萧山区	Xiaoshan	55473080	27437762
余杭区	Yuhang	16350193	10949396
临平区	Linping	25600703	16754445
钱塘区	Qiantang	42451015	25782690
富阳区	Fuyang	21098126	12094363
临安区	Lin'an	18612320	12175680
桐庐县	Tonglu	7420855	4777533
淳安县	Chun'an	1664593	853835
建德市	Jiande	8949307	4443601
按国民经济行业分	**Grouped by Economic Sector**		
采矿业	Mining and Quarrying	395411	158961
煤炭开采和洗选业	Coal Mining and Dressing		
黑色金属矿采选业	Ferrous Metals Mining and Dressing		
有色金属矿采选业	Nonferrous Metals Mining and Dressing	12218	3454
非金属矿采选业	Nonmetal Minerals Mining and Dressing	381011	153823
制造业	Manufacturing Industry	259954840	166300347
农副食品加工业	Agricultural Products Processing	1674620	1209321
食品制造业	Food Manufacturing	2392585	1488017
酒、饮料和精制茶制造业	Wine, Beverage and Tea Manufacturing	2252427	1236423
烟草制品业	Tobacco Processing	2981557	2221348
纺织业	Textile Industry	8110647	4930187
纺织服装、服饰业	Textile Products and Costune Indnstry	2883020	1871677

continued 1

(10,000 yuan)

应收账款 Receivables	存　货 Stock	产成品 Finished Products	固定资产净　额 Fixed Assets	累计折旧 Accumulated Depreciation	本年折旧 Depreciation of the year	负债合计 Total Liabilities	流动负债合　计 Total Current Liabilities	应付账款 Accounts Payable	所有者权益合计 Creditors′ Equity
10637150	10511382	4194427	12183669	13451148	1548042	39958674	36051283	8710712	41645352
42600103	21751706	7966675	28816688	25894892	3183426	109333891	89415518	31324439	90264100
1649485	2264975	261753	4211338	4909599	417246	8021541	5744997	1249112	7444283
767802	442757	167961	561176	824287	67750	1567907	1454866	454624	3098065
1164856	786575	345498	573226	525535	58478	3037780	2549902	1019864	2970445
16305132	6197731	1657214	4297640	2306025	382246	27862953	22737901	11541318	29253454
6810507	5238528	2538009	6040656	8032720	788325	32026254	27431629	5753697	23443688
3550333	1772772	688140	1962553	1970916	297768	7982841	6879176	2267505	8367351
4289280	3448764	1075335	3835082	3044823	397621	14255112	12073339	3324240	11345587
8440100	5613122	2719963	8640740	9370040	1105971	22002698	19112804	6669671	20448313
3677481	2818276	1253956	4085130	2792473	457535	11975051	9789751	2947887	9123071
3677570	1909188	768848	2468473	2018480	295835	10054693	8552982	2408760	8574431
1680483	954103	331987	1472090	1327566	165401	4273430	3761220	1377287	3147422
216026	144522	74304	500222	527861	55113	1006952	852833	231244	657640
1005604	671475	277901	2341179	1690444	241742	5111502	4442517	783847	3837803
19273	10519	7018	57386	25953	5893	133071	104168	16707	262339
717	769	474	8613	6507	988	5741	5741	2849	6478
17534	9350	6152	48276	18136	4739	126322	97419	13681	254688
52188589	31922583	12148194	30902785	28891469	3802120	134359254	117351043	39167137	125609230
210141	367153	93062	259772	169843	23859	1174447	1089707	159191	500171
503822	287158	101292	593546	703812	73970	1177769	1104931	317594	1214813
274468	274065	108051	793071	1027597	105630	1303885	1234894	329122	948542
165438	1770894	101259	349910	679652	56520	261836	252684	121381	2719721
1158808	1300095	687953	1904846	2458185	245879	4390123	4093760	682040	3720520
358140	535838	307411	497441	393857	46245	1527711	1344085	339411	1355308

4-09 续表2

单位:万元

指标	Item	资产合计 Total Assets	流动资产合计 Total Circulating Funds
皮革、毛皮、羽毛及其制品和制鞋业	Leather, Furs, Downand Related and Shoes Products	1322839	981604
木材加工和木、竹、藤、棕、草制品业	Timber Processing, Bamboo, Cane, Palm Fiber and Straw Products	454017	209362
家具制造业	Furniture Manufacturing	2591740	1349868
造纸和纸制品业	Paper Making and Paper Products	3265100	2135654
印刷和记录媒介复制业	Printing and Record Media	1112742	659559
文教、工美、体育和娱乐用品制造业	Cultural, Educational, Industrial Arts, Sports and Entertainment Goods	1068692	741274
石油、煤炭及其他燃料加工业	Petroleum, Coal and Other Fuel Processing	1012974	233440
化学原料和化学制品制造业	Raw Chemical Materials and Chemical Products	14484762	7649282
医药制造业	Medical and Pharmaceutical Products	12323051	7460403
化学纤维制造业	Chemical Fiber	16510697	6209505
橡胶和塑料制品业	Rubber and Plastic Products	7964919	5043163
非金属矿物制品业	Nonmetal Minerals Products	8804388	5943611
黑色金属冶炼和压延加工业	Ferrous Metals Smelting and Processing	772737	611545
有色金属冶炼和压延加工业	Nonferrous Metals Smelting and Processing	2500083	1717747
金属制品业	Metals Products	5911259	4450746
通用设备制造业	Ordinary Machinery	25423014	17458083
专用设备制造业	For Special Purpose Equipment Manufacturing	10187525	7233413
汽车制造业	Automobile Manufacturing	17576436	7555181
铁路、船舶、航空航天和其他运输设备制造业	Railway, watercraft, Avigation spaceflight and other Equipment Manufacturing	2066885	1547969
电气机械和器材制造业	Electric Equipment and Machinery	37392583	24957819
计算机、通信和其他电子设备制造业	Computers, Telecommunications and Other Electronic Equipment Manufacturing	53063949	38512543
仪器仪表制造业	Instruments and Meters Manufacturing	12110215	9435168
其他制造业	Other Manufacturing	640084	493876
废弃资源综合利用业	Multiple Utilization of Waste Resouces	1051079	710951
金属制品、机械和设备修理业	Metal Products, Machinery and Equipment Repair	48217	41609
电力、热力、燃气及水的生产和供应业	Production and Supply of Electricity, Heating, Gas and Water	20838124	4784507
电力、热力生产和供应业	Production and Supply of Electric Power and Heat Power	9190870	1495873
燃气生产和供应业	Production and Supply of Gas	5135978	1460494
水的生产和供应业	Production and Supply of Water	6511276	1828140

continued 2

(10,000 yuan)

应收账款 Receivables	存　货 Stock	产成品 Finished Products	固定资产净　额 Fixed Assets	累计折旧 Accumulated Depreciation	本年折旧 Depreciation of the year	负债合计 Total Liabilities	流动负债合　计 Total Current Liabilities	应付账款 Accounts Payable	所有者权益合计 Creditors' Equity
287377	331410	67439	151088	107208	13550	937476	879703	163387	385363
75143	35197	15365	37630	26279	4569	293013	278121	49000	161003
364261	207717	74634	363283	244505	33767	1254699	1164495	212693	1337039
457465	308092	132251	528771	532774	71584	1370406	1236017	315329	1911501
193259	100354	42634	258976	388910	33621	542034	463395	164175	570708
80045	306955	84614	188058	232768	25712	518719	501468	87735	546842
74818	22084	2694	15374	17268	1781	218719	188291	24209	794255
1401306	1084689	534121	2059236	2078642	247051	6366841	5239413	1123957	8117923
1644421	1530996	761255	1981157	1535765	244794	4193345	3605903	1184212	8129705
1207274	894606	523700	1244791	2079650	177952	11442589	10366403	1719157	5068107
1561626	1066423	685800	1693001	1893740	233076	4539536	4119755	979212	3425381
3028003	649366	336008	1475318	1193120	191425	5973421	5305727	1829987	2830967
58485	91741	41761	79974	172754	10527	562133	541712	14218	210603
179056	611837	169516	268605	364466	37505	1684788	1647971	749167	815295
1284390	1049595	430801	895022	1001472	115104	3413036	3249646	827136	2498218
5319374	3309103	1098142	2559578	2274677	286690	13349849	11899783	4368250	12073166
1932138	1600158	518680	938793	807445	113899	4117174	3709681	1287261	6070347
3098396	1305847	605767	2094151	2511092	300199	10649712	8749318	2651106	6926723
411476	316646	129817	252638	153341	23610	1117804	1061229	446418	949080
8460322	5146057	2108132	3985519	2499785	411879	20338899	17086642	6844550	17053680
15770968	5299771	1682046	4377669	2571783	554937	25703621	21539697	10207329	27360326
2369666	1940389	635613	816584	617336	90714	5112882	4699638	1788411	6997332
51767	58898	25392	75163	50292	7687	313571	294041	107433	326513
191866	117960	42691	159227	102075	17934	477204	371139	64265	573875
14874	1491	292	4597	1379	453	32012	31795	9801	16205
1029390	329986	5891	10040186	10428618	923456	14800240	8011589	851308	6037883
626827	49587	933	6085604	7691217	666913	7791017	5560144	331898	1399854
239643	149523	4512	1879441	1035398	87986	2816705	1090680	185481	2319272
162920	130876	446	2075141	1702003	168557	4192519	1360765	333929	2318757

4－10 规模以上工业

Main Economic Indicators of Industrial

单位:万元

指　标	Item	营业收入 Revenue	主营业务收入 Revenues in Main Business
总　计	**Total**	**219866828**	**210162292**
按隶属关系分	**Grouped by Subordination**		
中央	Central	20008455	17789201
地方	Local	15172574	14544045
其他	Other	184685800	177829046
按登记注册统计类别分组	**Grouped by Statistical Categories of Registration**		
内资企业	Domestic－funded Enterprises	178373356	170246287
有限责任公司	Limited Liability Corporations	136226703	130515703
股份有限公司	Share－holding Corporations Ltd.	41744327	39340285
非公司企业法人	Non corporate legal entity	29713	25987
个人独资企业	Sole Proprietorship Enterprises	350321	342100
合伙企业	Partnership Enterprises	22291	22212
其他内资企业	Other Domestic Enterprises		
港澳台投资企业	Funded from Hong Kong, Macao and Taiwan	15831781	15142025
港澳台投资有限责任公司	Hong Kong, Macau and Taiwan Investment Co., Ltd	12217702	11954521
港澳台投资股份有限公司	Share－holding Corporations Ltd. With Investment from Hong Kong, Macao and Taiwan	3606140	3180659
港澳台投资合伙企业	Hong Kong, Macau, and Taiwan Investment Partnership Enterprises		
其他港澳台投资企业	Other Enterprises With Investment from Hong Kong, Macao and Taiwan		
外商投资企业	Enterprises With Foreign Investment	25661692	24773980
外商投资有限责任公司	Foreign Investment Limited Liability Companies	20837968	20129586
外商投资股份有限公司	Share－holding Corporations Ltd. With Foreign Investment	2552935	2421521
外商投资合伙企业	Foreign Invested Partnership Enterprises	95372	71368
其他外商投资企业	Other Enterprises With Foreign Investment	2175417	2151505
其他统计类别	Other Statistical Categories		
按企业规模分	**Grouped by Size of Enterprises**		
大型企业	Large	82923217	77810850
中型企业	Medium－sized	60124260	58284710
小微企业	Small	76819351	74066732

企业主要经济指标(2023 年)(三)
Enterprises Above Designated Size(2023)(Ⅲ)

(10,000 yuan)

销售费用 Sales Expenses	管理费用 Management Expenses	财务费用 Financial Expenses	利息支出 Interest Expenditure	营业利润 Business Profits	利润总额 Total Profits	利税总额 Total Pre-tax Profits	本年应交增值税 Value Added Tax Payable
9567608	**7583815**	**834923**	**1720027**	**14214601**	**14855010**	**22826902**	**4376681**
160953	275534	38785	38013	947141	957945	4240802	693154
447789	520955	105851	179105	678832	691386	1018706	254264
8958866	6787326	690288	1502909	12588629	13205678	17567394	3429263
6423119	5711582	845002	1539711	10099375	10564310	17311067	3538841
4266418	4275459	657231	939376	5352987	5770221	11655588	2866139
2147618	1400727	36710	443723	4492866	4538569	5386610	663062
1098	17535	145477	151735	253274	253338	256032	773
7748	16789	5154	4461	378	2251	12464	8514
237	1073	430	415	-130	-69	373	354
1183860	577416	-2597	94149	2029322	2108133	2630790	438372
716622	397301	83068	64033	777255	851528	1088223	190538
466626	179335	-85744	30067	1251952	1256454	1542159	247715
1960630	1294817	-7483	86167	2085905	2182567	2885045	399468
1646314	1054585	10029	63726	1440223	1530171	1966302	307163
312316	143197	-16571	22130	391074	396024	459105	47491
1311	4226	-295	617	8627	9292	10085	471
688	92809	-645	-307	245981	247080	449553	44343
4546912	1926269	33038	505987	6833814	6896419	11873642	1957697
2752659	2110124	143768	439365	4275857	4396703	5706191	1038033
2268038	3547423	658118	774675	3104930	3561888	5247069	1380951

4－10 续表1

单位:万元

指 标	Item	营业收入 Revenue	主营业务收入 Revenues in Main Business
按轻重工业分	**Grouped by Light & Heavy Industry**		
轻工业	Light Industry	70676031	65942275
重工业	Heavy Industry	149190797	144220017
按地区分	**Grouped by Region**		
上城区	Shangcheng	12381451	10172201
拱墅区	Gongshu	3092668	2997572
西湖区	Xihu	4082614	4002766
高新(滨江)区	Hi－Tech(Binjiang)	38183416	37388010
萧山区	Xiaoshan	41510733	39802313
余杭区	Yuhang	11602227	11058489
临平区	Linping	18127702	17646283
钱塘区	Qiantang	41498121	39552451
富阳区	Fuyang	20096433	19146194
临安区	Lin'an	14951968	14458620
桐庐县	Tonglu	5886349	5768814
淳安县	Chun'an	1391815	1258770
建德市	Jiande	7027561	6876316
按国民经济行业分	**Grouped by Economic Sector**		
采矿业	Mining and Quarrying	128570	126530
煤炭开采和洗选业	Coal Mining and Dressing		
黑色金属矿采选业	Ferrous Metals Mining and Dressing		
有色金属矿采选业	Nonferrous Metals Mining and Dressing	19065	19065
非金属矿采选业	Nonmetal Minerals Mining and Dressing	107255	105215
制造业	Manufacturing Industry	203705615	194172532
农副食品加工业	Agricultural Products Processing	1812823	1750286
食品制造业	Food Manufacturing	2708826	2624115
酒、饮料和精制茶制造业	Wine,Beverage and Tea Manufacturing	2750750	2448279
烟草制品业	Tobacco Processing	6098228	3969039
纺织业	Textile Industry	6804101	6622471
纺织服装、服饰业	Textile Products and Costune Indnstry	2588750	2520937

continued 1

(10,000 yuan)

销售费用 Sales Expenses	管理费用 Management Expenses	财务费用 Financial Expenses	利息支出 Interest Expenditure	营业利润 Business Profits	利润总额 Total Profits	利税总额 Total Pre - tax Profits	本年应交增值税 Value Added Tax Payable
4519413	3057676	257336	533658	4000861	4262428	8933295	1815192
5048196	4526140	577587	1186369	10213740	10592582	13893608	2561489
343632	341934	-12374	42065	897637	920609	4036437	541227
546771	160698	-6872	10133	445773	459789	641616	159124
225859	248812	-7515	24195	286452	293162	403176	91107
2729946	1005185	-757	180801	3970034	4004419	4838345	682703
834028	1208321	392103	570260	1861246	2027296	2754115	589196
521211	666426	31385	86740	682822	803016	1107757	248201
1123846	801491	13700	127633	1324302	1374595	1856580	374514
1828935	1451678	137105	228597	2372603	2455409	3421162	636235
440904	546490	159058	222740	456772	520835	1079073	495618
470691	544852	49469	103599	809026	841880	1122615	229269
196011	281100	29029	52893	426187	452654	612535	129429
81488	46563	8382	10632	131260	140289	189046	38376
224061	274582	39883	57113	530471	541042	743005	160418
2042	5615	2109	2230	20216	20904	32979	8184
695	2249	88	88	599	1198	3516	1950
1348	3384	2024	2142	19545	19548	29087	6044
9464232	7359740	715144	1576420	13692999	14308242	21984137	4125330
76283	50109	14097	15587	48654	55410	84126	23724
258778	150464	5923	15056	139631	151619	238289	73701
239584	83152	3236	7735	346627	350811	496370	96780
50138	127890	-9335	356	576069	573356	3585948	461066
144558	345784	37385	59579	200485	249169	412941	133979
194597	255149	10513	17995	116567	144784	235225	75806

4－10　续表 2

单位:万元

指　标	Item	营业收入 Revenue	主营业务收入 Revenues in Main Business
皮革、毛皮、羽毛及其制品和制鞋业	Leather,Furs,Downand Related and Shoes Products	1145577	1126511
木材加工和木、竹、藤、棕、草制品业	Timber Processing,Bamboo,Cane,Palm Fiber and Straw Products	322594	308831
家具制造业	Furniture Manufacturing	1574619	1466784
造纸和纸制品业	Paper Making and Paper Products	2434620	2344123
印刷和记录媒介复制业	Printing and Record Media	847658	806305
文教、工美、体育和娱乐用品制造业	Cultural,Educational,Industrial Arts,Sports and Entertainment Goods	1469572	1459001
石油、煤炭及其他燃料加工业	Petroleum,Coal and Other Fuel Processing	236800	234068
化学原料和化学制品制造业	Raw Chemical Materials and Chemical Products	10190489	9873121
医药制造业	Medical and Pharmaceutical Products	7254256	7093808
化学纤维制造业	Chemical Fiber	15849816	15005751
橡胶和塑料制品业	Rubber and Plastic Products	9069832	8093813
非金属矿物制品业	Nonmetal Minerals Products	5425496	5318502
黑色金属冶炼和压延加工业	Ferrous Metals Smelting and Processing	1129575	1108198
有色金属冶炼和压延加工业	Nonferrous Metals Smelting and Processing	8170491	7865518
金属制品业	Metals Products	7224079	6858245
通用设备制造业	Ordinary Machinery	18652728	18217289
专用设备制造业	For Special Purpose Equipment Manufacturing	5385358	5102031
汽车制造业	Automobile Manufacturing	10309802	9995251
铁路、船舶、航空航天和其他运输设备制造业	Railway,watercraft,Avigation spaceflight and other Equipment Manufacturing	1880028	1857468
电气机械和器材制造业	Electric Equipment and Machinery	28519945	27412894
计算机、通信和其他电子设备制造业	Computers,Telecommunications and Other Electronic Equipment Manufacturing	35651582	34685372
仪器仪表制造业	Instruments and Meters Manufacturing	6676971	6502135
其他制造业	Other Manufacturing	452193	444663
废弃资源综合利用业	Multiple Utilization of Waste Resouces	1017324	1007685
金属制品、机械和设备修理业	Metal Products,Machinery and Equipment Repair	50732	50040
电力、热力、燃气及水的生产和供应业	Production and Supply of Electricity,Heating,Gas and Water	16032644	15863230
电力、热力生产和供应业	Production and Supply of Electric Power and Heat Power	8608762	8571338
燃气生产和供应业	Production and Supply of Gas	6574633	6512717
水的生产和供应业	Production and Supply of Water	849249	779175

continued 2

(10,000 yuan)

销售费用 Sales Expenses	管理费用 Management Expenses	财务费用 Financial Expenses	利息支出 Interest Expenditure	营业利润 Business Profits	利润总额 Total Profits	利税总额 Total Pre - tax Profits	本年应交增值税 Value Added Tax Payable
25048	45268	14713	12045	15948	26837	52146	21969
14172	23784	4215	5845	22799	25037	33189	7036
177247	102066	8975	7899	204695	212187	253790	30632
79384	116572	4199	16323	166859	189092	255826	56935
19001	60711	5565	6928	36731	61651	87653	22019
45143	57658	7676	8471	39829	42603	70955	23139
3785	13870	4762	6036	55680	56913	66275	8493
458929	420061	28378	93164	712284	740634	988040	206170
1818662	576511	-25682	41476	729177	735264	1120187	327329
28561	102360	179708	220891	175936	215003	333691	96475
223335	278290	54029	65182	319498	341686	456877	84897
300167	283635	73257	75816	226021	225157	420642	160029
6097	22082	4381	10310	15018	19298	26922	5837
7782	41662	10156	31006	78600	85225	343809	248782
94348	242140	26680	42621	238808	258966	384234	103775
729696	850715	35875	117908	1690637	1797432	2270668	387194
467475	448145	-19164	30490	511798	539293	721528	148914
127016	377015	163952	196340	835819	855848	1227494	163519
45806	80440	-13512	6206	152239	155994	210347	23237
1224043	832686	127344	238748	1780002	1817527	2253719	353904
2087488	968866	5595	182189	3275130	3353085	4100642	600929
489640	356742	-53715	31312	878193	910603	1095972	147478
20032	19817	-3843	2407	48622	52228	57968	3388
7005	21917	9921	10313	48041	58707	89645	26218
436	4181	-137	189	6605	6825	9024	1976
101334	218461	117669	141376	501387	525863	809787	243167
27745	91816	35750	40966	239280	257827	470941	186418
30038	63518	37422	24739	231333	233004	281413	40204
43551	63127	44498	75671	30774	35033	57433	16545

4-11 分行业规模以上工业

Main Economic Beneficial Indicators of Industrial

行 业	Sector
总 计	**Total**
煤炭开采和洗选业	Coal Mining and Dressing
黑色金属矿采选业	Ferrous Metals Mining and Dressing
有色金属矿采选业	Nonferrous Metals Mining and Dressing
非金属矿采选业	Nonmetal Minerals Mining and Dressing
农副食品加工业	Agricultural Products Processing
食品制造业	Food Manufacturing
酒、饮料和精制茶制造业	Wine, Beverage and Tea Manufacturing
烟草制品业	Tobacco Processing
纺织业	Textile Industry
纺织服装、服饰业	Textile Products and Costune Indnstry
皮革、毛皮、羽毛及其制品和制鞋业	Leather, Furs, Downand Related and Shoes Products
木材加工和木、竹、藤、棕、草制品业	Timber Processing, Bamboo, Cane, Palm Fiber and Straw Products
家具制造业	Furniture Manufacturing
造纸和纸制品业	Paper Making and Paper Products
印刷和记录媒介复制业	Printing and Record Media
文教、工美、体育和娱乐用品制造业	Cultural, Educational, Industrial Arts, Sports and Entertainment Goods
石油、煤炭及其他燃料加工业	Petroleum, Coal and Other Fuel Processing
化学原料和化学制品制造业	Raw Chemical Materials and Chemical Products
医药制造业	Medical and Pharmaceutical Products
化学纤维制造业	Chemical Fiber
橡胶和塑料制品业	Rubber and Plastic Products
非金属矿物制品业	Nonmetal Minerals Products
黑色金属冶炼和压延加工业	Ferrous Metals Smelting and Processing
有色金属冶炼和压延加工业	Nonferrous Metals Smelting and Processing
金属制品业	Metals Products
通用设备制造业	Ordinary Machinery
专用设备制造业	For Special Purpose Equipment Manufacturing
汽车制造业	Automobile Manufacturing
铁路、船舶、航空航天和其他运输设备制造业	Railway, watercraft, Avigation spaceflight and other Equipment Manufacturing
电气机械和器材制造业	Electric Equipment and Machinery
计算机、通信和其他电子设备制造业	Computers, Telecommunications and Other Electronic Equipment Manufacturing
仪器仪表制造业	Instruments and Meters Manufacturing
其他制造业	Other Manufacturing
废弃资源综合利用业	Multiple Utilization of Waste Resouces
金属制品、机械和设备修理业	Metal Products, Machinery and Equipment Repair
电力、热力生产和供应业	Production and Supply of Electric Power and Heat Power
燃气生产和供应业	Production and Supply of Gas
水的生产和供应业	Production and Supply of Water

企业主要经济效益指标(2023 年)
Enterprises Above Designated Size by Sector(2023)

每百元固定资产原值实现利税 (元) Pre tax Profits per 100 Yuan Original Value of Fixed Assets (yuan)	每百元营业收入实现利税 (元) Pre tax Profits per 100 yuan Revenues (yuan)
28.24	**10.38**
20.75	16.68
23.26	18.44
42.47	27.12
19.54	4.64
18.36	8.80
27.22	18.04
348.30	58.80
9.40	6.07
26.35	9.09
20.19	4.55
51.76	10.29
41.68	16.12
23.55	10.51
13.25	10.34
16.85	4.83
203.04	27.99
23.41	9.70
31.49	15.44
10.03	2.11
12.62	5.04
15.64	7.75
10.56	2.38
54.27	4.21
20.23	5.32
46.67	12.17
40.84	13.40
26.47	11.91
51.75	11.19
34.53	7.90
58.62	11.50
76.36	16.41
45.24	12.82
34.31	8.81
150.99	17.79
3.42	5.47
9.50	4.28
1.52	6.76

4－12　市区规模以上工业

Main Economic Indicators of Industrial Enterprises

单位:万元

指　标	Item	企业单位数(个) Number of Enterprises (unit)	亏损企业(个) Loss Making Enterprises (unit)
总　计	**Total**	**6031**	**1441**
按隶属关系分	**Grouped by Subordination**		
中央	Central	51	4
地方	Local	144	32
其他	Other	5836	1405
按登记注册统计类别分组	**Grouped by Statistical Categories of Registration**		
内资企业	Domestic－funded Enterprises	5412	1294
有限责任公司	Limited Liability Corporations	4954	1201
股份有限公司	Share－holding Corporations Ltd.	373	75
非公司企业法人	Non corporate legal entity	8	2
个人独资企业	Sole Proprietorship Enterprises	71	15
合伙企业	Partnership Enterprises	6	1
其他内资企业	Other Domestic Enterprises		
港澳台投资企业	Funded from Hong Kong, Macao and Taiwan	245	74
港澳台投资有限责任公司	Hong Kong, Macau and Taiwan Investment Co., Ltd	225	67
港澳台投资股份有限公司	Share－holding Corporations Ltd. With Investment from Hong Kong, Macao and Taiwan	19	7
港澳台投资合伙企业	Hong Kong, Macau, and Taiwan Investment Partnership Enterprises		
其他港澳台投资企业	Other Enterprises With Investment from Hong Kong, Macao and Taiwan	1	－
外商投资企业	Enterprises With Foreign Investment	374	73
外商投资有限责任公司	Foreign Investment Limited Liability Companies	343	67
外商投资股份有限公司	Share－holding Corporations Ltd. With Foreign Investment	24	5
外商投资合伙企业	Foreign Invested Partnership Enterprises	3	1
其他外商投资企业	Other Enterprises With Foreign Investment	4	－
其他统计类别	Other Statistical Categories		

企业主要经济指标(2023 年)(一)
Above Designated Size in Urban District(2023)(Ⅰ)

(10,000 yuan)

工业总产值(当年价格) Gross Industrial Output Value (current price)	新产品产值 Output of New Products	实收资本 Total Capital Hold	国家资本 State Capital	个人资本 Personal Capital	港澳台资本 Hongkong, Macau and TaiWan Capital	外商资本 Foreign Capital	就业人员年平均人数(人) Annual Average Number of Staff and Workers (person)
177483187		**38843001**	**1294423**	**8341506**	**2082416**	**3368388**	**993126**
16145003		1591043	216839	7737	–	–	15785
12919101		4237995	846275	321910	48978	216506	47323
148419083		33013963	231309	8011859	2033438	3151882	930018
141908370		29833478	1142730	7628553	19424	191109	778452
106902594		21027500	982319	4684283	17589	84566	603423
34611669		8721953	160141	2919606	1835	106543	169790
26163		51407	270	4558	–	–	726
346881		30584	–	18229	–	–	4227
21064		2033	–	1878	–	–	286
13812734		4458095	96667	531463	1783854	300020	80003
10600407		2597514	21611	58648	1661144	293450	51732
3206074		1839592	75056	472815	122710	6571	28229
21762083		4551428	55025	181490	279138	2877259	134671
16843998		3805784	53282	43966	257211	2770524	112652
2464486		680771	1743	137524	21928	93266	19371
64668		15786	–	–	–	–	593
2388930		49087	–	–	–	13469	2055

4-12 续表1

单位:万元

指　标	Item	企业单位数(个) Number of Enterprises (unit)	亏损企业(个) Loss Making Enterprises (unit)
按企业规模分	**Grouped by Size of Enterprises**		
大型企业	Large	121	11
中型企业	Medium - sized	542	81
小微企业	Small	5368	1349
按轻重工业分	**Grouped by Light & Heavy Industry**		
轻工业	Light Industry	2684	693
重工业	Heavy Industry	3347	748
按国民经济行业分	**Grouped by Economic Sector**		
采矿业	Mining and Quarrying	10	1
煤炭开采和洗选业	Coal Mining and Dressing		
黑色金属矿采选业	Ferrous Metals Mining and Dressing		
有色金属矿采选业	Nonferrous Metals Mining and Dressing	3	-
非金属矿采选业	Nonmetal Minerals Mining and Dressing	7	1
制造业	Manufacturing Industry	5932	1430
农副食品加工业	Agricultural Products Processing	105	25
食品制造业	Food Manufacturing	118	35
酒、饮料和精制茶制造业	Wine, Beverage and Tea Manufacturing	41	6
烟草制品业	Tobacco Processing	2	-
纺织业	Textile Industry	578	156
纺织服装、服饰业	Textile Products and Costune Indnstry	194	62
皮革、毛皮、羽毛及其制品和制鞋业	Leather, Furs, Downand Related and Shoes Products	80	22
木材加工和木、竹、藤、棕、草制品业	Timber Processing, Bamboo, Cane, Palm Fiber and Straw Products	37	8
家具制造业	Furniture Manufacturing	92	20
造纸和纸制品业	Paper Making and Paper Products	182	49

continued 1

(10,000 yuan)

工业总产值(当年价格) Gross Industrial Output Value (current price)	新产品产值 Output of New Products	实收资本 Total Capital Hold	国家资本 State Capital	个人资本 Personal Capital	港澳台资本 Hongkong, Macau and TaiWan Capital	外商资本 Foreign Capital	就业人员年平均人数(人) Annual Average Number of Staff and Workers (person)
64963310		10740952	187369	1340420	491749	1000015	276249
52070168		10788016	171994	1751206	501979	982912	277940
60449709		17314032	935060	5249880	1088689	1385462	438937
52771398		12937395	225732	3376402	904240	1624286	414881
124711789		25905606	1068691	4965104	1178176	1744103	578245
43336		15048	–	9268	–	–	422
18108		3868	–	3368	–	–	247
25228		11180	–	5900	–	–	175
162977656		35988398	794896	8320356	1962979	3301787	974305
1383203		204834	–	97963	47593	6452	7210
2291095		583702	32569	94726	45524	232103	21652
1218064		436973	–	12438	109819	143417	8740
4022697		66112	–	3085	–	–	2605
6183870		1648506	1893	754512	108292	178817	80124
2035246		587787	9170	124381	294898	57027	33156
1088383		222897	2248	78988	20799	1057	10816
227627		45696	–	41851	–	–	3121
1189239		390529	440	83654	12273	34929	19321
2057084		382233	2235	149008	6964	4516	18042

4-12 续表2

单位:万元

指　　标	Item	企业单位数（个）Number of Enterprises (unit)	亏损企业（个）Loss Making Enterprises (unit)
印刷和记录媒介复制业	Printing and Record Media	89	26
文教、工美、体育和娱乐用品制造业	Cultural, Educational, Industrial Arts, Sports and Entertainment Goods	76	21
石油、煤炭及其他燃料加工业	Petroleum, Coal and Other Fuel Processing	11	2
化学原料和化学制品制造业	Raw Chemical Materials and Chemical Products	255	57
医药制造业	Medical and Pharmaceutical Products	149	46
化学纤维制造业	Chemical Fiber	157	29
橡胶和塑料制品业	Rubber and Plastic Products	340	78
非金属矿物制品业	Nonmetal Minerals Products	260	99
黑色金属冶炼和压延加工业	Ferrous Metals Smelting and Processing	44	14
有色金属冶炼和压延加工业	Nonferrous Metals Smelting and Processing	45	13
金属制品业	Metals Products	431	78
通用设备制造业	Ordinary Machinery	672	129
专用设备制造业	For Special Purpose Equipment Manufacturing	392	116
汽车制造业	Automobile Manufacturing	220	42
铁路、船舶、航空航天和其他运输设备制造业	Railway, watercraft, Avigation, spaceflight and other Equipment Manufacturing	57	12
电气机械和器材制造业	Electric Equipment and Machinery	549	107
计算机、通信和其他电子设备制造业	Computers, Telecommunications and Other Electronic Equipment Manufacturing	455	133
仪器仪表制造业	Instruments and Meters Manufacturing	259	33
其他制造业	Other Manufacturing	21	5
废弃资源综合利用业	Multiple Utilization of Waste Resouces	16	7
金属制品、机械和设备修理业	Metal Products, Machinery and Equipment Repair	5	-
电力、热力、燃气及水的生产和供应业	Production and Supply of Electricity, Heating, Gas and Water	89	10
电力、热力生产和供应业	Production and Supply of Electric Power and Heat Power	50	6
燃气生产和供应业	Production and Supply of Gas	15	1
水的生产和供应业	Production and Supply of Water	24	3

continued 2

(10,000 yuan)

工业总产值（当年价格）Gross Industrial Output Value (current price)	新产品产值 Output of New Products	实收资本 Total Capital Hold	国家资本 State Capital	个人资本 Personal Capital	港澳台资本 Hongkong, Macau and TaiWan Capital	外商资本 Foreign Capital	就业人员年平均人数（人）Annual Average Number of Staff and Workers (person)
747807		281932	30155	54281	58250	2965	10183
1325614		209701	–	49558	7700	85219	11153
172703		707759	4420	8065	–	700	604
7266284		1597333	4693	353751	14958	122702	28934
7035770		1702237	45920	194586	22649	165057	47770
8780074		2671281	3000	684785	14986	177703	29273
6226720		1143230	38537	463844	24811	230357	40301
3969614		889212	109652	230559	13994	127560	24720
1036499		118702	–	60799	–	939	2629
5501490		380843	–	30301	8892	26152	5247
6011427		1029059	2910	356513	127031	41622	42952
16169420		2916279	138549	852398	120384	253457	122435
4936394		1722342	64399	457951	147761	202585	49825
9168861		2186159	15713	276362	31808	318105	43685
1541726		227395	9750	55250	2000	22676	9997
23467163		5141759	219574	1267815	148037	449909	93691
30958174		7215045	51520	955408	556760	338703	145259
6072493		1172039	6551	492267	15285	72820	54919
325134		52429	–	24784	814	4238	3504
521000		50627	1000	10282	–	–	2136
46784		3769	–	190	700	–	301
14462195		2839555	499526	11882	119438	66602	18399
7787040		818274	164914	9108	79378	48051	9339
6047122		1032278	48655	1774	40060	18551	3334
628034		989003	285958	1000	–	–	5726

4－13 市区规模以上工业

Main Economic Indicators of Industrial

单位:万元

指　标	Item	资产合计 Total Assets	流动资产合计 Total Circulating Funds
总　计	**Total**	**263153619**	**161168846**
按隶属关系分	**Grouped by Subordination**		
中央	Central	15223827	5274071
地方	Local	24432212	12572474
其他	Other	223497580	143322301
按登记注册统计类别分组	**Grouped by Statistical Categories of Registration**		
内资企业	Domestic－funded Enterprises	210136173	124256293
有限责任公司	Limited Liability Corporations	125926925	77032302
股份有限公司	Share－holding Corporations Ltd.	78197119	46598221
非公司企业法人	Non corporate legal entity	5671490	396862
个人独资企业	Sole Proprietorship Enterprises	322732	216377
合伙企业	Partnership Enterprises	17907	12531
其他内资企业	Other Domestic Enterprises		
港澳台投资企业	Funded from Hong Kong,Macao and Taiwan	26304666	18717707
港澳台投资有限责任公司	Hong Kong, Macau and Taiwan Investment Co. , Ltd	13705996	10016746
港澳台投资股份有限公司	Share－holding Corporations Ltd. With Investment from Hong Kong,Macao and Taiwan	12570073	8675866
港澳台投资合伙企业	Hong Kong, Macau, and Taiwan Investment Partnership Enterprises		
其他港澳台投资企业	Other Enterprises With Investment from Hong Kong, Macao and Taiwan		
外商投资企业	Enterprises With Foreign Investment	26712780	18194846
外商投资有限责任公司	Foreign Investment Limited Liability Companies	18034671	13091143
外商投资股份有限公司	Share－holding Corporations Ltd. With Foreign Investment	6862590	3925484
外商投资合伙企业	Foreign Invested Partnership Enterprises	130358	81839
其他外商投资企业	Other Enterprises With Foreign Investment	1685162	1096380
其他统计类别	Other Statistical Categories		

企业主要经济指标(2023 年)(二)
Enterprises Above Designated Size in Urban District(2023)(Ⅱ)

(10,000 yuan)

应收账款 Receivables	存 货 Stock	产成品 Finished Products	固定资产净额 Fixed Assets	累计折旧 Accumulated Depreciation	本年折旧 Depreciation of the year	负债合计 Total Liabilities	流动负债合计 Total Current Liabilities	应付账款 Accounts Payable	所有者权益合计 Creditors' Equity
50335139	**30492988**	**11476911**	**36686866**	**35800169**	**4269212**	**138900681**	**116410230**	**37642774**	**124266587**
1578378	2220906	165775	6663521	7713068	678202	9374973	6246874	1088182	5848855
3038105	2515222	891805	5028904	4505060	477336	14723007	10233505	2776446	9709205
45718656	25756860	10419331	24994441	23582042	3113674	114802702	99929851	33778145	108708528
38665023	24204825	9223131	30794647	28151371	3488059	114403475	95294347	30333647	95746351
27389396	16386186	6242809	24444698	23325628	2753642	75874211	64434520	22294388	50066370
11159833	7754096	2951309	6256971	4698435	720906	34306951	28083477	7906503	43890166
31734	12576	8424	11169	16995	1634	3951009	2521242	70872	1720481
78233	49226	18474	78652	103703	11448	254260	239391	60077	68471
5828	2741	2115	3156	6610	428	17044	15717	1807	863
5103366	2732139	909627	1945820	2096209	221590	11106675	9218758	3491987	15197991
2789474	2427907	807178	1297858	1577052	155614	7957965	7084067	3090438	5748031
2312684	300539	101389	645626	512407	65674	3141315	2127298	400572	9428758
6566750	3556025	1344154	3946399	5552590	559563	13390532	11897126	3817140	13322246
4833027	2659499	900076	2882005	4416703	420623	9203722	8214337	2740623	8830946
882923	671249	329836	493904	361740	50208	2496306	2060333	660793	4366285
41459	9273	5146	19906	10036	2014	57620	49754	11706	72738
809341	216005	109095	550584	764110	86719	1632884	1572702	404018	52278

4－13 续表1

单位:万元

指　　标	Item	资产合计 Total Assets	流动资产合计 Total Circulating Funds
按企业规模分	**Grouped by Size of Enterprises**		
大型企业	Large	100859917	59998862
中型企业	Medium－sized	75973241	47775772
小微企业	Small	86320461	53394212
按轻重工业分	**Grouped by Light & Heavy Industry**		
轻工业	Light Industry	76779815	44364433
重工业	Heavy Industry	186373805	116804412
按国民经济行业分	**Grouped by Economic Sector**		
采矿业	Mining and Quarrying	44991	28383
煤炭开采和洗选业	Coal Mining and Dressing		
黑色金属矿采选业	Ferrous Metals Mining and Dressing		
有色金属矿采选业	Nonferrous Metals Mining and Dressing	12218	3454
非金属矿采选业	Nonmetal Minerals Mining and Dressing	32773	24930
制造业	Manufacturing Industry	243325505	156575728
农副食品加工业	Agricultural Products Processing	1455034	1043289
食品制造业	Food Manufacturing	2248360	1413100
酒、饮料和精制茶制造业	Wine,Beverage and Tea Manufacturing	1352315	830315
烟草制品业	Tobacco Processing	2981557	2221348
纺织业	Textile Industry	7581547	4584869
纺织服装、服饰业	Textile Products and Costune Indnstry	2647549	1723047
皮革、毛皮、羽毛及其制品和制鞋业	Leather,Furs,Downand Related and Shoes Products	1234455	937838
木材加工和木、竹、藤、棕、草制品业	Timber Processing,Bamboo,Cane,Palm Fiber and Straw Products	435251	194803
家具制造业	Furniture Manufacturing	2429669	1252507
造纸和纸制品业	Paper Making and Paper Products	2782793	1789475

continued 1

(10,000 yuan)

应收账款 Receivables	存货 Stock	产成品 Finished Products	固定资产净额 Fixed Assets	累计折旧 Accumulated Depreciation	本年折旧 Depreciation of the year	负债合计 Total Liabilities	流动负债合计 Total Current Liabilities	应付账款 Accounts Payable	所有者权益合计 Creditors′ Equity
20257993	10379264	3460498	12292301	12895305	1485132	54419929	45608930	14384513	46439987
13055741	10021037	3819942	12193151	11330025	1374346	38106946	30964261	11547811	37883103
17021405	10092687	4196471	12201415	11574840	1409734	46373807	39837040	11710450	39943498
9840018	9858175	3931085	10946586	12332176	1399196	37209416	33573450	8093751	39584062
40495122	20634813	7545826	25740280	23467994	2870017	101691266	82836780	29549023	84682526
6560	6486	3871	11589	11904	1610	25517	21605	6638	19474
717	769	474	8613	6507	988	5741	5741	2849	6478
5843	5716	3397	2976	5397	622	19776	15864	3788	12997
49376431	30163487	11469716	27304560	26186819	3420182	124876564	108979274	36829588	118462591
167476	330603	77279	218794	141841	19620	1047742	966447	126900	407291
480651	268467	94985	545206	678407	70429	1082922	1027747	297100	1165437
224737	182444	83840	420698	584717	53018	611955	590874	197404	740359
165438	1770894	101259	349910	679652	56520	261836	252684	121381	2719721
1057260	1202583	641671	1776071	2337687	234668	3996538	3763474	611297	3585005
305609	510955	299390	464144	344667	42469	1382768	1209557	310546	1264780
272348	317474	62421	139523	93861	12240	875485	823859	156012	358970
68656	31236	13296	35377	25752	4478	277546	262654	45661	157704
333788	173747	63195	318694	208942	28803	1180119	1089965	194722	1249550
368102	260976	107547	444217	458369	59775	1161577	1035836	282060	1638025

4－13 续表2

单位:万元

指　　标	Item	资产合计 Total Assets	流动资产合计 Total Circulating Funds
印刷和记录媒介复制业	Printing and Record Media	1080970	623128
文教、工美、体育和娱乐用品制造业	Cultural, Educational, Industrial Arts, Sports and Entertainment Goods	931706	644520
石油、煤炭及其他燃料加工业	Petroleum, Coal and Other Fuel Processing	1001560	224397
化学原料和化学制品制造业	Raw Chemical Materials and Chemical Products	10942358	5805109
医药制造业	Medical and Pharmaceutical Products	11952935	7245354
化学纤维制造业	Chemical Fiber	16485033	6194809
橡胶和塑料制品业	Rubber and Plastic Products	7059673	4686395
非金属矿物制品业	Nonmetal Minerals Products	6730020	5125174
黑色金属冶炼和压延加工业	Ferrous Metals Smelting and Processing	722375	573302
有色金属冶炼和压延加工业	Nonferrous Metals Smelting and Processing	2437904	1668703
金属制品业	Metals Products	5278183	4003836
通用设备制造业	Ordinary Machinery	24026283	16335088
专用设备制造业	For Special Purpose Equipment Manufacturing	9753679	6902610
汽车制造业	Automobile Manufacturing	17338594	7402654
铁路、船舶、航空航天和其他运输设备制造业	Railway, watercraft, Avigation spaceflight and other Equipment Manufacturing	1965651	1494209
电气机械和器材制造业	Electric Equipment and Machinery	36102104	23988523
计算机、通信和其他电子设备制造业	Computers, Telecommunications and Other Electronic Equipment Manufacturing	50926305	37235489
仪器仪表制造业	Instruments and Meters Manufacturing	12086320	9417803
其他制造业	Other Manufacturing	616814	479713
废弃资源综合利用业	Multiple Utilization of Waste Resouces	690291	492718
金属制品、机械和设备修理业	Metal Products, Machinery and Equipment Repair	48217	41609
电力、热力、燃气及水的生产和供应业	Production and Supply of Electricity, Heating, Gas and Water	19783124	4564734
电力、热力生产和供应业	Production and Supply of Electric Power and Heat Power	8439733	1356355
燃气生产和供应业	Production and Supply of Gas	5059114	1437960
水的生产和供应业	Production and Supply of Water	6284277	1770419

continued 2

(10,000 yuan)

应收账款 Receivables	存 货 Stock	产成品 Finished Products	固定资产净 额 Fixed Assets	累计折旧 Accumulated Depreciation	本年折旧 Depreciation of the year	负债合计 Total Liabilities	流动负债合 计 Total Current Liabilities	应付账款 Accounts Payable	所有者权益合计 Creditors´ Equity
173015	91790	38804	252306	372005	32422	530314	451975	160843	550656
60533	283449	74814	158607	208209	22118	451721	437149	76841	476854
70600	21212	2432	14750	15942	1683	212014	181586	23735	789546
1114413	872308	417802	1547336	1643021	189206	4958296	4111559	824400	5984063
1565834	1464594	734581	1871274	1470555	231638	4048614	3470125	1121685	7904321
1203503	888134	520123	1235455	2077374	177103	11424606	10348420	1718340	5060427
1464229	998403	659661	1245036	1642465	190985	3914665	3516497	925747	3145008
2687940	533738	293784	955562	851838	145385	4636834	4218940	1602618	2093186
37322	85070	39321	73654	164577	9652	528004	507584	11274	194370
151480	603524	167703	260276	354343	36615	1625066	1588716	734362	812838
1153732	990669	405102	779799	917701	103317	2977280	2826624	749545	2300898
4865452	3105580	1045151	2426365	2127565	271815	12607670	11180912	3949784	11418613
1862918	1533753	495320	879966	761241	106689	3931756	3534003	1245620	5821920
3048822	1271219	585510	2035972	2458193	294142	10532966	8652515	2619749	6805627
395139	302818	124521	217708	137414	21144	1040765	993410	438284	924886
8200465	4950346	2049669	3884711	2394225	401948	19771706	16571914	6663317	16330394
15291419	5047350	1579383	3771453	2320189	493360	24104293	20153684	9685950	26822010
2361368	1937405	634507	813105	615091	90280	5101177	4688213	1782410	6985142
45713	54452	22157	67956	46710	6917	299203	280323	102560	317611
163597	76806	34198	96037	52888	11291	269115	210235	39643	421176
14874	1491	292	4597	1379	453	32012	31795	9801	16205
952149	323015	3324	9370717	9601447	847420	13998601	7409352	806549	5784523
568230	46967	761	5576349	6926339	599926	7139671	5042649	311515	1300062
233232	145598	2129	1832077	1016274	85138	2755511	1038113	168456	2303603
150687	130451	435	1962291	1658835	162356	4103420	1328590	326578	2180858

4－14 市区规模以上工业

Main Economic Indicators of Industrial

单位:万元

指　　标	Item	营业收入 Revenue	主营业务收入 Revenues in Main Business
总　　计	**Total**	**205561104**	**196258393**
按隶属关系分	**Grouped by Subordination**		
中央	Central	18505730	16294347
地方	Local	14740445	14122308
其他	Other	172314929	165841738
按登记注册统计类别分组	**Grouped by Statistical Categories of Registration**		
内资企业	Domestic－funded Enterprises	165247728	157499261
有限责任公司	Limited Liability Corporations	125165237	119791403
股份有限公司	Share－holding Corporations Ltd.	39700072	37337466
非公司企业法人	Non corporate legal entity	28605	24879
个人独资企业	Sole Proprietorship Enterprises	331523	323302
合伙企业	Partnership Enterprises	22291	22212
其他内资企业	Other Domestic Enterprises		
港澳台投资企业	Funded from Hong Kong, Macao and Taiwan	15332599	14648086
港澳台投资有限责任公司	Hong Kong, Macau and Taiwan Investment Co., Ltd	11813459	11555502
港澳台投资股份有限公司	Share－holding Corporations Ltd. With Investment from Hong Kong, Macao and Taiwan	3511202	3085739
港澳台投资合伙企业	Hong Kong, Macau, and Taiwan Investment Partnership Enterprises		
其他港澳台投资企业	Other Enterprises With Investment from Hong Kong, Macao and Taiwan		
外商投资企业	Enterprises With Foreign Investment	24980777	24111046
外商投资有限责任公司	Foreign Investment Limited Liability Companies	20210452	19519553
外商投资股份有限公司	Share－holding Corporations Ltd. With Foreign Investment	2499535	2368621
外商投资合伙企业	Foreign Invested Partnership Enterprises	95372	71368
其他外商投资企业	Other Enterprises With Foreign Investment	2175417	2151505
其他统计类别	Other Statistical Categories		

企业主要经济指标(2023 年)(三)

Enterprises Above Designated Size in Urban District(2023)(Ⅲ)

(10,000 yuan)

销售费用 Sales Expenses	管理费用 Management Expenses	财务费用 Financial Expenses	利息支出 Interest Expenditure	营业利润 Business Profits	利润总额 Total Profits	利税总额 Total Pre - tax Profits	本年应交增值税 Value Added Tax Payable
9066049	**6981571**	**757630**	**1599388**	**13126683**	**13721025**	**21282317**	**4048458**
118826	236897	36974	36136	897619	907907	4150674	660460
440264	492526	97840	171072	659681	668776	977591	241904
8506959	6252148	622816	1392180	11569383	12144341	16154052	3146094
5985233	5156944	773645	1429355	9127082	9547354	15922111	3238194
3880449	3808115	577430	849549	4658318	5040233	10595593	2595013
2096266	1314354	45283	423273	4215415	4251863	5058635	634180
997	17432	145477	151735	253328	253321	255910	673
7285	15971	5024	4383	152	2007	11601	7974
237	1073	430	415	-130	-69	373	354
1143192	556030	-5473	88102	1953726	2032951	2541026	426411
677208	378424	82244	61723	711059	785251	1007450	178343
465372	176826	-87796	26329	1242552	1247548	1533167	247948
1937624	1268596	-10543	81931	2045875	2140720	2819180	383854
1631481	1031234	6917	59532	1403692	1492033	1908057	295049
304144	140328	-16520	22088	387576	392315	451486	43990
1311	4226	-295	617	8627	9292	10085	471
688	92809	-645	-307	245981	247080	449553	44343

4-14 续表1

单位：万元

指　标	Item	营业收入 Revenue	主营业务收入 Revenues in Main Business
按企业规模分	**Grouped by Size of Enterprises**		
大型企业	Large	80263489	75185059
中型企业	Medium - sized	56146364	54411689
小微企业	Small	69151251	66661645
按轻重工业分	**Grouped by Light & Heavy Industry**		
轻工业	Light Industry	66360564	61854818
重工业	Heavy Industry	139200540	134403574
按国民经济行业分	**Grouped by Economic Sector**		
采矿业	Mining and Quarrying	41290	41290
煤炭开采和洗选业	Coal Mining and Dressing		
黑色金属矿采选业	Ferrous Metals Mining and Dressing		
有色金属矿采选业	Nonferrous Metals Mining and Dressing	19065	19065
非金属矿采选业	Nonmetal Minerals Mining and Dressing	22225	22225
制造业	Manufacturing Industry	190195921	181056575
农副食品加工业	Agricultural Products Processing	1632914	1572632
食品制造业	Food Manufacturing	2612225	2528230
酒、饮料和精制茶制造业	Wine, Beverage and Tea Manufacturing	1642249	1495386
烟草制品业	Tobacco Processing	6098228	3969039
纺织业	Textile Industry	6390999	6216570
纺织服装、服饰业	Textile Products and Costune Indnstry	2341996	2278780
皮革、毛皮、羽毛及其制品和制鞋业	Leather, Furs, Downand Related and Shoes Products	1099708	1083515
木材加工和木、竹、藤、棕、草制品业	Timber Processing, Bamboo, Cane, Palm Fiber and Straw Products	309157	295491
家具制造业	Furniture Manufacturing	1458936	1351428
造纸和纸制品业	Paper Making and Paper Products	2148261	2069502

continued 1

(10,000 yuan)

销售费用 Sales Expenses	管理费用 Management Expenses	财务费用 Financial Expenses	利息支出 Interest Expenditure	营业利润 Business Profits	利润总额 Total Profits	利税总额 Total Pre - tax Profits	本年应交增值税 Value Added Tax Payable
4468678	1835876	46930	494070	6608888	6670345	11595056	1920166
2644794	1952990	127484	413014	3848969	3970639	5142087	925915
1952577	3192704	583216	692303	2668826	3080040	4545174	1202378
4316590	2845592	226540	496006	3573627	3810662	8318508	1681559
4749458	4135979	531090	1103382	9553056	9910363	12963809	2366900
1447	3441	135	132	1572	2256	5836	2652
695	2249	88	88	599	1198	3516	1950
752	1192	47	44	973	1058	2320	702
8989720	6780731	644827	1463458	12655031	13227937	20523318	3820658
68740	42748	12376	13665	40428	45456	71381	21449
251284	143027	3200	12383	138100	148580	232123	70986
204429	57983	1760	2332	112243	115037	199410	49688
50138	127890	-9335	356	576069	573356	3585948	461066
133477	322781	31090	53952	204811	249706	404151	126288
188534	239512	6804	15192	114729	138805	222293	69602
24417	41515	13360	10683	16235	26136	49948	20630
13571	23299	4063	5701	23567	24765	32609	6783
169647	86970	7765	6315	211018	217594	253525	25809
71010	107207	2664	14230	144649	165108	225925	52419

4-14 续表 2

单位：万元

指　　标	Item	营业收入 Revenue	主营业务收入 Revenues in Main Business
印刷和记录媒介复制业	Printing and Record Media	811286	774379
文教、工美、体育和娱乐用品制造业	Cultural, Educational, Industrial Arts, Sports and Entertainment Goods	1307728	1297924
石油、煤炭及其他燃料加工业	Petroleum, Coal and Other Fuel Processing	217912	215191
化学原料和化学制品制造业	Raw Chemical Materials and Chemical Products	8168347	7889262
医药制造业	Medical and Pharmaceutical Products	6999148	6844379
化学纤维制造业	Chemical Fiber	15809309	14965324
橡胶和塑料制品业	Rubber and Plastic Products	8016958	7067024
非金属矿物制品业	Nonmetal Minerals Products	4096566	4007463
黑色金属冶炼和压延加工业	Ferrous Metals Smelting and Processing	1093255	1072868
有色金属冶炼和压延加工业	Nonferrous Metals Smelting and Processing	8065786	7763464
金属制品业	Metals Products	6566339	6206902
通用设备制造业	Ordinary Machinery	17744747	17316676
专用设备制造业	For Special Purpose Equipment Manufacturing	5080345	4798758
汽车制造业	Automobile Manufacturing	10095044	9783854
铁路、船舶、航空航天和其他运输设备制造业	Railway, watercraft, Avigation spaceflight and other Equipment Manufacturing	1820136	1801561
电气机械和器材制造业	Electric Equipment and Machinery	27456024	26375394
计算机、通信和其他电子设备制造业	Computers, Telecommunications and Other Electronic Equipment Manufacturing	33425060	32516063
仪器仪表制造业	Instruments and Meters Manufacturing	6644868	6470856
其他制造业	Other Manufacturing	423333	415832
废弃资源综合利用业	Multiple Utilization of Waste Resouces	568330	562792
金属制品、机械和设备修理业	Metal Products, Machinery and Equipment Repair	50732	50040
电力、热力、燃气及水的生产和供应业	Production and Supply of Electricity, Heating, Gas and Water	15323892	15160527
电力、热力生产和供应业	Production and Supply of Electric Power and Heat Power	8000647	7965110
燃气生产和供应业	Production and Supply of Gas	6503212	6442841
水的生产和供应业	Production and Supply of Water	820033	752577

continued 2

(10,000 yuan)

销售费用 Sales Expenses	管理费用 Management Expenses	财务费用 Financial Expenses	利息支出 Interest Expenditure	营业利润 Business Profits	利润总额 Total Profits	利税总额 Total Pre - tax Profits	本年应交增值税 Value Added Tax Payable
18433	57275	5598	6843	36613	61488	86456	21071
33183	48982	6080	6923	34603	34813	56352	16974
2570	13443	4609	5954	55109	56256	65251	8208
364463	342901	23945	75483	541386	567712	772919	173285
1780022	555651	-27956	39227	727798	735381	1110669	319523
27990	101338	179411	220560	174700	213742	328372	92852
199949	244081	47143	58506	287830	306607	392264	60430
249310	203586	57185	59899	80827	80352	218970	115394
4928	20224	3923	9921	14746	18868	25844	5316
7258	39999	9148	30017	78979	84987	342522	247915
80445	216390	21400	36760	225064	242773	356965	94743
684295	803842	32652	112842	1623213	1731122	2178649	365242
451139	422711	-17398	28282	420323	446150	607645	130524
117671	366546	162979	195538	815299	834367	1200067	158833
42147	71782	-14837	5909	152261	155298	207486	21277
1192296	795012	133154	230537	1616088	1652414	2072411	342899
2047438	893868	-2203	168125	3215692	3290408	4007007	578520
488506	354260	-53886	31312	874600	906718	1090932	146422
18923	18132	-4003	2248	49101	52260	57587	3069
3071	13599	4274	3575	42346	44857	58615	11468
436	4181	-137	189	6605	6825	9024	1976
74882	197399	112667	135797	470080	490832	753164	225149
5217	76476	32210	37146	200889	218785	412505	170083
28088	61434	36649	23881	232924	234575	281937	39299
41577	59490	43808	74770	36267	37473	58721	15767

4－15 规模以上工业企业

Main Economic Indicators of Industrial Enterprises Above

单位:万元

指　　标	Item	企业单位数(个) Number of Enterprises (unit)	亏损企业(个) Loss Making Enterprises (unit)
按登记注册统计类别分组	**Grouped by Statistical Categories of Registration**	6950	1662
内资企业	Domestic－funded Enterprises	6287	1503
有限责任公司	Limited Liability Corporations	5778	1397
股份有限公司	Share－holding Corporations Ltd.	415	87
非公司企业法人	Non corporate legal entity	9	2
个人独资企业	Sole Proprietorship Enterprises	79	16
合伙企业	Partnership Enterprises	6	1
其他内资企业	Other Domestic Enterprises		
港澳台投资企业	Funded from Hong Kong, Macao and Taiwan	268	82
港澳台投资有限责任公司	Hong Kong, Macau and Taiwan Investment Co., Ltd	247	75
港澳台投资股份有限公司	Share－holding Corporations Ltd. With Investment from Hong Kong, Macao and Taiwan	20	7
港澳台投资合伙企业	Hong Kong, Macau, and Taiwan Investment Partnership Enterprises		
其他港澳台投资企业	Other Enterprises With Investment from Hong Kong, Macao and Taiwan	1	－
外商投资企业	Enterprises With Foreign Investment	395	77
外商投资有限责任公司	Foreign Investment Limited Liability Companies	362	70
外商投资股份有限公司	Share－holding Corporations Ltd. With Foreign Investment	26	6
外商投资合伙企业	Foreign Invested Partnership Enterprises	3	1
其他外商投资企业	Other Enterprises With Foreign Investment	4	－
其他统计类别	Other Statistical Categories		

主要经济指标按登记注册统计类别分(2023 年)

Designated Size by Statistical Categories of Registration(2023)

(10,000 yuan)

工业总产值(当年价格) Gross Industrial Output Value (current price)	新产品产值 Output of New Products	实收资本 Total Capital Hold	国家资本 State Capital	个人资本 Personal Capital	港澳台资本 Hongkong, Macau and TaiWan Capital	外商资本 Foreign Capital	就业人员年平均人数(人) Annual Average Number of Staff and Workers (person)
191352661		**41492717**	**1449685**	**9102516**	**2132297**	**3536307**	**1097403**
154711341		32089698	1295664	8348642	19424	191109	873236
117724378		22944644	1131872	5261717	17589	84566	685885
36572737		9059547	163522	3060806	1835	106543	181919
27543		51437	270	4558	-	-	747
365620		32037	-	19682	-	-	4399
21064		2033	-	1878	-	-	286
14224792		4593884	96667	538432	1832814	305907	83226
10911192		2724303	21611	65618	1710103	299337	54686
3307346		1848592	75056	472815	122710	6571	28498
22416529		4809135	57353	215442	280059	3039290	140941
17449213		4056664	55610	72696	257211	2931871	117637
2513718		687598	1743	142746	22849	93951	20656
64668		15786	-	-	-	-	593
2388930		49087	-	-	-	13469	2055

4－16 分地区规上

Added Value of Industrial Enterprises Above

单位:亿元

年 份 Year	全 市 Whole City	市 区							
		上城区 Shangcheng	上城区(原) Shangcheng (Original)	下城区(原) Xiacheng (Original)	拱墅区 Gongshu	江干区(原) Jianggan (Original)	拱墅区(原) Gongshu (Original)	西湖区 Xihu	高新(滨江)区 Hi－Tech (Binjiang)
2000	360.97								
2001	444.91								
2002	597.01								
2003	783.51								
2004	1019.47								
2005	1126.54								
2006	1363.17								
2007	1717.65								
2008	1743.20								
2009	1792.00								
2010	2153.83								
2011	2369.00		215.48	20.83		47.25	119.11	49.03	162.30
2012	2492.00		296.64	22.05		48.00	117.08	49.07	210.02
2013	2664.13		318.89	23.33		53.33	104.34	49.62	278.48
2014	2813.51		328.06	15.16		57.60	78.34	50.45	324.69
2015	2875.05		329.70	7.13		53.79	60.64	52.30	365.67
2016	2990.34		349.57	9.64		47.37	65.80	57.06	374.24
2017	3184.05		362.41	8.16		42.98	74.76	61.04	502.19
2018	3415.45		364.56	13.36		38.46	81.84	65.07	574.95
2019	3481.89		374.72	14.03		42.13	93.95	68.23	623.97
2020	3467.16		374.34	13.65		48.93	95.82	80.99	600.18
2021	4021.14	452.94			95.84			107.59	719.33
2022	4185.06	510.67			101.68			103.42	751.89
2023	4191.83	492.26			105.45			86.10	769.62

注:1.2019 年起萧山区不含托管在钱塘新区的街道数据。

工业增加值(2000－2023年)
Designated Size by Region (2000－2023)

(100 million yuan)

Urban District									
萧山区 Xiaoshan	余杭区 Yuhang	余杭区 (原) Yuhang (Original)	临平区 Linping	钱塘区 Qiantang	富阳区 Fuyang	临安区 Lin'an	桐庐县 Tonglu	淳安县 Chun'an	建德市 Jiande
77.95		31.54			22.05	11.83	9.29	2.24	10.13
106.28		38.50			31.69	14.71	11.98	2.99	8.86
145.26		40.29			38.87	18.55	14.08	3.40	13.05
199.34		69.17			52.52	25.09	18.98	5.46	16.82
245.57		86.96			63.65	32.25	29.73	6.59	27.62
311.61		129.16			80.22	37.84	31.60	9.29	28.54
385.34		150.85			103.73	47.54	42.10	12.70	37.88
401.88		195.17			136.42	62.53	57.06	17.35	50.54
482.29		212.97			160.31	74.51	68.41	20.56	61.38
538.91		225.60			167.30	80.02	62.17	23.48	60.03
606.90		297.10			182.30	98.91	76.63	29.18	76.13
721.27		243.41			162.41	98.20	71.74	32.66	68.09
727.65		250.64			165.25	106.67	80.02	38.69	76.19
704.46		275.99		380.51	198.03	115.18	81.63	43.44	81.74
712.21		301.62		405.16	200.53	123.24	94.92	47.53	85.18
706.49		334.30		457.66	200.89	127.85	102.26	52.06	83.67
742.23		349.74		541.62	201.89	136.80	99.78	49.96	85.75
745.62		386.71		417.58	234.29	138.50	83.38	40.35	86.33
790.64		428.65		439.27	248.45	145.71	83.09	30.36	110.96
531.95		462.74		632.06	231.69	168.86	86.57	34.24	116.60
479.12		493.96		630.21	215.10	184.97	92.78	27.79	128.90
547.60	236.81		353.78	738.51	250.69	215.86	114.53	31.96	155.26
565.42	270.72		369.71	712.80	247.37	238.00	130.86	31.19	150.61
565.49	249.83		412.48	730.05	250.04	223.70	133.04	32.06	140.95

a) Figures of Xiaoshan District don't include districts which under administered by Qiantang New Area Since 2019.

4－17 分地区规上

Index of Added Value of Industrial

（上年＝100）

年 份 Year	全 市 Whole City	市 区							
		上城区 Shangcheng	上城区（原） Shangcheng（Original）	下城区（原） Xiacheng（Original）	拱墅区 Gongshu	江干区（原） Jianggan（Original）	拱墅区（原） Gongshu（Original）	西湖区 Xihu	高新（滨江）区 Hi－Tech（Binjiang）
2010	114.9		110.0	121.1		112.2	110.5	109.1	119.6
2011	112.7		112.1	104.0		109.4	112.3	111.8	118.2
2012	110.9		106.6	103.5		105.5	112.2	108.8	113.7
2013	108.0		106.3	107.7		109.4	104.5	109.6	115.1
2014	108.9		108.9	91.6		115.1	105.5	104.9	118.3
2015	105.4		106.0	90.1		100.5	95.2	101.0	117.8
2016	105.6		98.5	102.0		87.5	105.0	105.0	114.9
2017	107.0		108.7	105.5		95.2	111.3	105.1	118.1
2018	106.3		101.7	118.9		101.3	111.2	99.2	117.3
2019	105.1		103.0	91.5		91.9	117.7	114.4	110.7
2020	103.8		103.4	112.5		110.8	93.0	100.4	110.8
2021	110.6	106.5			105.1			120.5	116.6
2022	100.3	103.0			102.4			100.1	101.5
2023	102.4	98.8			102.2			90.8	107.0

注：1.2019 年萧山区不含托管在钱塘新区的街道数据。

工业增加值发展指数(2010－2023年)

Enterprises Above Designated Size by Region(2010－2023)

(Preceding Year＝100)

Urban District									
萧山区 Xiaoshan	余杭区 Yuhang	余杭区(原) Yuhang (Original)	临平区 Linping	钱塘区 Qiantang	富阳区 Fuyang	临安区 Lin′an	桐庐县 Tonglu	淳安县 Chun′an	建德市 Jiande
114.3		115.0		118.5	113.1	122.7	114.0	114.9	115.5
112.9		109.2		111.2	113.3	113.1	109.1	115.1	113.0
113.5		107.2		102.4	112.1	112.4	109.0	119.6	110.8
108.1		108.0		107.3	109.3	105.5	105.6	112.7	106.1
108.1		107.0		109.3	106.2	107.2	109.0	103.2	108.1
106.2		102.6		106.9	104.1	105.1	106.9	103.4	108.2
106.3		105.0		110.2	103.0	109.0	108.6	110.6	107.0
101.3		107.6		106.5	106.0	106.7	106.3	104.1	106.7
102.6		107.0		107.0	104.5	104.5	104.6	88.2	107.6
102.8		105.3		99.7	101.1	108.8	111.1	103.5	108.6
100.4		108.3		104.2	95.9	109.5	103.1	82.9	108.5
108.5	116.7		113.0	106.5	109.1	113.2	111.6	106.4	111.7
98.1	99.6		98.5	98.1	100.3	105.6	106.4	105.5	103.3
104.0	96.0		103.7	102.4	101.6	99.1	105.2	107.4	103.0

a) Figures of Xiaoshan District don′t include districts which under administered by Qiantang New Area in 2019.

4－18　规模以上工业三大新兴产业发展情况(2013－2023 年)

Statistics on the Three Emerging Industries Above Designated Size(2013－2023)

年　份 Year	高新技术产业 High－tech Industries		战略性新兴产业 Strategic Emerging Industries		装备制造业 Equipment Manufacturing Industries	
	增加值 (亿元) Value－added (100 million yuan)	为上年 (%) As Compared with the Preceding Year (%)	增加值 (亿元) Value－added (100 million yuan)	为上年 (%) As Compared with the Preceding Year (%)	增加值 (亿元) Value－added (100 million yuan)	为上年 (%) As Compared with the Preceding Year (%)
2013	785.4	108.9	636.6	107.1	900.5	108.6
2014	1096.6	110.5	813.1	113.0	921.4	109.3
2015	1212.6	109.8	877.3	109.4	1086.1	113.5
2016	1372.9	112.5	812.1	111.6	1249.6	114.6
2017	1605.5	113.6	979.5	115.0	1384.2	111.0
2018	1948.4	110.8	1135.3	113.1	1531.0	109.3
2019	2178.4	108.5	1328.6	113.1	1640.5	107.9
2020	2448.3	108.6	1415.1	108.1	1837.0	111.8
2021	2827.7	113.1	1850.6	117.6	2061.9	114.8
2022	2961.3	101.2	1874.1	104.2	2102.4	100.4
2023	3049.1	101.3	1984.0	102.6	2344.6	107.8

4－19　主要工业产品生产量(2023 年)

Output of Major Industrial Products(2023)

产品名称		Item		全市 Whole City 2023 年 In Year 2023	为上年(%) As Compared with the Preceding Year(%)	市区 Urban District
方便面	(吨)	Instant Noodle	(ton)	203310	86.8	203310
乳制品	(吨)	Dairy Products	(ton)	185099	109.2	185099
罐头	(吨)	Canned Food	(ton)	31647	97.0	28760
饮料酒	(千升)	Alcohol	(kiloliter)	1109445	108.0	896177
饮料	(吨)	Drinks	(ton)	10634675	111.7	3371136
精制茶	(吨)	Tea	(ton)	14747	73.4	11795
卷烟	(万支)	Cigarettes	(10000 units)	5301450	101.4	5301450
纱	(吨)	Yarn	(ton)	339305	106.6	339305
布	(万米)	Cloth	(10000 m)	174472	93.6	173591
印染布	(万米)	Printed Fabric	(10000 m)	522733	98.0	522733
蚕丝	(吨)	Silk	(ton)	184	97.7	128
蚕丝及交织机织物(含蚕丝≥50%)	(万米)	Silk and Woven Fabrics (Containing Greater than or Equal 50% silk)	(10000 m)	1216	114.4	1216
口罩	(万个(只))	Masks	(10000 pieces)	35435	39.3	6392
服装	(万件)	Garment	(10000 pieces)	18894	82.6	17518
皮革服装	(万件)	Leather Clothing	(10000 pieces)	172	105.7	
鞋	(万双)	Shoes	(10000 pairs)	3837	75.4	3618
皮革鞋靴	(万双)	Leather Footwear	(10000 pairs)	490	74.4	490
家具	(件)	Furniture	(piece)	23173431	125.0	20851563
机制纸及纸板(外购原纸加工除外)	(吨)	Machine Made Paper and Paperboard	(ton)	294510	64.7	294431
纸制品	(吨)	Paper Products	(ton)	1432021	102.4	1330358
硫酸(折 100%)	(吨)	Sulfuric Acid(Converts into 100%)	(ton)	1284408	100.8	1284408
盐酸(氯化氢,含量 31%)	(吨)	Hydrochloric Acid(Hydrogen Chloride, Content 31%)	(ton)	126838	94.5	126838

4－19 续表1 continued 1

产品名称	Item	全市 Whole City 2023年 In Year 2023	全市 Whole City 为上年(%) As Compared with the Preceding Year(%)	市区 Urban District
浓硝酸(折100%) (吨)	Concentrated Nitric Acid(Converts into 100%) (ton)	103750	86.6	103750
烧碱(折100%) (吨)	Caustic Soda(Converts to 100%) (ton)	320032	122.4	320032
纯碱(碳酸钠) (吨)	Sodium(Carbonate) (ton)	318397	98.0	318397
合成氨(无水氨) (吨)	Synthetic Ammonia (ton)	36522	54.4	36522
农用氮、磷、钾化学肥料(折纯) (吨)	Chemical Fertilizer (ton)	98845	85.2	98845
化学农药原药(折有效成分100%) (吨)	Chemical Pesticide (ton)	78564	100.3	21894
初级形态塑料 (吨)	Primary Form Plastic (ton)	294254	105.6	281295
合成纤维聚合物 (吨)	Synthetic Fiber Polymer (ton)	1717495	100.8	1695828
合成洗涤剂 (吨)	Synthetic Detergent (ton)	193034	151.3	146367
中成药 (吨)	Traditional Chinese Medicine (ton)	10275	149.7	5404
化学纤维 (吨)	Chemical Fiber (ton)	8644398	107.3	8608054
人造纤维(纤维素纤维) (吨)	Artificial Fiber(Cellulose Fiber) (ton)	4056	103.2	4056
橡胶轮胎外胎 (条)	Rubber Tires (tire)	75876568	118.9	67836211
塑料制品 (吨)	Plastic Products (ton)	1558875	101.8	1266097
水泥 (吨)	Cement (ton)	16504082	98.0	6644844
钢材 (吨)	Steel Products (ton)	2471129	107.6	2449877
精炼铜(电解铜) (吨)	Refined Copper (ton)	511312	117.2	511312
钢绞线 (吨)	Steel Strand (ton)	52933	97.1	52933
工业锅炉 (蒸发量吨)	Industry Boiler (ton)	7987	95.2	7987
金属切削机床 (台)	Metal－cutting Machine Tools (Set)	7795	82.3	7480
金属成形机床 (台)	Metal Forming Machine (Set)	4152	73.6	4138

4－19 续表 2 continued 2

产品名称	Item	全市 Whole City 2023 年 In Year 2023	为上年(%) As Compared with the Preceding Year(%)	市区 Urban District
电动车辆(电动叉车)(台)	Electric Vehicles(Electric Forklifts) (set)	137824	111.4	137824
内燃叉车 (台)	Internal Combustion Forklift (set)	133012	98.0	133012
泵 (台)	Pump (set)	3342913	102.6	3328677
滚动轴承 (万套)	Bearings (10000 units)	32106	97.6	32021
汽车 (辆)	Motor Vehicles (set)	204786	87.6	204786
两轮脚踏自行车 (辆)	Bicycles (set)	402784	96.0	402784
电动机 (千瓦)	AC Motor (kW)	5622327	112.4	5617708
通信及电子网络用电缆 (对千米)	Communication Cable (pair kilometers)	3469680	90.7	3461987
光缆 (芯千米)	Electric Power Cable (core kilometers)	35209575	92.3	35208599
家用电冰箱(家用冷冻冷藏箱) (台)	Household Refrigerators (set)	583560	111.1	583560
家用吸排油烟机 (台)	Household Range Hood (set)	3737264	106.7	3737264
家用洗衣机 (台)	Household Washing Machines (set)	2139885	84.1	2139885
电光源 (万只)	Electric Light Sources (10000 units)	55296	144.0	55296
电子计算机整机 (台)	Complete Electronic (set)	1268379	94.3	1268379
微型计算机设备 (台)	Micro－computer Equipment (set)	1151473	98.5	1151473
程控交换机 (线)	SPC Exchange (Line)	325158	158.1	325158
移动通信手持机(手机)(台)	Mobile Telephone Sets (set)	812	4.1	812
工业自动调节仪表与控制系统 (台(套))	Industrial Automatic Regulating Instruments and Control Systems (set)	6434114	109.1	6434114
电工仪器仪表 (台)	Electrical Instruments and Meters (set)	49782374	122.7	49769179
工业仪表 (台(个))	Industrial Instrument (set)	5806078	114.1	5806078

4-20 分地区单位 GDP 能耗降低情况(2023 年)

Energy Efficency and Energy Consumption Reduction by Region(2023)

地　区	Region	单位 GDP 能耗降低率(%) Decrease Rate of Energy Consumption Per Unit of GDP (±%)	单位 GDP 电耗降低率(%) Decrease Rate of Electricity Consumption Per Unit of GDP (±%)	单位工业增加值能耗降低率(%) Decrease Rate of Energy Consumption Per Unit of Industriul Value - Added (±%)
杭州市	Hangzhou	1.8	1.6	-
#上城区	Shangcheng	-	-6.6	9.4
拱墅区	Gongshu	-	-6.3	6.7
西湖区	Xihu	-	-4.7	-10.1
高新(滨江)区	Hi - Tech(Binjiang)	-	-6.9	-6.0
萧山区	Xiaoshan	1.3	1.0	2.6
余杭区	Yuhang	3.0	2.8	-2.1
临平区	Linping	1.9	1.9	1.7
钱塘区	Qiantang	-3.4	-2.3	-6.2
富阳区	Fuyang	1.4	4.7	-3.7
临安区	Lin'an	0.8	0.4	-0.2
桐庐县	Tonglu	5.4	4.9	9.6
淳安县	Chun'an	4.1	4.8	7.9
建德市	Jiande	4.6	1.4	5.6

注:1. 若降低率为负数,说明本期的指标值与去年同期相比没有降低,反而上升。

a) If the Decrease Rate was a negative number, it means the indicator was increased compared to last year.

4-21 规模以上工业企业主要能源品种购进与消费(2023年)

Purchasing and Consuming of Major Energy in Industrial Enterprises Above Designated Size(2023)

能源名称		Item		购进量 Purchasing	工业生产消费 Industry Consumption
原煤	(吨)	Raw Coal	(Ton)	8839235	8742681
洗精煤	(吨)	Washing Coal	(Ton)	-	-
煤制品	(吨)	Coal Puoducts	(Ton)	131900	132818
焦炭	(吨)	Coke	(Ton)	27023	25250
天然气(气态)	(万立方米)	Natural Gas(Gas)	(10000 cu. m)	239825	237025
液化天然气(液态)	(吨)	Liquefied Natural Gas(Liquid)	(Ton)	99419	98323
汽油	(吨)	Gasoline	(Ton)	40350	19555
煤油	(吨)	Kerosene	(Ton)	2279	519
柴油	(吨)	Diesel Oil	(Ton)	116842	113737
燃料油	(吨)	Fuel Oil	(Ton)	6084	6277
液化石油气	(吨)	Liquefied Petroleum Gas	(Ton)	10183	10082
润滑油	(吨)	Lubricating Oil	(Ton)	22086	20811
溶剂油	(吨)	Solvent Oil	(Ton)	251	251
石油沥青	(吨)	Petroleum Asphalt	(Ton)	171003	160332
其他石油制品	(吨)	Other Petroleum Products	(Ton)	46567	11483
热力	(百万千焦)	Heat	(Million kilo-joule)	73723244	75848478
电力	(万千瓦时)	Electricity	(10000 kW·h)	3900817	3749703
煤矸石用于燃料	(吨)	Coal Gangue For Fuel	(Ton)	91929	86492
城市垃圾用于燃料	(吨)	Waste For Fuel	(Ton)	3185356	3736921
生物质废料用于燃料	(吨标准煤)	Biomass Waste For Fuel	(Tce)	53524	97105
余热余压	(百万千焦)	Residual Heat and Pressure	(Million kilo-joule)	3078548	10266391
其他工业废料用于燃料	(吨)	Other Industrial Wastes Are Used For Fuel	(Ton)	30740	464465
其他燃料	(吨标准煤)	Other Fuel	(Tce)	144512	40352

4-22 规模以上工业企业主要能源

Energy Consumption of Industrial

行 业 Sector	原煤(吨) Raw Coal(Ton)	洗精煤(吨) Washing Coal(Ton)	焦炭(吨) Coke(Ton)	汽油(吨) Gasoline(Ton)	煤油(吨) Kerosene(Ton)
总 计 Total	**8742681**		**25250**	**19555**	**519**
煤炭开采和洗选业 Coal Mining and Dressing					
有色金属矿采选业 Nonferrous Minerals Mining and Dressing					
非金属矿采选业 Nonmetal Minerals Mining and Dressing	38368				
农副食品加工业 Agricultural Products Processing				115	-
食品制造业 Food Manufacturing				443	
酒、饮料和精制茶制造业 Wine, Beverage and Tea Manufacturing				7	
烟草制品业 Tobacco Processing					
纺织业 Textile Processing	93777			1529	14
纺织服装、服饰业 Textile Products and Costume Industry				495	1
皮革、毛皮、羽毛及其制品和制鞋业 Leather, Furs, Downand Related and Shoes Products				250	-
木材加工和木、竹、藤、棕、草制品业 Timber Processing, Bamboo, Cane, Plam Fiber and Straw Products				23	
家具制造业 Furniture Manufacturing				431	-
造纸和纸制品业 Paper Making and Paper Products				252	2
印刷和记录媒介复制业 Printing				331	
文教、工美、体育和娱乐用品制造业 Cultural, Educational, Industrial Arts, Sports and Entertainment Goods				342	5
石油、煤炭和其他燃料加工业 Petroleum, Coal and Other Fuel Processing				34	167

消费量按行业分(2023 年)

Enterprises above Designated Size by Sector(2023)

柴油(吨) Diesel oil(Ton)	燃料油(吨) Fuel Oil(Ton)	液化石油气(吨) Liquefied Petroleum Gas(Ton)	天然气(万立方米) Natural Gas (10000 cu. m)	其他石油制品(吨) Other Petroleum Products(Ton)	热力(百万千焦) Heat(Million kilo－joule)	电力(万千瓦时) Electricity (10000 kW・h)
113737	**6277**	**10082**	**237025**	**11483**	**75848478**	**3749703**
						117
22						889
1664						6822
1724		101	2024		251181	16268
1948	395	166	2822		1622854	40656
790			3248	1	1284689	78759
			444			4991
3233	5	681	19456	75	28779991	415140
449		1	603	–	315520	18745
250		2	674	2	95	9407
287			184		113	3338
495		191	316		14366	15704
2160		1514	4248	327	2161067	65377
796		2	424		77169	20701
257			207	1	110592	16492
699			452	109	49556	2413

4－22 续表

行　业 Sector	原煤(吨) Raw Coal(Ton)	洗精煤(吨) Washing Coal(Ton)	焦炭(吨) Coke(Ton)	汽油(吨) Gasoline(Ton)	煤油(吨) Kerosene(Ton)
化学原料和化学制品制造业 Raw Chemical Materials and Chemical Products	1112384			825	
医药制造业 Medical and Pharmaceutical Products	48375			338	
化学纤维制造业 Chemical Fiber	513327			291	-
橡胶和塑料制品业 Rubber and Plastic Products	143836			841	7
非金属矿物制品业 Nonmetal Minerals Products	2828932			533	
黑色金属冶炼和压延加工业 Smelting and Processing of Ferrous Metals				152	
有色金属冶炼和压延加工业 Smelting and Processing of Nonferrous Metals	5268		25250	34	
金属制品业 Metal Products				1078	4
通用设备制造业 Ordinary Machinery				2634	138
专用设备制造业 Special Purpose Equipment				1034	-
汽车制造业 Automobile Manufacturing				764	154
铁路、船舶、航空航天和其他运输设备制造业 Railway, watercraft, Avigation spaceflight and other Equipment Manufacturing				243	
电气机械和器材制造业 Electric Equipment and Machinery				1564	8
计算机、通信和其他电子设备制造业 Computers, Telecommunications and Other Electronic Equipment Manufacturing				1238	
仪器仪表制造业 Instruments and Meters Manufacturing				1005	19
其他制造业 Other Manufacturing				49	
废弃资源综合利用业 Multiple Utilization of Waste Resouces				27	
电力、热力生产和供应业 Production and Supply of Electric Power and Hot Water	3904115			2033	
燃气生产和供应业 Production and Supply of Gas				289	
水的生产和供应业 Production and Supply of Water	54298			262	

continued

柴油(吨) Diesel oil(Ton)	燃料油(吨) Fuel Oil(Ton)	液化石油气(吨) Liquefied Petroleum Gas(Ton)	天然气(万立方米) Natural Gas (10000 cu. m)	其他石油制品(吨) Other Petroleum Products(Ton)	热力(百万千焦) Heat(Million kilo-joule)	电力(万千瓦时) Electricity (10000 kW·h)
4575	165	65	4611	120	27900258	363211
1191			2107		3194316	98890
2276	4641		2166	8737	4132591	568647
2779	911	4603	1427	389	2111632	264138
65001		390	7535	16	118385	249864
214		75	2071	4	180650	24366
929		182	4015		69891	84411
3232	8	1085	8925	402	167906	141019
4702	144	270	3793	705	81856	149730
760		29	830	112	197915	40392
3639	9	78	2140	355	134917	114024
243			202	39	21613	10505
2278		61	1932	34	1477598	175163
2165		575	1858	44	379354	235275
546		1	150	1	13150	32536
376		2	257	10	15396	3204
919		5	578		60772	30924
2793			157311	1	903829	333158
103			11			2069
238		2	1		19257	112329

4－23 全社会用电情况(2023年)

Electricity Consumption In the Whole Society(2023)

单位:万千瓦时 (10000 kW · h)

指 标	Item	2023	增长(%) Increase(%)
总 计	**Total**	**9871300**	**3.9**
#线路损失电量	#Losses in Transmission	209750	-1.8
全行业用电合计	**Total Electricy Consumption for the whole industries**	**7958328**	**5.3**
第一产业	Primary Industry	48181	5.8
第二产业	Secondary Industry	4551903	2.0
第三产业	Tertiary Industry	3358244	10.2
全行业用电按行业分	**Electricity Consumption by Sector**		
农林牧渔业	Farming, Forestry, Animal Husbandry and Fishery Conservancy	61123	2.3
工业	Industry	4356923	3.5
#采矿业	#Mining and Quarrying	16724	-26.3
制造业	Manufacturing Industry	3900528	3.7
电力、热力、燃气及水的生产和供应业	Production and Supply of Electricity, Heating, Gas and Water	439671	3.1
建筑业	Construction	198364	-22.1
批发和零售业	Wholesale and Retail Trade	595553	12.2
交通运输、仓储及邮政业	Transportation, Storage, Post & Telecommunications	334683	12.6
住宿和餐饮业	Lodging and Catering Services	172338	9.7
信息传输、软件和信息技术服务业	Information Transmission, Computer Services and Software	389618	5.6
金融业	Finance	45679	2.4
房地产业	Real Estate	501159	14.6
租赁和商务服务业	Renting and Business Service	484040	13.7
科学研究、技术服务业	Scientific Researoh and Fechnicla Senice	54791	18.4
水利环境和公共设施管理业	Water Conservancy, Environment and Public Utility	147241	1.5
居民服务、修理和其他服务业	Service for the Residents, Repair and others	68990	-1.8
教育	Education	236106	16.0
卫生和社会工作	Health Care, Sports Social Welfare	132995	5.4
文化、体育和娱乐业	Culture, Sports and Entertainment	50765	17.1
公共管理、社会保障和社会组织	Public Administration, Social Security and Social Organization	127960	-4.9
城乡居民生活用电	**Residential Consumption**	**1912971**	**-1.5**
#城市	#Cities	1109682	24.3
乡村	Rural Areas	803289	-23.5

4－24　水资源量和总用水量(2021－2023 年)

Total Water Resources and Water Consumption(2021－2023)

单位:亿立方米　　　　(100 million Cubic Meters)

地区	Region	水资源量 Water Resources			用水量 Water Consumption		
		2021	2022	2023	2021	2022	2023
全市	Whole City	191.42	128.08	115.26	29.75	29.27	29.10
市区	Urban District	94.91	57.36	48.62	24.74	24.09	23.90
萧山区	Xiaoshan	8.82	5.14	3.77	5.06	5.14	4.94
余杭区	Yuhang	9.96	6.47	5.09	3.47	3.36	3.35
临平区	Linping	2.69	2.02	1.58	2.06	2.03	2.00
钱塘区	Qiantang	5.66	3.37	2.72	3.30	2.78	3.06
富阳区	Fuyang	22.63	11.93	10.51	3.04	3.01	2.94
临安区	Lin'an	38.32	23.86	22.01	2.09	2.11	2.05
桐庐县	Tonglu	20.32	12.49	10.69	1.65	1.64	1.64
淳安县	Chan'an	53.46	41.27	41.42	1.39	1.46	1.49
建德市	Jiangde	22.73	16.96	14.53	1.98	2.08	2.07

注:1. 根据行政区划调整,2021 年公报统计临平区、钱塘区水量,余杭区数据为行政区划调整后的口径。

a) According to the adjustment of administrative divisions, the water volume of Linping District and Qiantang District will be counted in the bulletin in 2021, and the data of Yuhang District will be the caliber after the adjustment of administrative divisions.

主要统计指标解释

工业总产值　是以货币表现的工业企业在报告期内生产的已出售或可供出售工业产品总量，它反映一定时间内工业生产的总规模和总水平，它包括：在本企业内不再进行加工，经检验、包装入库（规定不需包装的产品除外）的成品价值，对外加工费收入，自制半成品，在产品期末初差额价值。工业总产值采用“工厂法”计算，即以工业企业作为一个整体，按企业工业生产活动的最终成果来计算，企业内部不允许重复计算，不能把企业内部各个车间（分厂）生产的成果相加。

工业增加值　是指工业行业在报告期内以货币表现的工业生产活动的最终成果。

固定资产原价　固定资产原值指企业在建造、购置、安装、改建、扩建、技术改造某项固定资产时所支出的全部货币总额。它一般包括买价、包装费、运杂费和安装费等。

固定资产净值　是指固定资产原价减去历年已提折旧额后的净额。

利税总额　指企业利润总额、产品销售税金及附加和应交增值税之和。

主营业务收入　指企业销售产品的销售收入和提供劳务等主要经营业务取得的收入总额。

主营业务利润　指企业销售产品和提供工业性劳务等主要经营业务收入和除其成本、费用、税金后的利润。

利润总额　指企业实现的利润。

应交增值税　指企业在报告期内应交纳的增值税额。

总资产　指企业拥有或控制的全部资产。包括流动资产、长期投资、固定资产、无形及递延资产、其他长期资产、递延税项等，即为企业资产负债表的资产总计项。

（1）流动资产指企业可以在一年内或者超过一年的一个生产周期内变现或耗用的资产合计。包括现金及各种存款、短期投资、应收及预付款项、存货等。

（2）固定资产指企业固定资产净值、固定资产清理、在建工程、待处理固定资产损失所占用的资金合计。

（3）无形资产指企业长期使用而没有实物形态的资产。包括专利权、非专利技术、商标权、著作权、土地使用权、商誉等。

总负债　指企业承担并需要偿还的全部债务。包括流动负债和长期负债、递延税项等，即为企业资产负债表的负债合计项。

（1）流动负债指企业在一年内或者超过一年的一个营业周期内需要偿还的债务合计，其中包括短期借款、应付及预收款项、应付工资、应交税金和应交利润等。

（2）长期负债指企业在一年以上或者超过一年的一个生产周期以上需要偿还的债务合计，其中包括长期借款、应付债务、长期应付款项等。

所有者权益　指企业投资人对企业净资产的所有权。企业净资产等于企业全部资产减去全部负债后的余额。其中包括投资者对企业的最初投入，以及资本公积金、盈余公积金和未分配利润，对股份制企业即为股东权益。

Explanatory Notes on Main Statistical Indicators

Gross Industrial Output Value is the total volume of industrial products sold or available for sale in value terms which reflects the total achievements and overall scale of industrial production during a given period. It includes the value of the finished products, which are not to be further processed in the enterprises and have been inspected, packed and put in storage, the income from external processing, and the difference of the value of semi – finished products between the beginning and end of the period. The gross industrial output value is calculated with "factory method", which is to consider an industrial enterprise as a whole and calculate by final results of its industrial production activities. It is not allowed to double count or to add up the production results of each workshop (or branch factory) within the enterprise.

Value Added of Industry refers to the final results of industrial production in money terms during the reference period.

Original Value of Fixed Assets refers to the total amount of the expenditure of industrial enterprises in building, purchasing, installing, reconstructing, expanding or technically transforming a fixed asset, which includes expenses on purchase, package, transportation, and installation, etc.

Net Value of Fixed Assets is obtained by deducting depreciation over years from the original value of fixed assets.

Total Pre – tax Profits refers to the sum of total profits, products sales tax and surcharges and the value added tax payable.

Main Business Revenue refers to the revenue of enterprises from selling products, providing labor services and etc.

Main Business Profit refers to the profit gained by the enterprises from the main business income of selling products and providing industrial services after deducting cost, charges and taxes.

Total Profits refer to the profits gained by the enterprises.

Value added Tax Payable refers to the amount of the value added tax which should be paid by the enterprises in the reporting period.

Total Assets refer to all assets which are owned or controlled by enterprises, including circulating assets, long term investment, fixed assets, intangible assets and deferred assets, other long term assets, and deferred taxes, etc. The summation of above items is equal to total assets shown in the balance sheets of the enterprises.

(1) Circulating assets refer to assets which can be cashed in or consumed in an operating cycle of one year or over one year, including cash, all kinds of deposits, short term investment, receivables, advance payment, stock, etc.

(2) Fixed assets refer to the sum of funds occupied by the net value of fixed assets, clearance of fixed assets, project under construction, losses of fixed assets to be processed..

(3) Intangible assets refer to assets without material form used by enterprises over a lone time, such as patents, non – patent technologies, trademarks, copyright, land use right, business reputation, etc.

Total Liabilities refer to the debts that enterprises are responsible for repayment, including liquid liabilities, long – term liabilities and deferred taxes, etc. Total liabilities correspond to the summation item of liabilities shown in the balance sheets of the enterprises.

(1) Liquid liabilities refer to enterprises' total debt payable within an operating cycle of one year or over one year, including short term loans, payables and advance payments, payable wages, taxes and profit, etc.

(2) Long term liabilities refers to total debt payable within an operating cycle of over one year, including long – term loans, payable liabilities, long – term payables, etc.

Creditors' Equity refers to investors' ownership of net assets of the enterprise. It is equal to the total assets of the enterprise minus its total liabilities, including the primary input from investors, capital accumulation fund, surplus accumulation fund and undistributed profit. It is the shareholder's equity in share – holding companies.

五 建筑业

CONSTRUCTION

5

建筑业
Construction

主要统计指标
Major Statistical Indicators

建筑业总产值	Gross Output Value of Construction	5981	亿元	(100 million yuan)
为上年	As Compared with the Preceding Year	104.2	%	(%)
房屋建筑施工面积	Floor Space of Buildings Under Construction	32924	万平方米	(10, 000 sq.m)
为上年	As Compared with the Preceding Year	98.0	%	(%)
房屋建筑竣工面积	Floor Space of Buildings Completed	8756	万平方米	(10, 000 sq.m)
为上年	As Compared with the Preceding Year	95.0	%	(%)

5-01 分地区建筑业总产值（2023年）

Gross Output Value of Construction by Region (2023)

单位:万元 (10,000 yuan)

地区	Region	建筑企业单位数（个） Number of Construction Enterprises (unit)	建筑业总产值 Gross Output Value of Construction	建筑工程产值 Output Value of Construction Projects	安装工程产值 Output value of Installation Projects	其他产值 Other Output Values
全 市	**Total**	**2242**	**59806223**	**51614756**	**7041807**	**1149660**
市 区	Urban District	2019	57485778	49605268	6828683	1051827
#上城区	Shangcheng	207	8325298	6093925	2091171	140203
拱墅区	Gongshu	233	7283442	5910138	1222306	150997
西湖区	Xihu	181	10561199	9909641	467902	183656
高新(滨江)区	Hi-Tech(Binjiang)	70	7259616	6863115	378611	17890
萧山区	Xiaoshan	395	10879239	9312082	1244175	322983
余杭区	Yuhang	219	3902210	3447817	349684	104710
临平区	Linping	322	2902898	2370284	517016	15598
钱塘区	Qiantang	108	1788997	1621460	120310	47227
富阳区	Fuyang	187	3106694	2762769	300032	43893
临安区	Lin'an	96	1475172	1313024	137476	24672
西湖风景名胜区	The West Lake Scenic Zone	1				
桐庐县	Tonglu	71	1187041	1051560	109480	26001
淳安县	Chun'an	105	422913	341462	32100	49351
建德市	Jiande	47	710491	616466	71544	22481

5－02 建筑总专包

Financial Indicators on Construction Enterprises of

单位：万元

指标名称	Item	年末资产 Asset and Liabilities		
		流动资产合计 Circulating Funds	固定资产原价 Fixed Assets	资产合计 Total Assets
总　计	**Total**	**55849310**	**4622923**	**68168703**
#特、一、二级企业	of Which: Special Grade, First Grade, Second Grade	51445752	3910709	62972164
#国有及国有控股企业	of Which: State－owned and State Holding Enterprises	19913756	1096615	25242333
一、按登记注册统计类别分组	**Grouped by Statistical Categories of Re－gistration**			
内资企业	Domestic Funded	53545428	4587953	64493270
港、澳、台商投资企业	Funded from Hong Kong, Macao and Taiwan	2271689	33575	3642365
外商投资企业	Foreign Funded	32194	1395	33068
二、按国民经济行业分组	**Grouped by Sector**			
房屋建筑业	Housing Construction	25614054	1428164	31423356
土木工程建筑业	Civil Engineering Construction	20490881	2249132	25763069
建筑安装业	Installation of Lines, Pipelines and Equipment	2901186	287409	3251992
建筑装饰和其他建筑业	Fitting、Decoration of Building and Other Construction	6843189	658219	7730286

企业财务指标（2023 年）

General Contractors and Specialist Contractors（2023）

（10,000 yuan）

负债 at Year - end				
流动负债合计 Current Liabilities	负债合计 Total Liabilities	所有者权益合计 Owners´Equity	实收资本 Paid - in Capitals	个人资本 State Capital
47317352	**51421777**	**16746926**	**8865914**	**3095367**
44258482	47782424	15189740	7841046	2581561
19204276	20902228	4340105	2200136	11786
44697163	48269205	16224066	8717771	3088857
2592044	3124428	517937	144653	6510
28145	28145	4923	3490	-
21666692	23579975	7843381	3957542	1542404
17635181	19241005	6522065	3578788	972657
2305676	2346099	905893	426969	188552
5709802	6254699	1475587	902615	391754

5-02 续表

单位:万元

指标名称	Item	损益 Expenditure, Income	
		工程结算收入 Revenue of Project Settlement Accounts	工程结算成本 Costs of Project Settlement Accounts
总　计	**Total**	**54544896**	**50641499**
#特、一、二级企业	of Which: Special Grade, First Grade, Second Grade	50282336	46822307
#国有及国有控股企业	of Which: State - owned and State Holding Enterprises	17981711	16865816
一、按登记注册统计类别分组	**Grouped by Statistical Categories of Re - gistration**		
内资企业	Domestic Funded	53367192	49860367
港、澳、台商投资企业	Funded from Hong Kong, Macao and Taiwan	1157107	761956
外商投资企业	Foreign Funded	20596	19177
二、按国民经济行业分组	**Grouped by Sector**		
房屋建筑业	Housing Construction	25079463	23827138
土木工程建筑业	Civil Engineering Construction	18352138	16934926
建筑安装业	Installation of Lines, Pipelines and Equipment	3616213	3302658
建筑装饰和其他建筑业	Fitting Decoration of Building and Others Construction	7497083	6576777

continued

(10,000 yuan)

及分配 and Distribution					
工程结算税金及附加 Taxes and Extra Charges Project Settlement Accounts	销售费用 Sales Expenses	管理费用 Management Expenditure	财务费用 Financial Expenditure	利润总额 Total Profits	应交所得税 Income Taxes Payable
153489	**374577**	**2079129**	**246245**	**791896**	**150351**
142515	360503	1740360	221208	733829	130052
45664	21490	430243	19214	457385	68019
149417	109589	1991460	236058	835191	146615
4002	264989	86552	10114	-43448	3698
70	-	1117	73	153	38
74314	25483	724078	136117	348602	44150
51830	40109	755261	71074	352360	72667
7985	14727	182103	9869	70959	10889
19360	294258	417688	29186	19975	22646

5－03 建筑业企业生产情况(2020－2023年)
Statistics on Production of Construction Enterprises(2020－2023)

指标名称		Item		2020	2021	2022	2023
一、建筑业合同情况		**Contract of Construction**					
签订的合同额	(万元)	Total Value of Contracts	(10,000 yuan)	113433283	120507299	123694802	119598134
上年结转合同额	(万元)	Value from Contracts Signed in Last year	(10,000 yuan)	53861878	63986580	65526592	62619301
本年新签合同额	(万元)	Value from New Contracts Signed in Current year	(10,000 yuan)	59571405	56520719	58168210	56978834
二、承包工程完成情况		**Completion of Contracted Projects**					
直接从建设单位承揽工程完成的产值	(万元)	Complete Output Value of Projects Contacted Directly from Investors	(10,000 yuan)	47053000	53730135	54931260	53983559
自行完成施工产值	(万元)	Own－completed Output Value	(10,000 yuan)	43764817	49958119	50841969	50500887
分包出去工程的产值	(万元)	Output Value of Out－sourced Projects	(10,000 yuan)	3288183	3772016	4089291	3482672
从建设单位以外承揽工程完成的产值	(万元)	Completed Output Value of Projects Contacted from Non－investors	(10,000 yuan)	5475028	5787624	6528159	9305336
建筑业总产值	(万元)	Gross Output Value	(10,000 yuan)	49239845	55745743	57370128	59806223
#装饰装修产值	(万元)	of Which: Output Value of Fitting and Decoration of Buildings	(10,000 yuan)	4395669	5350657	6183172	7139915
#在外省完成的产值	(万元)	of Which: Completed Output Value outside of Zhejiang Province	(10,000 yuan)	12008609	12399872	12024129	11489059
按构成分		by Structure					
建筑工程产值	(万元)	Output Value of Construction Projects	(10,000 yuan)	43023525	48457675	49833877	51614756
安装工程产值	(万元)	Output value of Installation Projects	(10,000 yuan)	5240694	5934925	6157386	7041807
其他产值	(万元)	Other Output Values	(10,000 yuan)	975626	1353143	1378865	1149660
竣工产值	(万元)	Output Value of Buildings Completed	(10,000 yuan)	21696056	25636864	30889689	36048453
房屋建筑施工面积	(万平方米)	Floor Space of Buildings Under Construction	(10000 sq. m)	32204	33132	33594	32924
#本年新开工面积	(万平方米)	of Which: Beginning Projects in this Year	(10000 sq. m)	9444	9053	8186	7234
房屋建筑竣工面积	(万平方米)	Floor space of Buildings Completed	(10000 sq. m)	6419	7265	9214	8756
三、年末自有施工机械设备		**Machinery and Equipment Owned (year－end)**					
年末自有施工机械设备净值	(万元)	Net Value of Machinery and Equipment Owned	(10,000 yuan)	645089	569737	490824	568669
年末自有施工机械设备总台数	(台)	Number of Machinery and Equipment Owned	(set)	145649	99628	89029	83575
年末自有施工机械设备总功率	(千瓦)	Total Power of Machinery and Equipment Owned	(1000 kW)	3345274	2782860	2554412	1851921
四、就业人员情况		**Number of Employed Persons**					
计算劳动生产率的平均人数	(人)	Average Employed Persons Used to Calculate the Overall Labor Productivity	(person)	1246941	1308883	1241184	1306562
年末就业人员数	(人)	Employed Persons (year－end)	(person)	1174958	1268792	1135655	-

5-04 具有资质等级建筑业企业主要生产经营指标(2017-2023 年)
Major Economic Indicators of Qualified Construction Enterprises(2017-2023)

单位:万元 (10,000 yuan)

指标名称 Item	2017	2018	2019	2020	2021	2022	2023
企业个数(个) Number of Enterprises (unit)	1410	1541	1606	1728	1914	2118	2242
亏损企业个数(个) Loss Making Enterprises (unit)	253	329	351	482	574	786	836
建筑业总产值 Gross Output Value of Construction	43237256	44327525	45782053	49239845	55745743	57370128	59806223
竣工产值 Output Value of Buildings Completed	21888828	21893653	20586072	21696056	25636864	30889689	36048453
房屋建筑施工面积(万平方米) Floor Space of Buildings Under Construction (10,000 sq. m)	25617	26842	29470	32204	33132	33594	32924
房屋建筑竣工面积(万平方米) Floor Space of Buildings Completed (10,000 sq. m)	8108	6764	6417	6419	7265	9214	8756
固定资产原价 Orginal Value of Fixed Assets	3552611	3352353	3429694	3457257	3754510	4215028	4622923
实收资本合计 Total Capital Hold	6364527	6756936	6792046	7159307	8007347	8894917	8865914
流动资产合计 Circulating Funds	27695056	30371728	10116084	37520298	44920895	53182833	55849310
其中:存货 Stock	7530374	7823812	7414341	6720337	7648734	8034492	6239420
在建工程 Projects wnder Construction	216619	262751	259028	279576	354437	422897	421555
固定资产合计 Fixed Assets	2292476	1678207	-	-	-	-	-
年末负债合计 Total Liabilities at Year-end	22067498	25107296	29000375	33070346	40444779	48513140	51421777
流动负债合计 Total Current Liabilities	20579766	23735159	27570766	31351636	38327576	46092082	47317352
所有者权益合计 Creditors´Equity	12196061	12658441	12210275	12646788	14198573	15913062	16746926
营业收入 Revenue	36965857	40293678	44677368	48165053	55631840	58057566	55158257
营业成本 Operating Costs	34248463	37687072	41764885	45156343	52179314	54500072	51286744
营业税金及附加 Main Sales Tax and Extra Charges	199457	157132	146939	157582	180276	170397	160824
管理费用 Management Expenditure	1163505	1263222	1399064	1509282	1735227	1940410	2079129
财务费用 Financial Expenditure	271466	243248	298729	260854	268080	249375	246245
营业利润 Management Profits	1043476	912880	944590	1025402	1060438	925355	746434
利润总额 Total Profits	1075458	983741	977498	1059324	1116679	965159	791896

主要统计指标解释

建筑业总产值 建筑业总产值是以货币表现的建筑业企业在一定时期内生产的建筑业产品和服务的总和。建筑业总产值包括建筑工程产值、安装工程产值和其他产值三部分内容。

房屋建筑施工面积 指报告期内施过工的全部房屋建筑面积,它包括本期新开工的面积、上期跨入本期继续施工的房屋面积、上期停缓建在本期恢复施工的房屋面积、本期竣工的房屋面积以及本期施工后又停缓建的房屋面积。

房屋建筑竣工面积 指在报告期内房屋建筑按照设计要求已全部完工,达到了使用条件,经检查验收鉴定合格的房屋建筑面积。

工程结算收入(主营业务收入) 指本企业承包工程实现的工程价款结算收入以及向发包单位收取的除工程价款以外按规定列作营业收入的各种款项,如临时设施费、劳动保险费、施工机构调迁费等以及向发包单位收取的各种索赔款。

工程结算成本(主营业务成本) 指在报告期内与发包单位办理工程价款结算的已完工程实际成本。

Explanatory Notes on Main Statistical Indicators

Gross Output Value of Construction refers to the total of construction products and services, expressed in money terms, produced or rendered by construction enterprises in a given period. It includes the output value of construction projects, installation projects and others.

Floor Space of Buildings Under Construction refers to the floor space of all buildings under construction during the reference period, including the floor space of buildings those are newly started construction, those were started earlier and continues construction; those were suspended in the previous period but resumed construction in this period, those are completed in this period, and those are under construction but suspended in this period.

Floor Space of Buildings Completed refers to the floor space of buildings that are completed in the reference period in accordance with the design requirements, up to the service standard, and qualified after inspection and acceptance.

Project Settlement Income refers to the income received by the construction enterprise from the contracted project through settlement procedures, and other charges to the contractee listed as operational costs, such as temporary facility fee, labor insurance premium, moving cost of construction equipment, as well as various types of claims to the contractee.

Project Settlement Cost refers to the actual cost of completed projects that have been settled prices with the contractee during the reporting period.

六 交通运输 邮电

TRANSPORTATION POST AND TELECOMMUNICATIONS

交通运输、邮电
Transportation, Post and Telecommunications

主要统计指标
Major Statistical Indicators

客运量	Passenger Traffic	16443	万人次	(10, 000 person-times)
为上年	As Compared with the Preceding Year	167.3	%	(%)
货运量	Freight Traffic	44667	万吨	(10, 000 tons)
为上年	As Compared with the Preceding Year	103.5	%	(%)
邮电业务收入	Business Income of Post & Telecommunication Service	732.92	亿元	(100 million yuan)
为上年	As Compared with the Preceding Year	106.6	%	(%)
年末固定电话用户数	Number of Local Telephone Subscribers(year-end)	191.8	万户	(10, 000 subscribers)
年末移动电话用户数	Number of Mobile Telephone Subscribers(year-end)	1880.7	万户	(10, 000 subscribers)
年末宽带业务户数	Broadband Subscribers of Internet(year-end)	667.5	万户	(10, 000 subscribers)

6－01 客货运输量(2017－2023年)
Total Passenger and Freight Traffic(2017－2023)

指 标 Item	2017	2018	2019	2020	2021	2022	2023
一、客运量合计(万人次) Passenger Traffic(10000 person－times)	**22289**	**20121**	**20888**	**12183**	**13823**	**9826**	**16443**
铁路客运量 Passenger Railways	6807	7535	8874	5895	6914	4465	9553
民航客运量 Passenger Civil Aviation	1825	1956	2044	1414	1432	1018	2081
公路客运量 Passenger Highways	13019	10027	9360	4535	5042	4100	4111
水路客运量 Passenger Waterways	638	603	610	339	436	243	698
二、旅客周转量合计(万人公里) Total Passenger－kilometers(10000 passenger－km)	**905008**	**829027**	**700446**	**387013**	**457260**	**458385**	**455931**
公路旅客周转量 Passenger－kilometers Highways	897116	821267	689970	381790	450070	454726	445160
水路旅客周转量 Passenger－kilometers Waterways	7892	7760	10476	5223	7190	3659	10770
三、货运量合计(万吨) Total Freight Traffic(10000 tons)	**34785**	**35180**	**36384**	**41944**	**46997**	**43161**	**44667**
铁路货运量 Freight Railways	328	306	537	578	498	486	454
民航货运量 Freight Civil Aviation	35	38	41	46	50	45	46
公路货运量 Freight Highways	29378	30593	31732	34837	38804	35091	35243
水路货运量 Freight Waterways	5044	4244	4073	6483	7645	7539	8925
四、货运周转量合计(万吨公里) Total Freight Ton－kilometers(10000 ton－km)	**5304007**	**5440793**	**5534460**	**10070617**	**10472959**	**10501710**	**12557638**
公路货物周转量 Freight Ton－kilometers Highways	3615581	3875561	3928822	4599433	5521947	5527103	7496259
水路货物周转量 Freight Ton－kilometers Waterways	1688426	1565232	1605638	5471184	4951012	4974607	5061379

6－02 货运量(1978－2023年)
Total Freight Traffic (1978－2023)

单位:万吨 (10000 tons)

年份 Year	合计 Total	铁路 Railways	公路 Highways	水路 Waterways	民航 Civil Aviation
1978	1706	418	633	655	
1979	1983	440	771	772	
1980	2070	444	762	864	
1981	1972	449	886	637	
1982	2261	485	795	981	
1983	2299	488	838	973	
1984	2385	510	888	987	
1985	2488	524	890	1074	
1986	2558	551	874	1133	
1987	2515	574	899	1041	1
1988	2416	555	823	1037	1
1989	7377	539	5095	1743	
1990	6522	449	4479	1594	
1991	7017	451	4891	1675	
1992	8434	534	6063	1836	1
1993	9082	580	6353	2148	1
1994	8962	491	6563	1907	1
1995	10347	482	7021	2842	2
1996	10962	445	7735	2780	2
1997	11015	406	7932	2676	1
1998	11329	418	8196	2713	2
1999	11684	403	8037	3241	3
2000	11459	417	7865	3173	4
2001	12443	452	8588	3398	5
2002	14347	446	10391	3504	6
2003	16815	438	12118	4253	6
2004	18895	480	13117	5289	9
2005	19909	525	13539	5833	12
2006	20924	569	14588	5754	13
2007	22569	573	16484	5500	12
2008	22550	483	16822	5232	13
2009	22372	427	16536	5396	13
2010	25915	379	19148	6371	17
2011	28831	331	21755	6727	18
2012	30089	322	23243	6503	20
2013	30734	284	23884	6545	22
2014	29335	312	23202	5797	24
2015	29384	307	23800	5251	25
2016	30170	274	25194	4673	29
2017	34785	328	29378	5044	35
2018	35180	306	30593	4244	38
2019	36384	537	31732	4073	41
2020	41944	578	34837	6483	46
2021	46997	498	38804	7645	50
2022	43161	486	35091	7539	45
2023	44667	454	35243	8925	46

6－03　客运量(1978－2023年)

Total Passenger Traffic (1978－2023)

单位:万人次　　(10,000 person－times)

年　份 Year	合　计 Total	铁　路 Railways	公　路 Highways	水　路 Waterways	民　航 Civil Aviation
1978	2878	485	－	－	3
1979	3122	560	1829	729	4
1980	3905	672	2358	870	5
1981	4484	769	2857	850	8
1982	5263	813	3377	1064	9
1983	5451	878	3530	1035	8
1984	6056	983	3912	1151	10
1985	6724	1004	4595	1111	14
1986	6765	1034	4768	941	22
1987	6905	1127	4852	896	30
1988	6593	1237	4445	877	34
1989	7493	1182	5488	801	22
1990	8119	1056	6350	691	22
1991	10701	1062	8876	710	53
1992	13358	1083	11538	670	67
1993	13070	1139	11403	454	74
1994	13373	1230	11669	390	84
1995	16620	1242	14921	339	118
1996	16714	1112	15184	273	145
1997	17034	1040	15623	260	111
1998	17395	1120	15925	235	115
1999	17882	1168	16369	235	110
2000	18607	1202	17102	179	124
2001	20342	1342	18707	148	145
2002	21089	1574	19213	108	194
2003	21348	1534	19510	89	215
2004	22833	1908	20372	237	316
2005	24124	2011	21431	304	378
2006	25810	2124	22961	267	458
2007	28026	2255	24836	306	629
2008	29084	2498	25630	277	679
2009	30116	2494	26454	372	796
2010	33772	2741	29671	456	904
2011	34778	2962	30305	595	916
2012	35819	3112	31126	592	989
2013	36409	3717	30994	547	1151
2014	24070	4689	17431	616	1334
2015	23942	5282	16591	597	1472
2016	20541	6053	12282	584	1622
2017	22289	6807	13019	638	1825
2018	20121	7535	10027	603	1956
2019	20888	8874	9360	610	2044
2020	12183	5895	4535	339	1414
2021	13823	6914	5042	436	1432
2022	9826	4465	4100	243	1018
2023	16443	9553	4111	698	2081

注:1. 1990年以前为交通系统数,1990年起为全社会数(后同)。2014年起运输量统计方法调整。

a) The data in the table only included transportation department before 1990, while extended to the whole society after 1990 (the same below). The statistical method has been adjusted since 2014.

6－04 分地区交通
Statistics on Traffic and

指　标	Item	全 市 Whole City	市 区 Urban District
铁路旅客运量　（万人次）	Passenger Railways　(10000 person－times)	9553	－
铁路货物运量　（万吨）	Freight Railways　(10,000 tons)	454	－
公路客运量　（万人次）	Passenger Highways　(10000 person－times)	4111	2940
公路货运量　（万吨）	Freight Highways　(10,000 tons)	35243	20720
民用航空客运量（万人次）	Passenger Civil Aviation　(10000 person－timess)	2081	2081
民用航空货邮运量（万吨）	Freight Civil Aviation　(10000 tons)	46	46
水路客运量　（万人次）	Passenger Waterways　(10000 person－times)	698	361
水路货运量　（万吨）	Freight Waterways　(10,000 tons)	8925	8497
非营运汽车拥有量　（辆）	Possession of Non－Business Vehicles(year－end)　(Unit)	4125749	3732299
#私人汽车拥有量　（辆）	in which:Possession of Private Vehicles　(Unit)	3806064	3432100

运输情况(2023 年)
Transport by Region(2023)

萧山区 Xiaoshan	余杭区 Yuhang	临平区 Linping	钱塘区 Qiantang	富阳区 Fuyang	临安区 Lin'an	桐庐县 Tonglu	淳安县 Chun'an	建德市 Jiande
–	–	–	–	–	–	–	–	–
–	–	–	–	–	–	–	–	–
161	113	27	–	67	96	385	341	445
5028	565	737	2866	1419	873	12642	226	1655
2081	–	–	–	–	–	–	–	–
46	–	–	–	–	–	–	–	–
–	–	–	–	–		30	45	262
–	–	–	–	–	–	275	125	28
710885	415810	374890	145710	269992	202339	138000	112171	143279
651706	394741	356798	134413	255074	189445	128553	109030	136381

6－05　运输线路长度(2017－2023 年)

Length of Transportation Routes(2017－2023)

指　标 Item	2017	2018	2019	2020	2021	2022	2023
公路通车里程 (公里) Length of Highways (km)	16424	16520	16667	16919	16988	16632	16621
#高速公路 (公里) Expressway (km)	632	632	632	801	801	801	878
一级公路 (公里) First Class Highways (km)	835	840	877	912	944	967	1047
二级公路 (公里) Second Class Highways (km)	1631	1634	1759	1700	1758	1619	1691
内河航道里程 (公里) Mileage of Inland Waterways (km)	2006	2006	2006	2006	2006	2006	2026
民用航空航线 (条) Number of Civil Aviation Routes (line)	286	292	301	336	268	243	254
国内航线 (条) Domestic Routes (line)	229	234	232	261	236	207	203
国际航线 (条) International Routes (line)	49	51	63	69	30	34	48
地区航线 (条) Regional Routes (line)	8	7	6	6	2	2	3
民用航空通航城市 (个) Number of Cities Can Arrive by Civil Aviation	160	172	183	187	162	157	177
国内城市 (个) Domestic Cities	117	123	126	132	133	130	133
港澳台城市 (个) Hongkong, Macau and Taiwan	5	5	5	5	2	2	3
国际城市 (个) International Cities	43	44	52	50	27	25	41

6－06 民用机动车辆年末拥有量(2017－2023年末)

Total Number of Motor Vehicles End of the Year(End of 2017－2023)

单位:辆 (unit)

指　标	Item	2017	2018	2019	2020	2021	2022	2023
全市合计	**Total**	**2793595**	**2880804**	**2975762**	**3118978**	**3765971**	**4141650**	**4420291**
一、汽车	Vehicles	2451226	2571230	2671807	2813576	3453726	3812059	4091868
1.载客汽车	Passenger Vehicles	2210376	2310070	2399022	2497100	3109706	3459502	3745878
其中:大型	Large	20880	21546	20907	20470	18785	18321	18293
中型	Medium	9365	8499	7628	7394	7233	6955	6501
小型	Small	2157089	2258635	2351862	2451908	3068721	3420786	3711091
微型	Mini	23042	21390	18625	17328	14967	13440	9993
其中:轿车	Car	1530805	1548328	1610070	1641979	2011299	2183168	2295770
2.载货汽车	Trucks	229038	248614	259746	302251	328509	336000	329564
其中:重型	Heavy	57794	64289	71102	92122	97945	93460	86236
中型	Medium	9213	8147	6611	7065	6892	6491	5220
轻型	Light	161703	175945	181872	202969	223641	236035	238001
微型	Mini	328	233	161	95	31	14	107
3.其他汽车	Vehicles	11812	12546	13039	14225	15511	16557	16426
其中:三轮汽车	Vehicles	102	69	44	26	18	18	8
低速货车	Low Speed Trucks	792	779	724	680	649	585	495
二、摩托车	Motorcycles	329905	292662	281403	273133	276411	293309	291917
1.普通	Genera	324469	288562	276568	267062	269753	286236	285012
2.轻便	Light	5436	4100	4835	6071	6658	7073	6905
三、挂车	Trailer	12396	16846	22493	32220	35787	36236	36460
四、其他类型	Other	68	66	59	49	47	46	46

6－07 邮政、电信主要指标(2017－2023 年)
Main Indicators of Post and Telecommunications(2017－2023)

指标 Item	2017	2018	2019	2020	2021	2022	2023
邮政业务总收入 (万元) Total Business Income of Postal Service (10,000 yuan)	2750911	3646724	4023039	4500008	5071180	4302534	4587458
#快递业务收入 (万元) Business Income of Express Mail Service (10,000 yuan)	2510479	2966169	3267926	3669946	4162523	3355474	3667165
电信业务收入 (亿元) Total Business Income of Telecommunications Services (100 million yuan)	192.68	199.70	205.48	212.09	238.11	257.06	274.17
函件 (万件) Number of Letters (10,000 pcs)	11656	8768	5508	4910	6060	5341	5694
订销报纸累计份额(万份) Number of Newspapers (10,000 pcs)	24273	23497	22342	21382	23083	26347	26424
订销杂志累计份额(万份) Number of Publications (10,000 pcs)	1010	1047	895	786	858	920	839
包裹 (万件) Number of Parcels (10,000 pcs)	51	50	63	44	43	46	50
快递 (万份) Pieces of Express Mail Service (10,000 copies)	232630	258910	265666	300081	367134	348459	401163
#国际及港澳台快递 (万份) Pieces of Express to overseas and HongKong,macao,Taiwan (10,000 copies)	4065	11005	13741	30034	45316	39785	83504
纪特邮票 (万枚) Stamps for Colleltion (10,000 pcs)	969	210	–	281	321	399	348
年末固定电话用户数 (万户) Number of Local Telephone Subscribers(year－end) (10,000 subscribers)	259.37	241.84	233.08	204.55	194.9	186.1	191.8
年末移动电话用户数 (万户) Number of Subscribers of Mobile Telephone(year－end) (10,000 subscribers)	1724.17	1913.91	1817.85	1868.9	1833.0	1886.1	1880.7
年末宽带业务户数 (万户) Number of Wide Band Subscribers (10,000 subscribers)	508.69	537.73	554.51	547.58	579.4	671.0	667.5

注:1. 邮政业务总收入含规模以上快递企业。

a)The total business income of postal services included the express enterprises above designated sice.

主要统计指标解释

货(客)运量 指在一定时期内,各种运输工具实际运送的货物(旅客)数量。是反映运输业为国民经济和人民生活服务的数量指标,也是制定和检查运输生产计划、研究运输发展规模和速度的重要指标。货运按吨计算,客运按人计算。货物不论运输距离长短、货物类别,均按实际重量统计。旅客不论行程远近或票价多少,均按一人一次作为客运量统计;半价票、小孩票也按一人统计。

货物(旅客)周转量 指在一定时期内,由各种运输工具运送的货物(旅客)数量与其相应运输距离的乘积之总和。是反映运输业生产总成果的重要指标,也是编制和检查运输生产计划,计算运输效率、劳动生产率以及核算运输单位成本的主要基础资料。通常以吨公里和人公里为计算单位。计算货物周转量通常按发出站与到达站之间的最短距离,也就是计费距离计算。

邮政、电信业务总量 指以货币形式表示的邮政、电信通信企业为社会提供各类邮政、电信通信服务的总数量。计算方法为各类业务的实物量分别乘以相应的不变单价,求出各类业务的货币量加总求得。没有不变单价的业务按其业务收入直接相加。

移动电话用户 指在电信运营企业营业网点办理开户登记手续,通过移动电话交换机进入移动电话网,占用移动电话号码的各类电话用户。包括各类签约用户、智能网预付费用户、无线上网卡用户。

Explanatory Notes on Main Statistical Indicators

Freight(passenger) Transport refers to the volume of freight (passenger) transported with various means in a certain period. It provides a quantitative measure to show how the transport industry serves the national economy and people, and is also an important indicator for working out and checking the transportation plan and studying its development scale and speed. Freight transport is calculated in tons and passenger transport is d in the number of persons. Despite the type of freight and traveling distance, the freight transport is calculated in the actual weight of the goods. Despite the traveling distance and ticket price, the passenger transport is calculated by the principle that one person is counted only once in one travel. The passenger with a half – price ticket or a child ticket is also calculated as one person.

Freight Ton – kilometers(Passenger – kilometers) refers to the sum of the products of the volume of transported cargo (passengers) multiplying by the transport distance. It is an important indicator to show the total results of the transport industry, to prepare and examine the transport plan and to measure the efficiency, the labour productivity and the unit cost of transport. Normally, it is calculated using ton – kilometer and passenger – kilometer as calculation units, and by the shortest distance between the departure station and the terminal station (i. e. , the payable distance).

Business Volume of Post and Telecommunication refers to the total amount of postal and telecommunication services, expressed in value terms, provided by the post and telecommunications departments for society. Business volume of post and telecommunication is the sum of each service in kind multiplying with its correspondent unit price(constant price). Businesses without constant unit price are added directly according to their business income.

Mobile Telephone Subscribers refers to persons who have gone through registration procedures in the operation points of enterprises engaged in telecommunications and are hence connected with the mobile telephone communication network through the mobile telephone switchboards and occupy mobile phone numbers. Included are various types of subscriber, prepaid users for intelligent network and wireless network card users.

七 固定资产投资

INVESTMENT IN FIXED ASSETS

固定资产投资
Investment in Fixed Assets

主要统计指标
Major Statistical Indicators

固定资产投资额为上年	Investment in Fixed Assets As Compared with the Preceding Year	102.8	%	(%)
第一产业为上年	Primary Industry As Compared with the Preceding Year	231.9	%	(%)
第二产业为上年	Secondary Industry As Compared with the Preceding Year	129.7	%	(%)
第三产业为上年	Tertiary Industry As Compared with the Preceding Year	99.4	%	(%)
房地产开发企业营业收入	Operating Revenue of Real Estate Enterprise	5543	亿元	(100 million yuan)
为上年	As Compared with the Preceding Year	115.6	%	(%)
房地产开发企业单位数	Number of Enterprises for Real Estate Developement	1595	个	(unit)
为上年	As Compared with the Preceding Year	103.7	%	(%)

7-01 固定资产投资总额(1978-2023年)

Investment in Fixed Assets (1978-2023)

单位:万元 (10,000 yuan)

年 份 Year	固定资产投资 Investment in Fixed Assets	项目投资 Projects Investment	基础设施投资 Investment in Infrastructure	工业投资 Industrial Investment	民间投资 Nongovernment Investment
1978	23941				
1979	34407				
1980	45752				
1981	51538				
1982	66123				
1983	68306				
1984	93244				
1985	141889				
1986	182398				
1987	200516				
1988	205967				
1989	202131				
1990	229214				
1991	255696				
1992	384136				
1993	825382				
1994	1059437				
1995	1566280				
1996	1819333				
1997	2139012				
1998	2681740				
1999	3233609				
2000	3766473				
2001	4634929				
2002	5623366				
2003	8952090	6363638	2907234	3194960	4192567
2004	11081993	7796584	3254648	4357950	5761350
2005	12777972	8672266	3715525	4438723	6723758
2006	13734482	9307948	3871462	4640261	7551249
2007	15837775	10649871	4056241	5271141	8215570
2008	18822936	12668876	5410313	5693385	9450542
2009	21951706	14904954	6018416	6091653	11127373
2010	26518839	16452236	6855587	13680327	
2011	31000218	17972984	6437025	7474806	17507040
2012	37227544	21253933	7785196	8518653	20595909
2013	42638732	24105891	8524663	9104614	22536325
2014	49527010	26516187	10055306	9133973	28438054
2015	55563183	30842440	13551793	9300133	29768831
2016	58424194	32360104	16305335	8839451	30067802
2017	58566453	31226406	15970399	8614761	33005389
2018 比上年增长(%) Increased over the Previous year in 2018(%)	10.8	9.3	26.9	-11.3	10.1
2019	11.6	12.6	5.2	5.6	4.8
2020	6.8	8.5	7.7	6.9	3.4
2021	9.0	16.8	8.2	15.2	7.0
2022	6.0	4.9	-10.9	21.1	8.6
2023	2.8	-5.3	-27.0	29.9	5.4

注:1. 2011年起固定资产投资口径由计划总投资500万元以上项目投资及房地产开发投资构成。

2. 项目投资统计口径调整,计划投资500万元-5000万元以上项目,由原先形象进度法改为财务支出法统计。2018年比上年增长按可比口径计算。

3. 2018年起基础设施投资口径调整,教育、卫生等剔除并单独设为公共服务投资。

a) Since 2011, the date of investment in fixed Assets was composed by investment projects and investment in Real Estate development of which is over 5 million yuan.

b) The statistical caliber of project investment was adjusted, the projects which planned to invest 5 million - 50 million, it was changed from progress method to financial expenditure method. The growth was calculated at comparable caliber since 2018.

c) The statistical caliber of infrastructure investment was adjusted, education and health were excluded, and set them as public service investment since 2018.

7－02 市区固定资产投资总额(1990－2023年)

Investment in Fixed Assets of Urban District (1990－2023)

单位:万元 (10,000 yuan)

年 份 Year	固定资产投资 Investment in Fixed Assets	项目投资 Projects Investment	基础设施投资 Investment in Infrastructure	工业投资 Industrial Investment	民间投资 Nongovernment Investment
1990					
1991					
1992					
1993					
1994					
1995					
1996					
1997					
1998					
1999					
2000					
2001					
2002					
2003	7409538	5233105	2535843	2424383	3316886
2004	8963515	6153009	2624214	3299235	5238005
2005	10358519	6872709	3071506	3247399	5802542
2006	10944075	7290682	3150192	3289532	5559199
2007	12630099	8331412	3396807	3617512	6218211
2008	15184281	9914334	4726734	3676567	7076219
2009	17797778	11536216	5070500	3821313	8632900
2010	21437496	12951001	5438685	4293707	10332997
2011	25202394	13792828	5451654	4801419	13302115
2012	30160782	16411370	6495070	5554286	15669790
2013	34029665	18051195	6728552	5787728	16735292
2014	42572154	21443314	8010162	7100359	24220917
2015	47507571	24525810	10960519	6835700	25114041
2016	49572744	25247385	13229143	6173050	24924679
2017	52395657	25946467	13447972	6718135	29402238
2018 比上年增长(%) Increased over the Previous year in 2018(%)	11.5	11.4	31.1	－12.6	10.2
2019	11.8	12.7	5.6	5.5	5.1
2020	7.3	9.0	9.2	4.3	3.5
2021	9.4	19.2	11.3	18.0	6.6
2022	6.1	4.6	－11.1	23.0	9.0
2023	2.3	－8.0	－30.8	30.0	6.0

7－03 固定资产投资总额发展指数(2011－2023年)

Indices of Investment in Fixed Assets(2011－2023)

(上年＝100) (Preceding Year＝100)

年份 Year	固定资产投资 Investment in Fixed Assets	第一产业 Primary Industry	第二产业 Secondary Industry	第三产业 Primary Industry	民间投资 Nongovernment Investment	基础设施投资 Investment in Infrastructure	工业投资 Industrial Investment	高新技术产业投资 High tech industry investment
2011	116.9	183.3	108.9	119.6	128.0	99.8	109.0	－
2012	120.1	55.5	114.0	122.3	117.6	120.9	114.0	－
2013	114.5	196.9	107.0	116.7	109.4	109.5	106.9	－
2014	116.2	227.0	100.3	120.2	126.2	118.0	100.3	－
2015	112.2	165.0	101.8	114.3	104.7	134.8	101.8	－
2016	105.1	125.1	95.2	107.0	101.0	120.3	95.0	－
2017	101.4	111.2	100.9	101.5	110.4	100.1	100.5	－
2018	110.8	28.7	88.1	114.2	110.1	126.9	88.7	－
2019	111.6	61.3	106.2	112.2	104.8	105.2	105.6	108.4
2020	106.8	260.9	106.2	106.8	103.4	107.7	106.9	110.0
2021	109.0	149.1	115.3	108.3	107.0	108.2	115.2	119.7
2022	106.0	46.7	121.2	104.4	108.6	89.1	121.1	130.7
2023	102.8	231.9	129.7	99.4	105.4	73.0	129.9	124.5

7－04 分地区固定资产投资发展指数(2011－2023 年)

Indices of Investment in Fixed Assets by Region(2011－2023)

(上年＝100) (Preceding Year＝100)

年 份 Year	全 市 Whole City	市 区 Urban District								
		上城区 Shangcheng	上城区 (原) Shangcheng (Original)	下城区 (原) Xiacheng (Original)	拱墅区 Gongshu	江干区 (原) Jianggan (Original)	拱墅区 (原) Gongshu (Original)	西湖区 Xihu	高新 (滨江)区 Hi－Tech (Binjiang)	萧山区 Xiaoshan
2011	116.9		67.8	101.3		119.1	135.3	120.6	115.9	115.0
2012	120.1		109.4	116.6		129.8	120.7	121.5	118.9	118.9
2013	114.5		107.2	125.6		92.2	125.1	124.5	111.7	118.4
2014	116.2		121.6	66.5		118.7	124.6	118.4	118.9	116.4
2015	112.2		114.1	112.5		118.5	118.9	107.2	76.5	113.2
2016	105.1		123.1	129.3		101.3	97.8	80.1	126.5	112.0
2017	101.4		111.3	102.0		87.4	75.2	120.5	79.8	104.3
2018	110.8		114.3	76.9		102.1	121.2	100.0	116.8	111.7
2019	111.6		101.1	130.2		120.5	125.8	94.9	112.1	113.8
2020	106.8		93.2	133.2		108.1	87.4	102.5	90.4	108.0
2021	109.0	91.7	－	－	103.2	－	－	100.7	102.7	113.0
2022	106.0	105.5	－	－	112.1	－	－	102.5	116.4	110.1
2023	102.8	111.1	－	－	114.8	－	－	114.7	105.0	105.2

7－04 续表 continued

(上年＝100) (Preceding Year＝100)

年 份 Year	市 区 Urban District							桐庐县 Tonglu	淳安县 Chun'an	建德市 Jiande
	余杭区 Yuhang	余杭区 (原) Yuhang (Original)	临平区 Linping	钱塘区 Qiantang	富阳区 Fuyang	临安区 Lin'an	西湖风景名胜区 The West Lake Scenic Zone			
2011		118.8		116.5	106.5	118.6	46.7	115.7	118.9	120.9
2012		123.9		120.7	122.5	121.6	74.2	121.9	122.0	120.8
2013		123.3		118.7	122.4	119.2	712.7	122.2	123.1	122.3
2014		124.5		106.3	122.0	120.1	125.3	121.5	121.5	121.8
2015		117.0		68.2	115.3	117.1	136.9	117.9	104.3	122.7
2016		113.1		101.2	100.2	115.0	176.4	102.5	106.0	116.7
2017		108.0		111.2	87.4	109.2	28.8	89.5	108.8	115.1
2018		110.0		110.6	100.5	111.2	36.2	89.3	85.4	118.6
2019		107.4		100.1	122.0	130.2	39.1	118.7	92.2	112.7
2020		107.6		115.0	130.7	124.5	39.9	123.4	92.6	90.1
2021	104.9	－	118.9	112.1	136.2	114.6	244.3	129.5	85.2	87.7
2022	109.7	－	111.4	117.5	117.0	107.0	62.1	118.1	115.2	82.3
2023	107.6	－	100.3	130.8	110.1	68.2	259.3	111.8	110.7	116.1

7-05 三次产业固定资产投资(1978-2023年)

Investment in Fixed Assets Grouped by Three Industries (1978-2023)

年份 Year	绝对数(万元) Absolute Figure(10,000 yuan)				比重(以投资总额为100) Proportion(%)		
	合计 Total	第一产业 Primary Industry	第二产业 Secondary Industry	第三产业 Tertiary Industry	第一产业 Primary Industry	第二产业 Secondary Industry	第三产业 Tertiary Industry
1978	23941	2174	14455	7312	9.1	60.4	30.5
1979	34407	2454	19927	12026	7.1	57.9	35.0
1980	45752	1608	26211	17933	3.5	57.3	39.2
1981	51538	850	29176	21512	1.6	56.6	41.8
1982	66123	1352	37648	27123	2.0	57.0	41.0
1983	68306	1297	37823	29186	1.9	55.4	42.7
1984	93244	2831	46619	43794	3.0	50.0	47.0
1985	141889	3207	71608	67074	2.3	50.5	47.2
1986	182398	2265	94394	85739	1.2	51.8	47.0
1987	200516	2994	106600	90922	1.5	53.2	45.3
1988	205967	4746	118736	82485	2.3	57.6	40.1
1989	202131	3038	117651	81442	1.5	58.2	40.3
1990	229214	2181	126263	100770	1.0	55.1	43.9
1991	255696	3204	132303	120189	1.3	51.7	47.0
1992	384136	4424	206659	173053	1.2	53.8	45.0
1993	825382	5650	346416	473316	0.7	42.0	57.3
1994	1059437	3905	354672	700860	0.4	33.5	66.1
1995	1566280	5821	534687	1025772	0.4	34.1	65.5
1996	1819333	3100	640273	1175960	0.2	35.2	64.6
1997	2139012	1712	595966	1541334	–	27.9	72.1
1998	2681740	4053	706948	1970739	0.2	26.4	73.4
1999	3233609	23546	764309	2445754	0.7	23.6	75.7
2000	3766473	774	844334	2921365	–	22.4	77.6
2001	4634929	595	953494	3680840	–	20.6	79.4
2002	5623366	6514	1104212	4512640	0.1	19.6	80.3
2003	8952090	10489	3208885	5732716	0.1	35.9	64.0
2004	11081993	15992	4369015	6696986	0.1	39.4	60.5
2005	12777972	13982	4451936	8312054	0.1	34.8	65.1
2006	13734482	17892	4651420	9065170	0.1	33.9	66.0
2007	15837775	23278	5286340	10528157	0.1	33.4	66.5
2008	18822936	30810	5705736	13086390	0.2	30.3	69.5
2009	21951706	31335	6115482	15804889	0.1	27.9	72.0
2010	26518839	41959	6875840	19601040	0.2	25.9	73.9
2011	31000218	76931	7486832	23436455	0.2	24.2	75.6
2012	37227544	42668	8531598	28653278	0.1	22.9	77.0
2013	42638732	84018	9125316	33429398	0.2	21.4	78.4
2014	49527010	190748	9152477	40183785	0.4	18.5	81.1
2015	55563183	314688	9317825	45930670	0.6	16.8	82.6
2016	58424194	393625	8869013	49161556	0.7	15.2	84.1
2017	58566453	336686	8665510	49564257	0.6	14.8	84.6
2018 比上年增长(%) Increased over the Previous year in 2018(%)	10.8	-71.3	-11.9	14.2	0.1	9.6	90.3
2019	11.6	-38.7	6.2	12.2	0.0	9.2	90.8
2020	6.8	160.9	6.2	6.8	0.1	9.1	90.8
2021	9.0	49.1	15.3	8.3	0.1	9.6	90.3
2022	6.0	-53.3	21.2	4.4	0.0	11.0	89.0
2023	2.8	131.9	29.7	-0.6	0.1	13.8	86.1

7－06 分地区

Investment in Fixed Assets

单位:万元

年 份 Year	全 市 Whole City	市 区							
		上城区 Shangcheng	上城区(原) Shangcheng(Original)	下城区(原) Xiacheng(Original)	拱墅区 Gongshu	江干区(原) Jianggan(Original)	拱墅区(原) Gongshu(Original)	西湖区 Xihu	高新(滨江)区 Hi－Tech(Binjiang)
2003	8952090								
2004	11081993								
2005	12777972								
2006	13734482								
2007	15837775								
2008	18822936								
2009	21951706								
2010	26518839		802793	1030077		2901447	1508325	2188293	1609857
2011	31000218		544686	1043891		3456831	2041130	2638752	1866605
2012	37227544		595996	1217244		4486541	2463963	3205079	2220183
2013	42638732		638625	1528423		4138372	3081999	3991415	2480827
2014	49527010		776441	1017029		4914073	3838785	4723858	2948885
2015	55563183		885811	1144348		5823773	4565672	5064510	2254688
2016	58424194		1090808	1479399		5899757	4467059	4058658	2851746
2017	58566453		1214556	1509493		5158741	3327270	4889773	2274389
2018 比上年增长(%) Increased over the Previous year in 2018(%)	10.8		14.3	－23.1		2.1	21.2	0.0	16.8
2019	11.6		1.1	30.2		20.5	25.8	－5.1	12.1
2020	6.8		－6.8	33.2		8.1	－12.6	2.5	－9.6
2021	9.0	－8.3	－	－	3.2	－	－	0.7	2.7
2022	6.0	5.5	－	－	12.1	－	－	2.5	16.4
2023	2.8	11.1	－	－	14.8	－	－	14.7	5.0

固定资产投资(2003－2023年)
by Region(2003－2023)

(10,000 yuan)

Urban District								桐庐县 Tonglu	淳安县 Chun'an	建德市 Jiande
萧山区 Xiaoshan	余杭区 Yuhang	余杭区 (原) Yuhang (Original)	临平区 Linping	钱塘区 Qiantang	富阳区 Fuyang	临安区 Lin'an	西湖风景名胜区 The West Lake Scenic Zone			
1835889		1162453			563603	346980		250100	135275	246594
2246807		1478151			767880	479669		352987	218730	299212
2161067		1718028			896329	525840		424962	275543	316779
2424763		1758656			1017368	600270		470450	324444	377875
2745133		1929019			1155871	673495		542615	403119	432576
3184947		2317510			1334619	665978		653234	475340	509484
3769557		2823192			1534401	763725		738391	542037	575374
4515095		3480147		1732557	1796500	956408	18393	1001737	668168	658530
5190805		4134743		2018316	1913712	1134746	8594	1158682	794383	796301
6169275		5121242		2436859	2343812	1379851	6378	1412038	969471	961590
7307304		6312261		2891767	2868320	1644498	45458	1725986	1193796	1176467
8508518		7861506		3074966	3500717	1975132	56971	2096371	1450503	1432850
9631238		9200016		2098220	4037889	2312053	77986	2472662	1512184	1758713
10783163		10403247		2123585	4043949	2659669	137576	2534994	1603624	2053163
11042552		11232991		2162102	3406491	2904328	39564	2133136	1744157	2293503
11.7		10.0		10.6	0.5	11.2	-63.8	-10.7	-14.6	18.6
13.8		7.4		0.1	22.0	30.2	-60.9	18.7	-7.8	12.7
8.0		7.6		15.0	30.7	24.5	-60.1	23.4	-7.4	-9.9
13.0	4.9	–	18.9	12.1	36.2	14.6	144.3	29.5	-14.8	-12.3
10.1	9.7	–	11.4	17.5	17.0	7.0	-37.9	18.1	15.2	-17.7
5.2	7.6	–	0.3	30.8	10.1	-31.8	159.3	11.8	10.7	16.1

7－07 分地区分类型固定

Growth Rates of Investment in Fixed Assets

单位:%

指　　标	Item	全　市 Total	市　区 Urban District
固定资产投资额	**Investment in Fixed Assets**	**2.8**	**2.3**
#项目投资完成额	Investment Projects	-5.3	-8.0
#民间投资	#Private Investment	5.4	6.0
#工业投资	#Industrial Investment	29.9	30.0
#基础设施投资	#Investment in Infrastructure	-27.0	-30.8
一、按登记注册类型分	**Grouped by Status of Registration**		
内资	Domestic－funded	3.6	3.0
港、澳、台商投资	Investment from Hong Kong, Macao and Taiwan	-5.5	-5.4
外商投资	Foreign Investment	-11.4	-11.4
二、按行业分	**Grouped by Sector**		
农林牧渔业	Agricultare, Forestry, Animal Husbandry and Fishery	52.3	294.8
采矿业	Mining	48.6	355.6
制造业	Manufacturing	30.0	30.8
电力、热力、燃气及水的生产和供应业	Production and Supply of Electric Power, Heat Power, Gas and Tap Water	28.6	25.8
建筑业	Construction	134.7	-3.8
批发和零售业	Wholesale & Retail Trades	7.8	9.2
交通运输、仓储和邮政业	Transportation, Storage and Post	-49.6	-54.1
住宿和餐饮业	Hotels and Catering Services	-32.7	-30.6
信息传输、软件和信息技术服务业	Information Transmission, Software and Information Technology	-8.4	-9.4
金融业	Financial Intertnediation	-6.6	-7.9
房地产业	Real Estate	8.0	8.8
租赁和商务服务业	Leasing and Business Services	45.7	56.3
科学研究和技术服务业	Scientific Research and Technical Service	37.3	38.6
水利、环境和公共设施管理业	Management of Water Conservancy, Environment and Public Facilities	-15.1	-17.3
居民服务、修理和其他服务业	Residentid Service, Repairs and Other Service	0.9	-7.5
教育	Education	3.2	1.4
卫生和社会工作	Health Care and Social Welfare	-5.5	-8.9
文化、体育和娱乐业	Culture, Sports and Entertainment	-11.1	-12.2
公共管理、社会保障和社会组织	Public Management, Social Security and Social Organizations	72.5	80.2

资产投资增长速度(2023 年)
by Region and type(2023)

(%)

萧山区 Xiaoshan	余杭区 Yuhang	临平区 Linping	富阳区 Fuyang	临安区 Lin'an	桐庐县 Tonglu	淳安县 Chun'an	建德市 Jiande
5.2	**7.6**	**0.3**	**10.1**	**-31.8**	**11.8**	**10.7**	**16.1**
0.2	-8.0	3.4	4.6	6.2	26.9	35.6	36.4
1.5	19.2	-3.8	16.4	-43.0	-5.5	-1.0	-4.2
16.3	43.9	21.7	21.6	12.0	16.9	71.4	26.8
-25.9	-11.8	-12.1	-7.4	9.1	21.5	39.7	176.4
6.6	9.3	1.5	9.4	-30.3	12.0	12.5	16.9
-16.0	-22.5	-23.3	30.6	-1.1	-3.5	-73.5	18.4
-13.6	282.1	-11.0	5.2	-94.8	11.2	15.6	-43.8
-6.6	2.1	-	-37.0	224.9	364.1	402.8	-37.6
-	-	-	789.4	-94.1	-50.1	-41.0	818.9
20.8	35.0	15.7	14.4	12.0	23.8	79.9	11.4
-42.9	106.6	79.6	144.4	12.1	-5.0	45.1	220.1
-	-	40.0	-67.0	-	204.8	-	-
50.6	-68.3	33.0	-	-	633.2	-76.6	-53.6
-0.2	-46.2	-58.4	-49.1	9.6	94.3	57.0	736.9
-32.7	-81.3	-	96.8	-57.0	6.9	-50.0	-34.7
-29.4	-16.2	-32.8	61.3	261.8	18.3	-	-87.3
26.4	-	-	-39.0	-59.5	-	574.6	648.8
5.1	20.6	0.3	12.9	-47.3	-3.4	-21.5	-22.0
68.2	605.2	-86.1	-31.7	-31.8	-17.6	-4.1	25.9
62.2	6.6	-7.1	7.0	18.2	40.9	10.2	-66.0
-45.6	-2.2	3.7	-6.7	8.1	-6.3	25.7	64.9
-	-26.3	-42.4	35.4	1109.1	-	-10.4	1164.6
-3.8	-5.6	-5.8	63.7	11.3	33.0	107.9	137.1
-47.7	-20.0	20.8	12.3	-40.8	32.4	-11.2	74.3
-8.8	-10.7	117.9	91.1	319.8	12.2	28.8	-45.0
-39.6	-24.3	161.2	9.0	-91.9	55.3	127.0	-39.9

7－08 分地区分类型

Growth Rates of Investment in Industrial

单位：%

指　标	Item	全　市 Total	市　区 合　计 Total
总计	**Total**	**29.9**	**30.0**
#技术改造投资	Investment in Technique Innovation	6.5	5.2
一、按登记注册类型分	**Grouped by Status of Registration**		
内资	Domestic－funded	33.7	33.8
港、澳、台商投资	Investment from Hong Kong, Macao and Taiwan	7.5	9.9
外商投资	Foreign Investment	4.5	6.5
二、按行业分	**Grouped by Sector**		
采矿业	Mining	48.6	355.6
制造业	Manufacturing	30.0	30.8
#农副食品加工业	Processing of Food from Agricultural Products Processing	33.2	27.0
食品制造业	Food Manufacturing	25.3	55.9
酒、饮料和精制茶制造业	Wine, Beverage and Tea Manufacturing	11.6	－36.0
烟草制品业	Tobacco Processing	744.5	744.5
纺织业	Textile Processing	11.1	14.8
纺织服装和服饰业	Textile Products and Costume Industry	5.4	8.5
皮革、毛皮、羽毛及其制品和制造业	Leather, Furs, Down and Related Products	29.8	32.6
木材加工和木、竹、藤、棕、草制品业	Timber Processing, Bamboo, Cane, Palm Fiber and Straw Products	28.3	－21.1
家具制造业	Furniture Manufacturing	21.8	32.9
造纸和纸制品业	Paper Making and Paper Products	17.4	15.6
印刷业和记录媒介复制业	Printing and Reproduction of Recording media	－14.9	－11.4
文教、工美、体育和娱乐用品制造业	Cultural, Educational and Sports Goods	35.4	28.6

工业投资增长速度(2023 年)

Sector by Region and type(2023)

(%)

Urban District					桐庐县 Tonglu	淳安县 Chun'an	建德市 Jiande
萧山区 Xiaoshan	余杭区 Yuhang	临平区 Linping	富阳区 Fuyang	临安区 Lin'an			
16.3	**43.9**	**21.7**	**21.6**	**12.0**	**16.9**	**71.4**	**26.8**
-3.1	19.7	8.4	7.6	-7.1	32.3	23.5	10.8
23.5	36.2	27.2	21.6	22.4	18.2	88.7	30.4
11.3	-19.5	-12.2	-60.3	18.6	-25.7	-79.0	9.4
-34.8	405.7	47.4	52.9	-93.4	11.2	-47.1	-43.8
-	-	-	789.4	-94.1	-50.1	-41.0	818.9
20.8	35.0	15.7	14.4	12.0	23.8	79.9	11.4
221.8	381.9	6.5	-17.4	-20.2	117.2	86.3	174.8
-26.9	101.4	-3.1	181.7	-15.3	-56.7	-23.3	-28.1
-86.4	-25.0	-2.6	126.7	-29.7	-57.4	92.6	39.7
-	-	-	-	-	-	-	-
-22.5	15.9	75.7	315.1	-47.2	-20.3	13.7	-24.1
-2.4	65.2	3.6	587.8	-54.9	-37.3	-	12.2
47.9	45.5	-	89.3	-	-	-	-
-	-	-65.2	-71.1	-42.3	-	281.3	2828.0
20.6	-42.6	-45.9	-73.6	-53.6	-7.3	423.1	-90.1
211.8	47.8	-24.4	321.9	-4.1	466.9	-	-7.6
102.7	-80.1	-22.7	-48.3	-8.5	-69.3	-	-
-3.0	356.9	12045.6	-32.9	-37.3	-3.5	-	120.0

7－08 续表

单位:%

指标	Item	全市 Total	市区 合计 Total
石油加工、炼焦和核燃料加工业	Petroleum and Nuclear Fuel Processing	41050.0	41050.0
化学原料和化学制品制造业	Raw Chemical Material and Chemical Products	26.2	27.6
医药制造业	Medical and Pharmaceutical Products	13.4	12.6
化学纤维制造业	Chemical Fiber	74.3	74.3
橡胶和塑料制品业	Rubber and Plastic Products	13.2	37.2
非金属矿物制品业	Nonmetal Mineral Products	17.8	14.8
黑色金属冶炼和压延加工业	Ferrous Metals Smelting and Pressing	－29.8	35.1
有色金属冶炼和压延加工业	Nonferrous Metal Smelting and Pressing	－44.7	－45.6
金属制品业	Metal Products	7.6	17.1
通用设备制造业	General Purpose Machinery	11.8	6.3
专业设备制造业	Special Purpose Machinery	22.4	29.9
汽车制造业	Automobile Manufacturing	16.1	17.4
铁路、船舶、航空航天和其他运输设备制造业	Railway, Watercraft, Avigation Spaceflightand and Other Equipment Manufacturing	37.8	48.4
电气机械和器材制造业	Electric Equipment and Machinery	27.0	10.2
计算机、通信和其他电子设备制造业	Computers, Telecommunications and Other Electronic Equipment Manufacturing	73.3	79.4
仪器仪表制造业	Instruments and Meters Manufacturing	38.8	40.8
其他制造业	Other Manufacturing	67.2	64.8
废弃资源综合利用业	Multiple Utilization of Waste Resouces	27.4	0.3
金属制品、机械和设备修理业	Metal Products, Machinery and Equipment Repair	155.8	155.8
电力、燃气及水的生产和供应业	Production and Supply of Electric Power, Heat Power, Gas and Tap Water	28.6	25.8

continued

(%)

Urban District					桐庐县 Tonglu	淳安县 Chun'an	建德市 Jiande
萧山区 Xiaoshan	余杭区 Yuhang	临平区 Linping	富阳区 Fuyang	临安区 Lin'an			
41050.0	-	-	-	-	-	-	-
185.0	-78.8	-20.4	975.0	-40.3	-53.5	52.2	26.6
-15.6	299.7	6.3	30.1	-45.9	31.2	148.5	8.0
134.4	-	-62.6	-	2019.3	-	-	103.3
22.6	119.9	121.9	18.3	-28.8	-27.8	105.0	-32.2
29.3	-59.2	-70.1	14.7	-39.2	37.5	-51.9	30.7
1300.5	-70.0	-	-98.9	-	-	-96.5	-64.8
-48.8	-26.2	-	-83.6	-11.9	17.2	-	-49.8
23.5	-38.0	-15.6	115.0	173.5	-38.6	-49.1	-20.2
47.7	-23.1	-11.4	9.6	31.3	70.5	193.1	-35.9
95.1	18.5	46.3	22.3	65.5	-30.8	-23.8	-42.2
42.5	-41.5	18.1	-8.4	370.4	-50.1	6.8	156.8
20.1	63.7	28.3	116.4	-26.9	-	-	-38.4
-25.9	27.0	6.2	62.8	5.1	154.4	467.5	151.5
52.0	101.3	82.7	-1.5	187.5	5.5	350.8	1616.0
-19.4	62.2	-0.7	32.7	1.5	-51.4	-	-55.4
50.3	-	249.9	460.5	-	98.7	-	-
-69.5	-	-	42.4	44.6	-76.9	-	78.6
155.8	-	-	-	-	-	-	-
-42.9	106.6	79.6	144.4	12.1	-5.0	45.1	220.1

7－09 分地区房地产
Investment in Real Estate

指　　标		Item		全　市 Total	市　区 合　计 Total
房地产开发投资额	**(万元)**	**Investment in Real Estate Development**	**(10,000 yuan)**	**44006881**	**43012949**
住宅	(万元)	Residential Buildings	(10,000 yuan)	28295920	27505402
办公楼	(万元)	Office Buildings	(10,000 yuan)	3226413	3216148
商业营业用房	(万元)	Buildings for Business Use	(10,000 yuan)	2987547	2923649
其他	(万元)	Others	(10,000 yuan)	9497001	9367750
房屋建筑面积		**Floor space of Buildings**			
施工面积	(万平方米)	Under Construction	(10000 sq. m)	14363	13687
#住宅	(万平方米)	#Residential Buildings	(10000 sq. m)	7376	6940
新开工面积	(万平方米)	Started This Year	(10000 sq. m)	1942	1897
#住宅	(万平方米)	#Residential Buildings	(10000 sq. m)	1071	1043
竣工面积	(万平方米)	Construction Completed	(10000 sq. m)	1662	1540
#住宅	(万平方米)	#Residential Buildings	(10000 sq. m)	939	850
商品房销售情况		**Selling of Commercialized Buildings**			
销售金额	(万元)	Total Sales of Buildings	(10,000 yuan)	45643694	44910941
#住宅	(万元)	#Residential Buildings	(10,000 yuan)	39727783	39034165
现房销售额	(万元)	Sales of Completed Buildings	(10,000 yuan)	3091442	2951281
#住宅	(万元)	#Residential Buildings	(10,000 yuan)	1336261	1226675
期房销售金额	(万元)	Sales of Future Buildings	(10,000 yuan)	42552252	41959660
#住宅	(万元)	#Residential Buildings	(10,000 yuan)	38391522	37807490
销售面积	(万平方米)	Floor Space of Buildings Sold	(10000 sq. m)	1447	1395
#住宅	(万平方米)	#Residential Buildings	(10000 sq. m)	1202	1154
现房销售面积	(万平方米)	Floor Space of Completed Buildings Sold	(10000 sq. m)	134	121
#住宅	(万平方米)	#Residential Buildings	(10000 sq. m)	54	46
期房销售面积	(万平方米)	Floor Space of Futures Buildings Sold	(10000 sq. m)	1313	1272
#住宅	(万平方米)	#Residential Buildings	(10000 sq. m)	1148	1109

开发投资（2023 年）
Development by Region（2023）

Urban District						桐庐县 Tonglu	淳安县 Chun'an	建德市 Jiande
萧山区 Xiaoshan	余杭区 Yuhang	临平区 Linping	钱塘区 Qiantang	富阳区 Fuyang	临安区 Lin'an			
9415002	**4910578**	**3400371**	**3069405**	**3142717**	**1604513**	**478741**	**301226**	**213965**
6230117	3160047	2139790	2188648	2450629	1125803	430877	215992	143649
706268	334495	239426	27335	106873	22719	1638	2326	6301
426902	247708	207546	210362	135354	56659	5351	40557	17990
2051715	1168328	813609	643060	449861	399332	40875	42351	46025
2609	1768	1363	696	1103	1293	209	236	231
1309	916	747	451	678	800	160	142	134
293	189	245	99	138	88	21	9	15
176	122	149	78	72	54	17	7	4
250	103	41	155	103	337	40	22	60
147	59	16	110	58	200	34	16	39
7500077	6567583	3288794	2264890	1624651	986098	363259	238987	130507
6130293	5863390	3029808	2183188	1362392	925035	348551	225635	119432
533071	152049	168796	363981	116793	114298	63736	59900	16525
203659	110411	71853	339717	78643	79773	49269	49020	11297
6967006	6415534	3119998	1900909	1507858	871800	299523	179087	113982
5926634	5752979	2957955	1843471	1283749	845262	299282	176615	108135
250	229	139	85	83	55	23	20	9
200	201	119	81	63	50	21	18	9
20	5	10	15	6	10	5	6	2
7	3	3	14	3	7	3	4	1
230	224	130	70	77	46	18	15	8
193	198	116	67	60	43	18	14	7

7-10 分注册类型和资质等级

Financial Statistics on Enterprises for Real Estate Development

单位:万元

指标	Item	法人企业数（个）Number of Enterprises (unit)	年末 Asset and	
			流动资产合计 Circulating Funds	应收账款 Account Receivable
总计	**Total**	**1595**	**267267496**	**3539753**
一、按登记注册统计类别分组	**Grouped by Statistical Categories of Registration**			
内资企业	Domestic Funded	1520	236946886	3510929
港澳台商投资企业	Funded from Hong Kong, Macao and Taiwan	56	9449797	25762
外商投资企业	Foreign Funded	19	20870813	3062
二、按企业资质等级分	**Grouped by Qualification Grade**			
一级	Grade Ⅰ	34	30432591	239276
二级	Grade Ⅱ	283	61490598	707400
三级	Grade Ⅲ	55	7486281	285998
四级	Grade Ⅳ	16	554585	3130
暂定	Tentative	671	77797338	1050418
其他	Others	536	89506104	1253532

房地产开发企业财务状况(2023 年)

Grouped by Registration Status and Qualification Grade(2023)

(10,000 yuan)

资产负债 Liabilities at Year – end						所有者权益合计 Creditors´ Equity	
固定资产原价 Orginal Value of Fixed Assets	累计折旧 Accumulated Depreciation	#本年折旧 Depreciation This Year	在建工程 Projects wnder Construction	资产合计 Total Assets	负债合计 Total Liabilities		实收资本 Capital Hold
5759754	**1254925**	**202443**	**4542858**	**332930858**	**239028082**	**93902776**	**61545019**
4455831	887224	150107	3202601	283235455	203536201	79699254	51741039
900426	261444	35638	1318063	15231529	6689898	8541631	7591741
403496	106258	16697	22194	34463874	28801984	5661890	2212240
178205	80039	8653	6778	55694528	42943673	12750855	3809745
1931210	346351	54834	1147436	71956076	50915207	21040869	12876791
337275	112550	13581	64192	10087001	6709990	3377011	1140157
15974	7251	727	413	639546	519534	120012	42215
2062127	398453	77658	1873962	92350711	64831832	27518879	20706898
1234963	310281	46989	1450078	102202997	73107847	29095150	22969213

7－10 续表

单位：万元

指　　标	Item	营业收入 Revenue	#主营业务收入 Main Revenue of Business	营业成本 Operating Costs	#主营业务成本 Main Cost of Business
总计	**Total**	**55428120**	**54012970**	**46429773**	**45385775**
一、按登记注册统计类别分组	**Grouped by Statistical Categories of Registration**				
内资企业	Domestic Funded	52798379	51558456	44443953	43407805
港澳台商投资企业	Funded from Hong Kong, Macao and Taiwan	1840814	1838302	1416305	1408785
外商投资企业	Foreign Funded	788927	616212	569515	569185
二、按企业资质等级分	**Grouped by Qualification Grade**				
一级	Grade Ⅰ	1646184	1296335	818023	757368
二级	Grade Ⅱ	7356001	7057468	6129114	5913799
三级	Grade Ⅲ	835928	809648	412942	373005
四级	Grade Ⅳ	40395	39354	16742	16597
暂定	Tentative	30977624	30311321	26280084	25643668
其他	Others	14571988	14498844	12772868	12681338

continued

(10,000 yuan)

营业税金及附加 Main Sales Tax and Extra Charges	销售费用 Cost of Sales	管理费用 Administration Cost	财务费用 Financial Cost	#利息支出 Interest Expenditure	营业利润 Management Profits	利润总额 Total Profits	应交所得税 Income Tax
1648932	**1494698**	**1393886**	**908195**	**1305942**	**5633512**	**5706914**	**977647**
1542825	1425468	1253335	661016	806008	5363731	5434688	861425
98039	49878	78903	28230	50555	181678	181301	113857
8068	19352	61648	218949	449379	88103	90925	2365
92036	61896	182839	350358	660743	1702221	1703212	3828
176758	328473	334333	128148	215184	514498	589729	91063
148537	43313	58197	15383	10174	213680	288646	40704
39497	2294	2656	–	–	–	–	–
894692	578619	391450	281038	265379	2760313	2675300	561666
297412	480103	424411	133488	154463	462749	469493	287062

7－11　分行业基础设施投资(2010－2023 年)

Investment in Infrastructure by Sector(2010－2023)

单位:万元　　　　(10,000 yuan)

年 份 Year	基础设施投资 Investment in Infrastructure	水利、环境和公共设施 Water, Environment and Public Facilities	电力、热力、燃气及水的生产供应业 Produotion and supply of Electricity, heat Gas and Water	交通运输、邮政业 Transportation and Post	电信和其他信息传输服务业 Telecommunications and Other Information Transmission Services	教育设施 Education Facilities	卫生设施 Sanitary Facilities
2010	6452236	2593603	682482	2415265	162166	339381	165668
2011	6437025	2529677	809813	2193350	142099	382672	167024
2012	7785196	2725934	1275603	2572604	162947	572350	201913
2013	8524663	3486809	1167072	2375342	199444	643681	261722
2014	10055306	3940406	1131323	3129697	180788	959814	241614
2015	13551793	5899889	1616380	3892605	201924	1234331	231015
2016	16305335	8101751	1696715	3887608	231813	1587853	358314
2017	15970399	6596611	1502546	5058477	229410	1627072	396390
2018 比上年增长(%) Increased over the Previous year in 2018(%)	26.9	4.0	－12.9	63.3	19.9	11.5	－24.4
2019	5.2	－8.7	9.5	16.9	－11.6	5.3	16.5
2020	7.7	4.0	30.0	6.3	8.5	－8.5	13.3
2021	8.2	16.7	－19.3	13.0	－18.9	39.1	29.4
2022	－10.9	19.8	3.3	－26.9	－18.7	15.1	73.9
2023	－27.0	－15.1	28.6	－50.0	4.4	3.2	－4.2

注:1.2018 年起基础设施投资口径调整,教育、卫生等剔除并单独设为公共服务投资。

a) Since 2018, The statistical caliber of infrastructure investment was adjusted, education and health were excluded, and set them as public service investment.

7－12 分地区房地产开发企业商品房屋销售面积和销售额(2020－2023 年)

Sales Area and Sales Volume of Commercial Housing of Real Estate Development Enterprises by Region(2020－2023)

城 市	City	销售面积(万平方米) Sales Area(10,000 sq. m)				销售额(亿元) Sales Volume(100 million yuan)			
		2020	2021	2022	2023	2020	2021	2022	2023
全 市	**Total**	**1699.34**	**2236.25**	**1393.66**	**1447.34**	**4595**	**6589**	**4532**	**4564**
#上城区	Shangcheng		208.28	186.37	175.70		860	904	826
上城区(原)	Shangcheng(Original)					73			
下城区(原)	Xiacheng(Original)	11.51				50			
拱墅区	Gongshu		206.36	180.01	189.28		852	705	768
江干区(原)	Jianggan(Original)	141.75				547			
拱墅区(原)	Gongshu(Original)	71.91				296			
西湖区	Xihu	58.41	91.80	67.57	119.46	205	314	217	392
高新(滨江)区	Hi－Tech(Binjiang)	38.79	74.31	60.29	68.87	159	289	273	282
萧山区	Xiaoshan	382.19	488.04	276.50	250.25	1109	1521	886	750
余杭区	Yuhang		201.96	217.57	229.29		638	676	657
余杭区(原)	Yuhang(Original)	406.91				1059			
临平区	Linping		270.34	105.40	139.35		676	264	329
钱塘区	Qiantang	64.86	165.81	83.36	84.62	145	386	205	226
富阳区	Fuyang	163.41	173.47	61.40	82.97	340	392	141	162
临安区	Lin'an	268.87	230.50	79.70	55.18	520	485	156	99
西湖风景名胜区	The West Lake Scenic Zone	－	－	－	－	－	－	－	－
桐庐县	Tonglu	39.88	46.97	30.66	22.95	67	74	51	36
淳安县	Chun'an	31.79	32.11	25.57	20.13	43	44	33	24
建德市	Jiande	54.09	46.30	19.27	9.29	67	60	21	13

7-13 分地区房地产开发企业住宅销售面积和销售额(2020-2023年)
Sales Area and Sales Volume of Residence of Real Estate Development Enterprises by Region(2020-2023)

城 市	City	销售面积(万平方米) Sales Area(10,000 sq. m)				销售额(亿元) Sales Volume(100 million yuan)			
		2020	2021	2022	2023	2020	2021	2022	2023
全 市	**Total**	**1471.62**	**1954.30**	**1168.22**	**1202.11**	**4039**	**5820**	**3933**	**3973**
#上城区	Shangcheng		176.60	144.93	132.03		756	745	691
上城区(原)	Shangcheng(Original)	10.08				71			
下城区(原)	Xiacheng(Original)	7.94				40			
拱墅区	Gongshu		180.63	140.99	158.39		774	597	674
江干区(原)	Jianggan(Original)	108.97				456			
拱墅区(原)	Gongshu(Original)	58.67				261			
西湖区	Xihu	20.41	50.00	39.74	85.89	88	191	147	326
高新(滨江)区	Hi-Tech(Binjiang)	25.70	39.09	49.96	63.42	120	185	236	263
萧山区	Xiaoshan	339.15	419.23	223.96	200.39	988	1308	757	613
余杭区	Yuhang		176.08	200.18	200.82		574	637	586
余杭区(原)	Yuhang(Original)	370.44				985			
临平区	Linping		256.82	98.89	118.96		647	252	303
钱塘区	Qiantang	57.36	157.81	73.99	81.04	131	371	187	218
富阳区	Fuyang	146.13	164.65	56.74	63.47	312	376	134	136
临安区	Lin'an	253.92	219.75	70.10	49.96	501	473	145	93
西湖风景名胜区	The West Lake Scenic Zone	-	-	-	-	-	-	-	-
桐庐县	Tonglu	35.27	42.06	29.67	20.87	63	72	50	35
淳安县	Chun'an	29.37	29.11	21.81	18.34	41	40	28	23
建德市	Jiande	49.89	42.49	17.27	8.52	61	54	19	12

主要统计指标解释

固定资产投资额　固定资产投资完成额是以货币表现的建造和购置固定资产的工作量以及与此有关的费用的总称。它是反映固定资产投资规模、速度、比例关系和使用方向的综合性指标。

房地产开发投资　包括各种经济类型的房地产开发公司、商品房建设公司及其他房地产开发单位统一开发的包括统代建、拆迁还建的住宅、厂房、仓库、饭店、宾馆、度假村、写字楼、办公楼等房屋建筑物和配套的服务设施、土地开发工程,如道路、给水、排水、供电、供热、通讯、平整场地等基础设施工程的投资。不包括单纯的土地交易活动。

施工和竣工房屋建筑面积　房屋建筑面积是从房屋外墙线算起的各层平面面积的总和,包括房屋结构(如柱、墙)占用的面积和地下室面积。多层建筑按各自然层面积总和计算,包括房屋内的楼隔层,突出墙面的眺望间、门斗、有柱雨罩的面积。不包括突出墙面结构的构件、艺术装饰等所占的面积,如台阶等。凹阳台、挑阳台按其水平投影面积一半计算建筑面积。

房屋新开工面积　指在报告期内新开工建设的房屋面积。不包括上期跨入报告期继续施工的房屋面积和上期停缓建而在本期恢复施工的房屋面积。房屋的开工应以房屋正式开始破土刨槽(地基处理或打永久桩)的日期为准。

商品房销售面积　指报告期内出售商品房屋的合同总面积(即双方签署的正式买卖合同中所确定的建筑面积)。由现房销售建筑面积和期房销售建筑面积两部分组成。

(1)现房销售面积:是指在报告期内正式签订买卖合同、已经竣工达到入住条件的商品房屋建筑面积。包括以一次性付款方式和分期付款方式销售的现房建筑面积。

(2)期房销售面积:是指在报告期内正式签订买卖合同、正在建设尚未竣工交付使用的商品房屋建筑面积。包括以一次性付款方式和分期付款方式销售的商品房屋建筑面积。期房销售建筑面积竣工后不再转为现房销售建筑面积。

新增固定资产　指通过投资活动所形成的新的固定资产价值。包括已经建成投入生产或交付使用的工程价值和达到固定资产标准的设备、工具、器具的价值及有关应摊入的费用。它是以价值形式表示的固定资产投资成果的综合性指标,可以综合反映不同时期、不同部门、不同地区的固定资产投资成果。

Explanatory Notes on Main Statistical Indicators

Investment in Fixed Assets refer to the volume of activities in construction and purchases of fixed assets in monetary terms and other relative expenses. It is a comprehensive indicator which shows the size, pace, proportional relations and use orientation of investment in fixed assets.

Investment in Real Estate Development include the investment by the real estate development companies, commercial buildings construction companies and other real estate development units of various types of ownership on the construction of house buildings, such as residential buildings, factory buildings, warehouses, hotels, guesthouses, Resorts and office buildings, and supporting service facilities and land development projects, and infrastructure projects like roads, water supply, water drainage, power supply, heating, telecommunications and land leveling. The simple activities of land transaction are excluded.

Floor space of Building Under Construction and Completed refer to total floor space of each story of buildings calculated from the exterior wall line of buildings, including the area occupied by construction like pillars or walls and basement area. The floor space of multi – story building includes the total floor space of each story, including area occupied by separating walls inside the house, watching rooms protruding from walls, anterooms, and rain covers with pillars, but excluding protruding wall structures, artistic decoration, etc. (for example, steps) . The floor space of recessed veranda and cantilevered balcony is counted by half of the projection area.

New Construction Floor Space of Building refer to the area space which constructed in report period, not including the floor whose construction lasted to report period and which stopped in the last period to continue construction in the report period. The new construction should be subjected to the date of breaking the earth(foundation treatment or permanent pile driving).

Sales Area of the Commercial Building refer to the total area in contracts for sale of commercial housing(i. e. the floor space confirmed in contracts signed by two parties) , which is composed by the floor area of existing house sales and that of future house sales.

(1) Floor Space of Existing House: refer to the floor area of commercial houses that have been completed and reached the condition of living, and whose formal sale contracts have been signed in report period, including houses sold in one – off payment and installment payment.

(2) Floor Space of Future House: refer to the floor area of commercial houses still under constructing but whose formal sale contracts have been signed in report period, including houses sold in one – off payment and installment payment. It cannot be turned into the floor space of existing house when these houses are completed.

Newly Increased Fixed Assets refer to the value of new fixed assets through investment, including the value of projects completed and put into production, the value of equipment, tools, and vessels considered as fixed assets, as well as the relevant expenses. It is a comprehensive indicator of investment in fixed assets, reflecting the achievements of investment in fixed assets in different periods, sectors and regions.

八

批发、零售贸易和住宿餐饮业

WHOLESALE AND RETAIL TRADE AND HOTEL AND CATERING TRADE

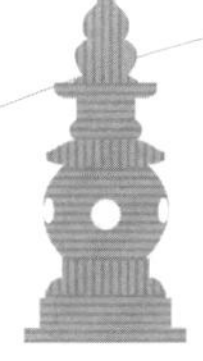

批发、零售贸易和住宿餐饮业
Wholesale and Retail Trade and Hotel and Catering Trade

主 要 统 计 指 标
Major Statistical Indicators

社会消费品零售总额	Total Retail Sales of Consumer Goods	7671	亿元	(100 million yuan)
为上年	As Compared with the Preceding Year	105.2	%	(%)
商品零售	Commodity Retail	6350	亿元	(100 million yuan)
为上年	As Compared with the Preceding Year	103.7	%	(%)
餐饮收入	Catering Revenue	1321	亿元	(100 million yuan)
为上年	As Compared with the Preceding Year	112.8	%	(%)

8-01 社会消费品零售总额(2001-2023年)
Total Retail Sale of Consumer Goods(2001-2023)

单位:万元 (10,000 yuan)

年 份 Year	全 市 Total	为上年(%) As Compared with the Preceding Year(%)
2001	5743625	113.6
2002	6553477	114.1
2003	7366108	112.4
2004	8485756	115.2
2005	9673762	114.0
2006	11028088	114.0
2007	12847723	116.5
2008	15442963	120.2
2009	17666750	114.4
2010	21553743	122.0
2011	26225593	121.7
2012	30384753	115.9
2013	36397616	119.9
2014	39252082	107.8
2015	43573055	111.0
2016	48109537	110.4
2017	53005190	110.2
2018	57685712	108.8
2019	62732150	108.8
2020	60554683	96.5
2021	67435217	111.4
2022	72935631	105.8
2023	76705743	105.2

注:1. 根据国家统计规定,2018 年经济普查后对各年度数据做了相应调整。
a) According to the national statistical regulations, the annual data of previous years has been adjusted accordingly after the Economic Census in 2018.

8－02 分地区社会消费品零售总额(2023年)

Total Retail Sale of Consumer Goods by Region(2023)

单位:万元　　(10,000 yuan)

地　区	Region	2023年 In Year 2023	为上年(%) As Compared with the Preceding Year (%)
全　市	**Total**	**76705743**	**105.2**
市　区	Urban District	72513010	105.0
#上城区	Shangcheng	11069541	103.2
拱墅区	Gongshu	13638661	103.9
西湖区	Xihu	9062638	107.2
高新(滨江)区	Hi－Tech(Binjiang)	5681623	103.9
萧山区	Xiaoshan	10062141	111.1
余杭区	Yuhang	8263340	103.2
临平区	Linping	3922730	105.0
钱塘区	Qiantang	3404153	100.7
富阳区	Fuyang	4444424	101.4
临安区	Lin'an	2461788	109.8
西湖风景名胜区	The West Lake Scenic Zone	501971	114.0
桐庐县	Tonglu	1738473	104.1
淳安县	Chun'an	1094196	116.3
建德市	Jiande	1360063	105.4

8－03 按登记注册统计类别分限额以上批发零售贸易企业商品销售总额(2023 年)

Sales of Wholesale and Retail Trades Above Designated Size by Statistical Categories of Registration(2023)

单位:万元　　(10,000 yuan)

指　标	Item	法人企业(个) Number of Enterprises (unit)	销售总额 Total Sales of Commodities	批发额 Wholesale	零售额 Retail
总　计	**Total**	**7924**	**467248759**	**419925790**	**47322969**
一、内资企业	**Domestic－funded Enterprises**	**7667**	**437873651**	**402236346**	**35637305**
有限责任公司	Limited Liability Corporations	7551	398248470	363585002	34663469
国有独资公司	Wholly State－owned Companies	11	1428871	1425406	3465
私营有限责任公司	Private Limited Liability Companies	5845	153352586	137533387	15819199
其他有限责任公司	Other Limited Liability Companies	1695	243467014	224626209	18840805
股份有限公司	Share－holding Corporations Ltd	86	37074365	36190516	883849
私营股份有限公司	Private Joint Stock Companies	27	1524420	1329614	194805
其他股份有限公司	Other Joint Stock Companies	59	35549946	34860901	689044
非公司企业法人	Non corporate legal entity	12	2495119	2431463	63656
全民所有制企业(国有企业)	State－owned Enterprises	5	2426152	2422338	3814
集体所有制企业(集体企业)	Collective－owned Enterprises	2	16692	1689	15003
股份合作企业	Cooperative Enterprises	1	－	－	－
联营企业	Joint Ownership Enterprises	4	48785	7436	41350
个人独资企业	Sole Proprietorship Enterprises	17	55551	29219	26332
合伙企业	Partnership Enterprises	1	－	－	－
其他内资企业	Other Domestic Enterprises	－	－	－	－
二、港澳台投资企业	**Funded from Hong Kong, Macao and Taiwan**	**125**	**15431951**	**9872189**	**5559762**
港澳台投资有限责任公司	Hong Kong, Macau and Taiwan Investment Co., Ltd	120	10735338	5659875	5075463
港澳台投资股份有限公司	Share－holding Corporations Ltd. With Investment from Hong Kong,Macao and Taiwan	4	4684555	4205025	479531
港澳台投资合伙企业	Hong Kong, Macau, and Taiwan Investment Partnership Enterprises	1	－	－	－
其他港澳台投资企业	Other Enterprises With Investment from Hong Kong,Macao and Taiwan	－	－	－	－
三、外商投资企业	**Enterprises With Foreign Investment**	**128**	**13938919**	**7814708**	**6124212**
外商投资有限责任公司	Foreign Investment Limited Liability Companies	116	8634540	4131188	4503352
外商投资股份有限公司	Share－holding Corporations Ltd. With Foreign Investment	5	2737315	2722420	14895
外商投资合伙企业	Foreign Invested Partnership Enterprises	2	94115	93088	1028
其他外商投资企业	Other Enterprises With Foreign Investment	5	2472949	868012	1604937
四、农民专业合作社(联合社)	**Specialized Farmer Cooperatives**	**4**	**4237**	**2547**	**1690**
五、个体工商户	**Individual Business Owners**	**－**	**－**	**－**	**－**
六、其他市场主体	**Other Market Entities**	**－**	**－**	**－**	**－**

8-04 按国民经济行业分限额以上批发零售

Total Sales of Wholesale and Retail Trades

单位:万元

指　标	Item
总　计	**Total**
一、批发业	**Wholesale**
农、林、牧产品批发	Wholesale of Farm, Forestry and Animal Husbandry Products
食品、饮料及烟草制品批发	Wholesale of Food, Beverages and Tobaccos
纺织、服装及家庭用品批发	Wholesale of Textile Products, Garments and Household Articles
文化、体育用品及器材批发	Wholesale of Cultural and Sports Goods
医药及医疗器材批发	Wholesale of Medicines and Medical Appliances
矿产品、建材及化工产品批发	Wholesale of Mineral Products, Building and Chemical Materials
机械设备、五金产品及电子产品批发	Wholesale of Machinery, Hardware and Electronic Products
#汽车、摩托车及零配件批发	Wholesale of Automobiles, Motorcycle and Parts
贸易经纪与代理	Trade Broker and agent
其他批发业	Other
二、零售业	**Retail Trade**
综合零售	Comprehensive Retail Trade
食品、饮料及烟草制品专门零售	Specialism Retail of Food, Beverages and Tobaccos
纺织、服装及日用品专门零售	Specialism Retail of Textile Products, Garments, Shoes and Caps
文化、体育用品及器材专门零售	Specialism Retail of Cultural and Sports Goods
医药及医疗器材专门零售	Specialism Retail of Medicines and Medical Appliances
汽车、摩托车、燃料及零配件专门零售	Specialism Retail of Automobiles, Motorcycle, Fuels and Parts
#汽车零售	Specialism Retail of Automobiles
家用电器及电子产品专门零售	Specialism Retail of Household Electric Applianes, and Electronic Products
五金、家具及室内装饰材料专门零售	Specialism Retail of Hardware and Upholstery Materials
货摊、无店铺及其他零售业	Stall, Non-shop and Other Retails

贸易企业商品销售总额(2023 年)

Above Designated Size by Sector(2023)

(10,000 yuan)

法人企业(个) Number of Enterprises(unit)	商品销售额 Total Sales of Commodities	批发额 Wholesale	零售额 Retail
7924	**467248759**	**419925790**	**47322969**
5840	**415256584**	**411014309**	**4242275**
67	4519670	4518504	1166
495	26952439	26465324	487115
1122	36928655	35924561	1004094
263	7059553	6768211	291342
428	15486067	15391961	94106
2243	251372958	250427998	944960
1045	66484109	65465501	1018608
237	39883761	39507987	375774
3	2579	472	2107
174	6450555	6051777	398778
2084	**51992175**	**8911481**	**43080694**
125	5967057	200406	5766651
189	1322564	161234	1161329
139	2386754	666518	1720236
71	531856	82739	449117
90	1659267	407315	1251953
779	23427699	4405894	19021804
517	16814617	2614610	14200007
146	1289731	216819	1072913
22	294987	51510	243477
523	15112260	2719047	12393213

8-05 按登记注册统计类别分限额以上

Main Financial Indicators of Enterprises Above Designated Size of

单位:万元

指　标	Item	法人企业数(个) Number of Enterprises (unit)	年末资产负债 流动资产合计 Circulating Funds	存　货 Inventory	固定资产原价 Orginal Value of Fixed Assets
总　计	**Total**	**7924**	**149771100**	**18448199**	**8588167**
一、内资企业	**Domestic - funded Enterprises**	**7667**	**133613962**	**17199150**	**6426829**
有限责任公司	Limited Liability Corporations	7551	120238059	15251634	5741092
国有独资公司	Wholly State - owned Companies	11	750575	578504	172383
私营有限责任公司	Private Limited Liability Companies	5845	54084305	5546362	3049794
其他有限责任公司	Other Limited Liability Companies	1695	65403179	9126768	2518914
股份有限公司	Share - holding Corporations Ltd	86	12521585	1864671	564924
私营股份有限公司	Private Joint Stock Companies	27	590361	120206	75692
其他股份有限公司	Other Joint Stock Companies	59	11931224	1744466	489232
非公司企业法人	Non corporate legal entity	12	838494	81136	117198
全民所有制企业(国有企业)	State - owned Enterprises	5	823965	80199	114170
集体所有制企业(集体企业)	Collective - owned Enterprises	2	4274	256	931
股份合作企业	Cooperative Enterprises	1	-	-	-
联营企业	Joint Ownership Enterprises	4	8722	260	1822
个人独资企业	Sole Proprietorship Enterprises	17	15825	1709	3616
合伙企业	Partnership Enterprises	1	-	-	-
其他内资企业	Other Domestic Enterprises	-	-	-	-
二、港澳台投资企业	**Funded from Hong Kong, Macao and Taiwan**	**125**	**9398699**	**523789**	**673126**
港澳台投资有限责任公司	Hong Kong, Macau and Taiwan Investment Co., Ltd	120	5646547	450676	482747
港澳台投资股份有限公司	Share - holding Corporations Ltd. With Investment from Hong Kong, Macao and Taiwan	4	3741938	72848	190380
港澳台投资合伙企业	Hong Kong, Macau, and Taiwan Investment Partnership Enterprises	1	-	-	-
其他港澳台投资企业	Other Enterprises With Investment from Hong Kong, Macao and Taiwan	-	-	-	-
三、外商投资企业	**Enterprises With Foreign Investment**	**128**	**6757247**	**725243**	**1487673**
外商投资有限责任公司	Foreign Investment Limited Liability Companies	116	3627275	360610	520593
外商投资股份有限公司	Share - holding Corporations Ltd. With Foreign Investment	5	2945381	361373	964054
外商投资合伙企业	Foreign Invested Partnership Enterprises	2	161729	-	1301
其他外商投资企业	Other Enterprises With Foreign Investment	5	22862	3259	1725
四、农民专业合作社(联合社)	**Specialized Farmer Cooperatives**	**4**	**1191**	**18**	**539**
五、个体工商户	**Individual Business Owners**	**-**	**-**	**-**	**-**
六、其他市场主体	**Other Market Entities**	**-**	**-**	**-**	**-**

批发零售贸易企业财务状况(2023 年)
Wholesale and Retail Trades by Statistical Categories of Registration(2023)

(10,000 yuan)

Assets and Liabilities				所有者权益合计 Creditors´Equity
累计折旧 Accumulated Depreciation	本年折旧 Depreciation	资产总计 Total Assets	负债合计 Total Liabilities	
3815758	**570491**	**205531486**	**148122329**	**57409157**
2719252	**432975**	**181720361**	**134287843**	**47432519**
2333797	400937	158956423	122177583	36778840
46785	5325	1120832	687609	433223
1324009	210130	70403215	54328818	16074396
963002	185483	87432376	67161156	20271221
297172	27729	21851124	11888076	9963048
34714	3354	1091743	724599	367144
262458	24375	20759381	11163477	9595904
86388	4089	894491	207815	686676
84780	3902	878525	206706	671819
538	68	4673	550	4123
–	–	–	–	–
937	86	9617	560	9057
1896	221	18323	14368	3955
–	–	–	–	–
–	–	–	–	–
292116	**66183**	**12077395**	**6914767**	**5162628**
192289	22977	7942651	5478721	2463931
99827	43206	4119441	1420371	2699070
–	–	–	–	–
–	–	–	–	–
804218	**71323**	**11731962**	**6919113**	**4812849**
291738	26953	5525704	3255918	2269786
510198	44140	6018043	3494911	2523131
974	99	162939	156370	6568
1307	132	25277	11914	13363
173	**10**	**1768**	**607**	**1162**
–	**–**	**–**	**–**	**–**
–	–	–	–	–

8－05 续表

单位:万元

指　　标	Item	营业收入 Revenue	主营业务收入 Revenues in Main Business	营业成本 Cost of Business	税金及附加 Sales Tax and Extra Charges
总　计	**Total**	**425679885**	**422355390**	**404784808**	**793713**
一、内资企业	**Domestic－funded Enterprises**	**388500306**	**386032863**	**371585948**	**701543**
有限责任公司	Limited Liability Corporations	356050545	353770636	340998471	379210
国有独资公司	Wholly State－owned Companies	1322454	1318852	1307866	766
私营有限责任公司	Private Limited Liability Companies	138296363	137299722	130733371	144707
其他有限责任公司	Other Limited Liability Companies	216431728	215152063	208957235	233737
股份有限公司	Share－holding Corporations Ltd	30187919	30001788	29024402	38377
私营股份有限公司	Private Joint Stock Companies	1403992	1388242	1302269	1987
其他股份有限公司	Other Joint Stock Companies	28783928	28613546	27722133	36390
非公司企业法人	Non corporate legal entity	2214328	2212925	1521485	283836
全民所有制企业(国有企业)	State－owned Enterprises	2153225	2151876	1468184	283715
集体所有制企业(集体企业)	Collective－owned Enterprises	14793	14793	13541	17
股份合作企业	Cooperative Enterprises	－	－	－	－
联营企业	Joint Ownership Enterprises	43222	43168	37139	100
个人独资企业	Sole Proprietorship Enterprises	47514	47514	41590	120
合伙企业	Partnership Enterprises	－	－	－	－
其他内资企业	Other Domestic Enterprises	－	－	－	－
二、港澳台投资企业	**Funded from Hong Kong, Macao and Taiwan**	**14154198**	**13886018**	**11787288**	**55447**
港澳台投资有限责任公司	Hong Kong, Macau and Taiwan Investment Co., Ltd	9939140	9769147	8595875	40216
港澳台投资股份有限公司	Share－holding Corporations Ltd. With Investment from Hong Kong, Macao and Taiwan	4204542	4106358	3180878	15229
港澳台投资合伙企业	Hong Kong, Macau, and Taiwan Investment Partnership Enterprises	－	－	－	－
其他港澳台投资企业	Other Enterprises With Investment from Hong Kong, Macao and Taiwan	－	－	－	－
三、外商投资企业	**Enterprises With Foreign Investment**	**23021202**	**22432329**	**21407671**	**36722**
外商投资有限责任公司	Foreign Investment Limited Liability Companies	7969223	7825389	7020014	24905
外商投资股份有限公司	Share－holding Corporations Ltd. With Foreign Investment	14857945	14413047	14217613	11429
外商投资合伙企业	Foreign Invested Partnership Enterprises	76631	76628	72177	54
其他外商投资企业	Other Enterprises With Foreign Investment	117404	117265	97868	334
四、农民专业合作社(联合社)	**Specialized Farmer Cooperatives**	**4180**	**4180**	**3902**	**－**
五、个体工商户	**Individual Business Owners**	**－**	**－**	**－**	**－**
六、其他市场主体	**Other Market Entities**	**－**	**－**	**－**	**－**

continued

(10,000 yuan)

销售费用 Cost of Sales	管理费用 Administration Cost	财务费用 Financil Cost	营业利润 Management Profits	利润总额 Total Profits	所得税费用 Income Tax Expense	从事批发和零售业活动的从业人员平均人数(人) Average Number of Employees (person) engaged in wholesale and retail activities
11911233	**4870250**	**968208**	**8486110**	**8734671**	**1516630**	**330919**
9560495	**4106634**	**1005724**	**6535773**	**6751752**	**1303169**	**281214**
8995911	3764937	875315	5279615	5484216	1127268	263191
25935	24356	11924	-11631	19415	11684	923
4224607	2311465	506169	3474511	3573258	699078	159995
4745369	1429116	357222	1816735	1891543	416507	102273
535660	288140	162039	898531	910307	84079	16357
58124	32945	17478	11398	12244	-2705	3281
477536	255195	144561	887133	898063	86784	13076
27432	50047	-31898	357095	356694	91623	1367
25250	49438	-31751	352057	351640	90509	1273
377	261	-106	702	715	119	11
-	-	-	-	-	-	-
1804	64	-47	4161	4163	989	67
1492	3510	269	532	535	198	299
-	-	-	-	-	-	-
-	-	-	-	-	-	-
1448301	**386991**	**-63965**	**1374675**	**1382625**	**152441**	**25826**
792255	259820	28093	233399	238785	83345	15872
654747	127171	-92109	1142648	1145213	69096	9931
-	-	-	-	-	-	-
-	-	-	-	-	-	-
902435	**376538**	**26446**	**575477**	**600093**	**61020**	**23856**
586541	221288	18092	160088	179547	35370	16414
307067	152666	7351	404221	408891	24980	7097
1292	1759	955	396	680	257	94
7536	826	48	10772	10974	413	251
2	**86**	**4**	**187**	**200**	**-**	**23**
-	**-**	**-**	**-**	**-**	**-**	**-**
-	**-**	**-**	**-**	**-**	**-**	**-**

8－06 按国民经济行业分限额以上

Main Financial Indicators of Enterprises Above Designated

单位:万元

指　　标	Item	法人企业数(个) Number of Enterprises (unit)	年末资产负债		
			流动资产合计 Circulating Funds	存　货 Inventory	固定资产原价 Orginal Value of Fixed Assets
总　计	**Total**	**7924**	**149771100**	**18448199**	**8588167**
一、批发业	**Wholesale**	**5840**	**133455583**	**15533326**	**6454168**
农、林、牧产品批发	Wholesale of Farm, Forestry and Animal Husbandry Products	67	1330868	129746	50168
食品、饮料及烟草制品批发	Wholesale of Food, Beverages and Tobaccos	495	13196054	1901421	1046683
纺织、服装及家庭用品批发	Wholesale of Textile Products, Garments and Household Articles	1122	14762188	1723567	778158
文化、体育用品及器材批发	Wholesale of Cultural and Sports Goods	263	3511350	736172	93971
医药及医疗器材批发	Wholesale of Medicines and Medical Appliances	428	7956448	1301407	448438
矿产品、建材及化工产品批发	Wholesale of Mineral Products, Building and Chemical Materials	2243	70684179	6926620	3082158
机械设备、五金产品及电子产品批发	Wholesale of Machinery, Hardware and Electronic Products	1045	19927297	2451255	845376
#汽车、摩托车及零配件批发	Wholesale of Automobiles, Motorcycle and Parts	252	9191920	1256353	249002
贸易经纪与代理	Trade Broker and agent	3	7275	82	140
其他批发业	Other	174	2079925	363056	109076
二、零售业	**Retail Trade**	**2084**	**16315516**	**2914873**	**2133999**
综合零售	Comprehensive Retail Trade	125	3742297	271648	825234
食品、饮料及烟草制品专门零售	Specialism Retail of Food, Beverages and Tobaccos	189	722931	84558	69982
纺织、服装及日用品专门零售	Specialism Retail of Textile Products, Garments, Shoes and Caps	139	1045005	258201	76319
文化、体育用品及器材专门零售	Specialism Retail of Cultural and Sports Goods	71	418060	86412	85581
医药及医疗器材专门零售	Specialism Retail of Medicines and Medical Appliances	90	456276	127523	31850
汽车、摩托车、燃料及零配件专门零售	Specialism Retail of Automobiles, Motorcycle, Fuels and Parts	779	4431505	1121153	756935
#汽车零售	Specialism Retail of Automobiles	544	3836137	1050364	516339
家用电器及电子产品专门零售	Specialism Retail of Household Electric Applianes, and Electronic Products	146	519935	127948	27085
五金、家具及室内装饰材料专门零售	Specialism Retail of Hardware and Upholstery Materials	22	160436	46164	82839
货摊、无店铺及其他零售业	Stall, Non－shop and Other Retails	523	4819071	791266	178175

批发零售贸易企业财务状况(2023 年)
Size in Wholesale and Retail Trades by Sector(2023)

(10,000 yuan)

Assets and Liabilities				所有者权益合计 Creditors´Equity
累计折旧 Accumulated Depreciation	本年折旧 Depreciation	资产总计 Total Assets	负债合计 Total Liabilities	
3815758	**570491**	**205531486**	**148122329**	**57409157**
2828673	**430314**	**183375661**	**130935130**	**52440531**
15804	1434	3208569	2058123	1150446
502024	131860	15994038	10110557	5883481
367099	41788	17766602	14252847	3513755
47193	5646	4087006	3102024	984982
215505	42300	10426724	6507264	3919460
1296108	152240	104511635	73099705	31411930
347401	46617	24971057	20010704	4960353
79081	15525	10377015	10003733	373282
67	20	7684	2373	5311
37472	8411	2402345	1791533	610813
987085	**140176**	**22155825**	**17187199**	**4968626**
417993	34493	6397580	4628616	1768964
35282	6529	888116	673819	214297
38537	6149	1412847	945716	467131
42579	2891	491044	398107	92937
18065	2369	559766	487338	72428
324796	65154	6271071	4756665	1514406
215282	49670	4775380	4174781	600599
13680	1916	604106	501037	103069
33506	3741	240685	168784	71900
62648	16932	5290611	4627116	663495

8－06 续表

单位:万元

指　标	Item	营业收入 Revenue	主营业务收入 Revenues in Main Business	营业成本 Cost of Business	税金及附加 Sales Tax and Extra Charges
总　计	**Total**	**425679885**	**422355390**	**404784808**	**793713**
一、批发业	**Wholesale**	**378849378**	**376373651**	**364801573**	**648061**
农、林、牧产品批发	Wholesale of Farm, Forestry and Animal Husbandry Products	4114464	4108758	4059619	2342
食品、饮料及烟草制品批发	Wholesale of Food, Beverages and Tobaccos	24778652	24525029	21856886	324427
纺织、服装及家庭用品批发	Wholesale of Textile Products, Garments and Household Articles	33754486	33181075	31138724	29836
文化、体育用品及器材批发	Wholesale of Cultural and Sports Goods	6365462	6314513	5976124	6858
医药及医疗器材批发	Wholesale of Medicines and Medical Appliances	13844262	13809061	12381098	25809
矿产品、建材及化工产品批发	Wholesale of Mineral Products, Building and Chemical Materials	230834423	229713625	227632586	180329
机械设备、五金产品及电子产品批发	Wholesale of Machinery, Hardware and Electronic Products	59218342	58816356	56365843	71409
#汽车、摩托车及零配件批发	Wholesale of Automobiles, Motorcycle and Parts	35172704	35078266	33886501	39966
贸易经纪与代理	Trade Broker and agent	27289	25376	22890	20
其他批发业	Other	5911998	5879859	5367802	7030
二、零售业	**Retail Trade**	**46830508**	**45981739**	**39983235**	**145652**
综合零售	Comprehensive Retail Trade	5599638	5368855	4649879	34397
食品、饮料及烟草制品专门零售	Specialism Retail of Food, Beverages and Tobaccos	1254714	1239140	988426	2066
纺织、服装及日用品专门零售	Specialism Retail of Textile Products, Garments, Shoes and Caps	2213333	2190221	1256602	10988
文化、体育用品及器材专门零售	Specialism Retail of Cultural and Sports Goods	512271	503599	410952	3290
医药及医疗器材专门零售	Specialism Retail of Medicines and Medical Appliances	1562894	1552928	1355120	2660
汽车、摩托车、燃料及零配件专门零售	Specialism Retail of Automobiles, Motorcycle, Fuels and Parts	19258348	18973550	18025282	59455
#汽车零售	Specialism Retail of Automobiles	15576151	15314786	14795553	52836
家用电器及电子产品专门零售	Specialism Retail of Household Electric Applianes, and Electronic Products	1197474	1179304	1067187	1298
五金、家具及室内装饰材料专门零售	Specialism Retail of Hardware and Upholstery Materials	271175	265847	173801	1676
货摊、无店铺及其他零售业	Stall, Non－shop and Other Retails	14960661	14708296	12055986	29821

continued

(10,000 yuan)

销售费用 Cost of Sales	管理费用 Administration Cost	财务费用 Financil Cost	营业利润 Management Profits	利润总额 Total Profits	所得税费用 Income Tax Expense	从事批发和零售业活动的从业人员平均人数(人) Average Number of Employees Engaged in Wholesale and Retail Activities(person)
11911233	**4870250**	**968208**	**8486110**	**8734671**	**1516630**	**330919**
6973726	**3574982**	**883101**	**7985563**	**8155571**	**1296128**	**207187**
13823	25787	55219	-17368	-14827	4813	934
1292290	492467	-92520	1906801	1952501	286370	39261
1387981	734380	72014	506385	511844	90358	49867
174108	132867	3212	205922	205771	1204	8221
693460	367019	51951	543441	521816	90981	20480
1273165	1128184	757870	4357915	4488837	666517	43453
1731445	576748	23788	470694	478854	148639	37298
1091054	119935	-14965	59695	57735	62008	10609
1842	709	-2	1837	1847	424	153
405614	116822	11570	9936	8928	6822	7520
4937507	**1295268**	**85107**	**500547**	**579100**	**220501**	**123732**
578699	255743	16361	116552	123943	39155	27962
190723	80900	255	-5274	-3331	1433	7531
698829	120116	4354	158049	160488	37618	11480
59429	41711	-845	-306	2314	-2	3308
145485	47186	2216	13264	13309	4077	9155
707051	305463	58907	143388	175031	81193	29610
468639	257125	44496	-7970	9178	37163	25292
81817	43383	4744	3076	3598	754	5548
61225	28032	2679	4293	4710	2134	1748
2414249	372734	-3565	67505	99038	54140	27390

8－07 分地区限额以上

Main Indicators of Wholesale

单位:万元

地　区	Region	企业法人数(个) Number of Enterprises (unit)	商品销售总额 Total Sales of Commodities	营业收入 Revenue	主营业务收入 Revenues in Main Businesss	营业成本 Cost of Business
全　市	**Total**	**7924**	**467248759**	**425679885**	**422355390**	**404784808**
市　区	Urban District	7423	461163260	420179903	416930350	399967175
#上城区	Shangcheng	1196	133942910	130017912	129037578	124615271
拱墅区	Gongshu	1230	106101314	93470642	92964317	90267745
西湖区	Xihu	532	21540135	17551197	17369105	15178221
高新(滨江)区	Hi－Tech(Binjiang)	639	39191501	35174231	34874935	32663874
萧山区	Xiaoshan	1035	78833238	68566555	68179161	66635946
余杭区	Yuhang	582	32531707	31088738	30606910	29302072
临平区	Linping	605	12588939	11383615	11318019	10421199
钱塘区	Qiantang	741	15389394	14210223	13935548	12844924
富阳区	Fuyang	598	17674036	15698542	15640187	15176778
临安区	Lin'an	250	3173402	2842966	2830749	2705450
西湖风景名胜区	The West Lake Scenic Zone	15	196684	175283	173841	155695
桐庐县	Tonglu	229	1911389	1761325	1742316	1608926
淳安县	Chun'an	145	2821040	2498104	2446392	2124939
建德市	Jiande	127	1353070	1240554	1236332	1083769

批发零售业主要指标(2023 年)

and Retail Trades Above Designated Size by Region(2023)

(10,000 yuan)

税金及附加 Sales Tax and Extra Charges	销售费用 Cost of Sales	管理费用 Administration Cost	财务费用 Financil Cost	利润总额 Total Profits	本年应交增值税 Value Adder Tax Payables	从事批发和零售业活动的从业人员平均人数(人) Average Number of Employees Engaged in Wholesale and Retail Activities(person)
793713	**11911233**	**4870250**	**968208**	**8734671**	**2026931**	**330919**
783814	11487452	4770131	957924	8554787	1963128	316992
418844	2589770	1010743	157608	2126681	493640	64012
115127	1470279	913630	200755	1364092	295336	57328
37523	1450298	492140	77387	1597122	212938	35079
51740	1968579	518483	85385	96463	254588	37449
74643	992090	544125	247235	2974650	310945	36492
35216	1172335	477080	45029	121794	138935	27193
16544	568522	237617	32403	109680	75473	20160
18658	900326	358479	50416	118976	122323	23877
12378	287960	157267	52929	22950	43165	10350
2853	76298	53167	8525	20365	13649	4597
288	10996	7400	253	2014	2135	455
2215	78963	42690	6048	28453	15013	3951
5563	225616	35722	-182	143481	36781	6529
2121	119203	21707	4419	7950	12009	3447

8-08 按登记注册统计类别、行业分限额以上

Main Financial Indicators of Accommodation and Catering Services Enterprises

单位:万元

指　　标	Item	法人企业数(个) Number of Enterprises (unit)	年末资产负债	
			流动资产合计 Circulating Funds	存　货 Inventory
总　计	**Total**	**1564**	**3132903**	**120145**
(一)按登记注册统计类别分组	**Grouped by Statistical Categories of Registration**			
1. 内资企业	**Domestic - funded Enterprises**	**1528**	**2560083**	**96510**
有限责任公司	Limited Liability Corporations	1479	2413894	93147
国有独资公司	Wholly State - owned Companies	4	32707	1663
私营有限责任公司	Private Limited Liability Companies	1137	1126977	37260
其他有限责任公司	Other Limited Liability Companies	338	1254210	54224
股份有限公司	Share - holding Corporations Ltd	8	63859	1608
私营股份有限公司	Private Joint Stock Companies	2	7756	98
其他股份有限公司	Other Joint Stock Companies	6	56103	1510
非公司企业法人	Non corporate legal entity	22	76109	1371
全民所有制企业(国有企业)	State - owned Enterprises	14	64574	1029
集体所有制企业(集体企业)	Collective - owned Enterprises	6	7965	272
股份合作企业	Cooperative Enterprises	1	-	-
联营企业	Joint Ownership Enterprises	1	-	-
个人独资企业	Sole Proprietorship Enterprises	13	2078	150
合伙企业	Partnership Enterprises	6	4143	234
其他内资企业	Other Domestic Enterprises	-	-	-
2. 港澳台投资企业	**Funded from Hong Kong, Macao and Taiwan**	**22**	**445183**	**14607**
港澳台投资有限责任公司	Hong Kong, Macau and Taiwan Investment Co., Ltd	21	283908	14442
港澳台投资股份有限公司	Share - holding Corporations Ltd. With Investment from Hong Kong, Macao and Taiwan	1	-	-
港澳台投资合伙企业	Hong Kong, Macau, and Taiwan Investment Partnership Enterprises	-	-	-
其他港澳台投资企业	Other Enterprises With Investment from Hong Kong, Macao and Taiwan	-	-	-

住宿业和餐饮业财务状况(2023 年)

Above Designated Size by Statistical Categories of Registration and Sector(2023)

(10,000 yuan)

Assets and Liabilities					所有者权益合计 Creditors' Equity
固定资产原价 Orginal Value of Fixed Assets	累计折旧 Accumulated Depreciation	本年折旧 Depreciation	资产总计 Total Assets	负债合计 Total Liabilities	
3645151	**1778936**	**169588**	**7625546**	**6155695**	**1469851**
2843949	**1353244**	**131836**	**5961046**	**4917667**	**1043379**
2528277	1162624	118520	5549699	4802711	746989
146845	36384	6120	218460	198425	20036
961582	470994	49865	2454465	2327528	126937
1419849	655246	62534	2876775	2276759	600016
118679	79316	3468	214493	30634	183859
2074	1605	62	16630	10775	5856
116605	77711	3406	197863	19859	178004
193825	109637	9570	185367	70890	114478
173987	96471	7580	158933	50563	108370
19384	12909	1754	20156	16526	3630
–	–	–	–	–	–
–	–	–	–	–	–
679	491	66	4424	5459	-1035
2489	1175	212	7062	7974	-912
–	–	–	–	–	–
528069	**263653**	**24935**	**978478**	**770613**	**207865**
523014	260234	24356	727902	691168	36734
–	–	–	–	–	–
–	–	–	–	–	–
–	–	–	–	–	–

8－08 续表 1

单位:万元

指 标	Item	法人企业数(个) Number of Enterprises (unit)	年末资产负债	
			流动资产合计 Circulating Funds	存 货 Inventory
3. 外商投资企业	**Enterprises With Foreign Investment**	**14**	**127638**	**9028**
外商投资有限责任公司	Foreign Investment Limited Liability Companies	12	119549	8643
外商投资股份有限公司	Share － holding Corporations Ltd. With Foreign Investment	1	－	－
外商投资合伙企业	Foreign Invested Partnership Enterprises	1	－	－
其他外商投资企业	Other Enterprises With Foreign Investment	－	－	－
4. 农民专业合作社(联合社)	**Specialized Farmer Cooperatives**	**－**	**－**	**－**
5. 个体工商户	**Individual Business Owners**	**－**	**－**	**－**
6. 其他市场主体	**Other Market Entities**	**－**	**－**	**－**
(二)按国民经济行业分组	**Grouped By Sector**			
1. 住宿业	**Lodging**	**656**	**2137267**	**72987**
旅游饭店	Restaurants for Junketing	317	1894506	68609
一般旅馆	General Hotel	304	233669	4194
民宿服务	Homestay Service	35	9092	184
露营地服务	Campground Service	－	－	－
其他住宿服务	Others Lodging	－	－	－
2. 餐饮业	**Catering Services**	**908**	**995636**	**47158**
正餐服务	Dinner Services	784	774560	31555
快餐服务	Short Order Services	53	129834	11552
饮料及冷饮服务	Beverages and Services	45	42770	3222
餐饮配送及外卖送餐服务	Catering Distribution and Delivery Service	15	21680	371
其他餐饮业	Others Catering Services	11	26792	457

continued 1

(10,000 yuan)

Assets and Liabilities					所有者权益合计 Creditors´Equity
固定资产原价 Orginal Value of Fixed Assets	累计折旧 Accumulated Depreciation	本年折旧 Depreciation	资产总计 Total Assets	负债合计 Total Liabilities	
273133	**162039**	**12817**	**686023**	**467416**	**218607**
268818	158344	12481	650529	455660	194869
–	–	–	–	–	–
–	–	–	–	–	–
–	–	–	–	–	–
–	–	–	–	–	–
–	–	–	–	–	–
–	–	–	–	–	–
3071348	**1464069**	**126218**	**5423489**	**4169279**	**1254210**
2889580	1358248	108454	4885549	3619276	1266273
174356	103821	17790	509608	533393	–23784
7413	2000	–27	28332	16611	11721
–	–	–	–	–	–
–	–	–	–	–	–
573802	**314867**	**43370**	**2202057**	**1986416**	**215641**
343424	209432	25350	1371397	1282181	89216
207608	92810	15598	660580	550740	109840
12486	6324	1585	101881	99956	1925
5690	3230	406	25588	18187	7401
4595	3071	430	42611	35352	7260

8－08 续表2

单位:万元

指　　标	Item	营业收入 Revenue	主营业务收入 Revenues in Main Business	税金及附加 Sales Tax and Extra Charges
总　计	**Total**	**5026306**	**4892624**	**21191**
(一)按登记注册统计类别分组	**Grouped by Statistical Categories of Registration**			
1. 内资企业	**Domestic－funded Enterprises**	**3729915**	**3623491**	**17847**
有限责任公司	Limited Liability Corporations	3539076	3439460	16329
国有独资公司	Wholly State－owned Companies	44157	44099	1660
私营有限责任公司	Private Limited Liability Companies	2108798	2086847	5075
其他有限责任公司	Other Limited Liability Companies	1386121	1308515	9594
股份有限公司	Share－holding Corporations Ltd	79368	75298	828
私营股份有限公司	Private Joint Stock Companies	25338	25338	－
其他股份有限公司	Other Joint Stock Companies	54030	49960	828
非公司企业法人	Non corporate legal entity	95011	92983	664
全民所有制企业(国有企业)	State－owned Enterprises	74568	72599	513
集体所有制企业(集体企业)	Collective－owned Enterprises	8839	8780	104
股份合作企业	Cooperative Enterprises	－	－	－
联营企业	Joint Ownership Enterprises	－	－	－
个人独资企业	Sole Proprietorship Enterprises	7935	7286	14
合伙企业	Partnership Enterprises	8526	8463	11
其他内资企业	Other Domestic Enterprises	－	－	－
2. 港澳台投资企业	**Funded from Hong Kong, Macao and Taiwan**	**442899**	**426600**	**1613**
港澳台投资有限责任公司	Hong Kong, Macau and Taiwan Investment Co., Ltd	389284	381846	1360
港澳台投资股份有限公司	Share－holding Corporations Ltd. With Investment from Hong Kong, Macao and Taiwan	－	－	－
港澳台投资合伙企业	Hong Kong, Macau, and Taiwan Investment Partnership Enterprises	－	－	－
其他港澳台投资企业	Other Enterprises With Investment from Hong Kong, Macao and Taiwan	－	－	－

continued 2

(10,000 yuan)

销售费用 Cost of Sales	管理费用 Administration Cost	财务费用 Financil Cost	营业利润 Management Profits	利润总额 Total Profits	所得税费用 Income Tax Expense	从事住宿和餐饮业活动的从业人员平均人数(人) Average Number of Employees Engaged in Accommodation and Catering Activities(person)
1613713	**914094**	**96729**	**181541**	**186647**	**66444**	**138088**
1186318	**758771**	**71655**	**30162**	**35343**	**33990**	**96509**
1120854	699058	72436	22696	29504	32725	91588
7041	17863	5190	-11790	-11431	100	1018
674463	429297	29612	17207	25512	19853	56814
439350	251898	37634	17278	15423	12772	33756
36150	17276	-380	2875	2550	710	2410
13613	2635	25	1916	1924	507	686
22538	14640	-406	958	626	203	1724
23629	38542	-504	4709	3350	495	2043
19628	32704	-612	4475	3218	408	1606
3246	2487	-20	-212	-121	75	352
-	-	-	-	-	-	-
-	-	-	-	-	-	-
2434	1512	62	608	601	-	231
3250	2384	41	-725	-662	60	237
-	-	-	-	-	-	-
230499	**64928**	**18604**	**3765**	**3278**	**3887**	**18531**
200675	51131	22424	-4337	-4627	1690	17446
-	-	-	-	-	-	-
-	-	-	-	-	-	-
-	-	-	-	-	-	-

8－08　续表3

单位:万元

指　　标	Item	营业收入 Revenue	主营业务收入 Revenues in Main Business	税金及附加 Sales Tax and Extra Charges
3. 外商投资企业	**Enterprises With Foreign Investment**	**853491**	**842534**	**1731**
外商投资有限责任公司	Foreign Investment Limited Liability Companies	832332	821893	1697
外商投资股份有限公司	Share – holding Corporations Ltd. With Foreign Investment	–	–	–
外商投资合伙企业	Foreign Invested Partnership Enterprises	–	–	–
其他外商投资企业	Other Enterprises With Foreign Investment	–	–	–
4. 农民专业合作社(联合社)	**Specialized Farmer Cooperatives**	**–**	**–**	**–**
5. 个体工商户	**Individual Business Owners**	**–**	**–**	**–**
6. 其他市场主体	**Other Market Entities**	**–**	**–**	**–**
(二)按国民经济行业分组	**Grouped By Sector**			
1. 住宿业	**Lodging**	**1666718**	**1590035**	**18141**
旅游饭店	Restaurants for Junketing	1269216	1201751	17229
一般旅馆	General Hotel	387346	378147	901
民宿服务	Homestay Service	10155	10137	11
露营地服务	Campground Service	–	–	–
其他住宿服务	Others Lodging	–	–	–
2. 餐饮业	**Catering Services**	**3359588**	**3302590**	**3050**
正餐服务	Dinner Services	1878858	1841457	2379
快餐服务	Short Order Services	1127675	1110249	433
饮料及冷饮服务	Beverages and Services	209963	208578	145
餐饮配送及外卖送餐服务	Catering Distribution and Delivery Service	63432	62647	72
其他餐饮业	Others Catering Services	79660	79660	21

continued 3

(10,000 yuan)

销售费用 Cost of Sales	管理费用 Administration Cost	财务费用 Financil Cost	营业利润 Management Profits	利润总额 Total Profits	所得税费用 Income Tax Expense	从事住宿和餐饮业活动的从业人员平均人数(人) Average Number of Employees Engaged in Accommodation and Catering Activities(person)
196896	**90396**	**6470**	**147614**	**148026**	**28567**	**23048**
187381	**82532**	**6359**	**148801**	**148986**	**28567**	**22580**
–	–	–	–	–	–	–
–	–	–	–	–	–	–
–	–	–	–	–	–	–
–	–	–	–	–	–	–
–	–	–	–	–	–	–
–		–	–	–	–	–
556321	**538733**	**70956**	**-32837**	**-34280**	**13600**	**44700**
436880	413968	64349	-21695	-23749	12522	35375
117813	121084	6290	-10125	-9695	1066	8938
1629	3681	317	-1017	-836	12	387
–	–	–	–	–	–	–
–	–	–	–	–	–	–
1057392	**375361**	**25773**	**214378**	**220927**	**52844**	**93388**
614961	240958	14243	89147	95378	22327	48006
339828	92693	9829	117104	117151	29258	37750
52487	27226	1342	5946	6627	931	4059
19691	9533	41	348	594	166	1842
30425	4951	319	1833	1177	163	1731

8-09 按登记注册统计类别和国民经济行业分限额以上住宿业和餐饮业经营情况(2023年)

Management Conditions of Accommodation and Catering Services Enterprises Above Designated Size by Statistical Categories of Registration and Sector(2023)

单位:万元 (10,000 yuan)

指标	Item	法人企业(个) Number of Enterprises (unit)	营业额 Turnover of Business	客房收入 Revenue of GuestRooms	餐费收入 Revenue of Catering Services	商品销售额 Revenue of Goods Sales
一、按登记注册统计类别分	**Grouped by Statistical Categories of Registration**					
总计	**Total**	**1564**	**5264458**	**1043239**	**3777334**	**125476**
1. 内资企业	**Domestic-funded Enterprises**	**1528**	**3897633**	**957888**	**2606998**	**98434**
有限责任公司	Limited Liability Corporations	1479	3696908	885136	2497583	95012
国有独资公司	Wholly State-owned Companies	4	35592	11418	19593	3026
私营有限责任公司	Private Limited Liability Companies	1137	2231928	500504	1634481	15768
其他有限责任公司	Other Limited Liability Companies	338	1429388	373214	843508	76218
股份有限公司	Share-holding Corporations Ltd	8	80743	21465	55240	746
私营股份有限公司	Private Joint Stock Companies	2	26802	862	25922	-
其他股份有限公司	Other Joint Stock Companies	6	53941	20603	29319	746
非公司企业法人	Non corporate legal entity	22	102298	49240	39575	2358
全民所有制企业(国有企业)	State-owned Enterprises	14	80152	41446	28689	776
集体所有制企业(集体企业)	Collective-owned Enterprises	6	9758	5284	2934	114
股份合作企业	Cooperative Enterprises	1	-	-	-	-
联营企业	Joint Ownership Enterprises	1	-	-	-	-
个人独资企业	Sole Proprietorship Enterprises	13	8643	2048	5678	266
合伙企业	Partnership Enterprises	6	9041	-	8923	53
其他内资企业	Other Domestic Enterprises	-	-	-	-	-
2. 港澳台投资企业	**Funded from Hong Kong, Macao and Taiwan**	**22**	**468566**	**62786**	**334366**	**7955**
港澳台投资有限责任公司	Hong Kong, Macau and Taiwan Investment Co., Ltd	21	411758	51068	329048	7782
港澳台投资股份有限公司	Share-holding Corporations Ltd. With Investment from Hong Kong, Macao and Taiwan	1	-	-	-	-
港澳台投资合伙企业	Hong Kong, Macau, and Taiwan Investment Partnership Enterprises	-	-	-	-	-
其他港澳台投资企业	Other Enterprises With Investment from Hong Kong, Macao and Taiwan	-	-	-	-	-

8－09 续表 continued

单位:万元 （10,000 yuan）

指　　标	Item	法人企业（个）Number of Enterprises（unit）	营业额 Turnover of Business	客房收入 Revenue of GuestRooms	餐费收入 Revenue of Catering Services	商品销售额 Revenue of Goods Sales
3. 外商投资企业	**Enterprises With Foreign Investment**	**14**	**898259**	**22565**	**835970**	**19087**
外商投资有限责任公司	Foreign Investment Limited Liability Companies	12	876091	13502	833523	18694
外商投资股份有限公司	Share－holding Corporations Ltd. With Foreign Investment	1	－	－	－	－
外商投资合伙企业	Foreign Invested Partnership Enterprises	1	－	－	－	－
其他外商投资企业	Other Enterprises With Foreign Investment	－	－	－	－	－
4. 农民专业合作社（联合社）	**Specialized Farmer Cooperatives**	**－**	**－**	**－**	**－**	**－**
5. 个体工商户	**Individual Business Owners**	**－**	**－**	**－**	**－**	**－**
6. 其他市场主体	**Other Market Entities**	**－**	**－**	**－**	**－**	**－**
二、按国民经济行业分	**Grouped By Sector**					
总　计	**Total**	**1564**	**5264458**	**1043239**	**3777334**	**125476**
1. 住宿业	**Lodging**	**656**	**1735041**	**1002760**	**475397**	**21892**
旅游饭店	Restaurants for Junketing	317	1312930	660085	434306	19897
一般旅馆	General Hotel	304	411674	336056	38862	1903
民宿服务	Homestay Service	35	10437	6619	2229	93
露营地服务	Campground Service	－	－	－	－	－
其他住宿业	Others Lodging	－	－	－	－	－
2. 餐饮业	**Catering Services**	**908**	**3529417**	**40479**	**3301937**	**103584**
正餐服务	Dinner Services	784	1968567	40479	1792336	76432
快餐服务	Short Order Services	53	1188773	－	1158543	17495
饮料及冷饮服务	Beverages and Services	45	223129	－	208898	9472
餐饮配送及外卖送餐服务	Catering Distribution and Delivery Service	15	65625	－	58837	186
其他餐饮业	Others Catering Services	11	83323	－	83323	－

8－10 分地区限额以上

Main Indicators of Accommodation and Catering

单位:万元

地 区	Region	企业法人数（个）Number of Enterprises (unit)	营业额 Turnover of Business	客房收入 Revenue of GuestRooms	餐费收入 Revenue of Catering Services	营业收入 Revenue
全 市	**Total**	**1564**	**5264458**	**1043239**	**3777334**	**5026306**
市 区	Urban District	1351	5009918	910790	3672763	4783001
#上城区	Shangcheng	361	1389595	266023	1034529	1328244
拱墅区	Gongshu	200	940229	135406	690851	913236
西湖区	Xihu	161	1220800	96102	1056116	1158352
高新(滨江)区	Hi－Tech(Binjiang)	77	202292	62383	136597	190961
萧山区	Xiaoshan	100	404468	119007	210784	384373
余杭区	Yuhang	96	173700	56055	108297	165163
临平区	Linping	37	65584	17627	42322	61456
钱塘区	Qiantang	120	187453	34740	138272	182257
富阳区	Fuyang	69	76609	22700	47729	71244
临安区	Lin'an	69	69049	20544	40116	56780
西湖风景名胜区	The West Lake Scenic Zone	61	280139	80202	167151	270935
桐庐县	Tonglu	92	81928	36729	40341	75979
淳安县	Chun'an	74	125446	73107	41646	122143
建德市	Jiande	47	47166	22613	22584	45183

住宿餐饮业主要指标(2023 年)

Services Enterprises Above Designated Size by Region(2023)

(10,000 yuan)

主营业务收入 Revenues in Main Business	税金及附加 Sales Tax and Extra Charges	销售费用 Cost of Sales	管理费用 Administration Cost	财务费用 Financil Cost	利润总额 Total Profits	从事住宿和餐饮业活动的从业人员平均人数(人) Average Number of Employees Engaged in Accommodation and Catering Activities(person)
4892624	**21191**	**1613713**	**914094**	**96729**	**186647**	**138088**
4653006	19522	1535727	822599	84183	222133	128919
1285081	5389	503311	210818	27511	116569	32529
891563	2591	318034	122864	19535	9767	27315
1129112	2863	256862	145490	11452	117126	30190
189128	155	56920	45949	2274	-5709	4824
368279	2561	154184	91847	8634	-3500	10703
163759	325	37118	44605	2691	-11119	4719
60685	287	21657	13554	3331	-2656	2368
176852	1333	58710	34626	3730	-1806	5113
70319	680	20258	19727	4742	-6285	2610
51587	182	13597	18370	-441	-3778	2526
266640	3157	95075	74750	726	13521	6022
74604	786	15720	33125	5145	-12931	2594
120297	662	48052	43926	5929	-18728	4589
44718	221	14214	14444	1473	-3826	1986

8－11 分行业、类型规模以上

Main Indicators of Service Enterprises

单位:亿元

项　目	Item	单位数(个) Number of Enterprise (Unit)	资产总计 Total Assets	固定资产原价 Orginal Value of Fixed Assets
总　计	**Total**	**5175**	**42655**	**7253**
按登记注册类型分	**Grouped By Registered Type**			
国有企业	State－owned Enterprises	41	283	87
集体企业	Collective－owned Enterprises	26	317	74
股份合作企业	Cooperative Enterprises	3	26	16
联营企业	Joint Ownership Enterprises	－	－	－
有限责任公司	Limited Liability Corporations	1130	14681	3324
股份有限公司	Share－holding Corporations Ltd.	190	4570	525
私营企业	Private Enterprises	3257	5028	655
其他企业	Other Enterprises	22	10	5
港澳台商投资企业	Enterprises With Investment from Hong Kong, Macao and Taiwan	164	12175	1475
外商投资企业	Enterprises With Foreign Investment	182	2561	570
按国民经济行业分	**Grouped by Sector**			
交通运输、仓储和邮政业	Transportation, Storage and Post	645	9679	3269
信息传输、软件和信息技术服务业	Information Transmission, Softuare and Information Technology	1348	17660	2037
房地产业	Real Estate	620	4241	554
租赁和商务服务业	Leasing and Business Services	1085	6446	729
科学研究和技术服务业	Scientific Research and Technical Service	723	2881	258
水利、环境和公共设施管理业	Water Conservancy, Environment and Public Utility	93	690	226
居民服务、修理和其他服务业	Service for the Residents and Other Service Sector	163	128	18
教育	Education	80	68	18
卫生和社会工作	Health Care and Social Welfare	179	207	36
文化、体育和娱乐业	Culture, Sports and Entertainment	239	655	110

服务业企业主要经济指标(2022 年)
Above Designated Size by Sector and Type(2022)

(100 million yuan)

本年折旧 Depreciation	负债合计 Total Liabilities	所有者权益合计 Total Owners' Equities	营业收入 Revenue	营业成本 Operating Costs	营业税金及附加 Sales Taxes and Extra Charges
485	**23567**	**19088**	**17150**	**11484**	**70**
4	81	202	101	87	1
2	117	200	17	11	1
–	9	17	2	1	–
–	–	–	–	–	–
152	8114	6568	4058	2816	16
32	2368	2202	572	393	3
59	3486	1542	4664	3731	17
1	9	2	16	11	–
166	6732	5444	4028	1070	18
44	1358	1203	3181	2924	9
129	5471	4207	2145	1982	5
237	9369	8291	10443	5839	35
20	2410	1832	547	397	13
54	3722	2724	2093	1855	9
24	1635	1246	1280	946	5
9	417	274	116	86	1
2	103	25	86	62	–
2	57	11	54	31	–
5	141	66	190	129	–
5	243	413	194	157	1

8-11 续表

单位:亿元

项　目	Item	销售费用 Cost of Sales	管理费用 Administration Cost	财务费用 Financil Cost
总　计	**Total**	**978**	**2231**	**-7**
按登记注册类型分	**Grouped By Registered Type**			
国有企业	State - owned Enterprises	1	12	-3
集体企业	Collective - owned Enterprises	-	7	1
股份合作企业	Cooperative Enterprises	-	-	-
联营企业	Joint Ownership Enterprises	-	-	-
有限责任公司	Limited Liability Corporations	174	495	69
股份有限公司	Share - holding Corporations Ltd.	48	61	6
私营企业	Private Enterprises	225	361	26
其他企业	Other Enterprises	2	4	-
港澳台商投资企业	Enterprises With Investment from Hong Kong, Macao and Taiwan	425	1131	-93
外商投资企业	Enterprises With Foreign Investment	89	118	-13
按国民经济行业分	**Grouped by Sector**			
交通运输、仓储和邮政业	Transportation, Storage and Post	36	95	75
信息传输、软件和信息技术服务业	Information Transmission, Softuare and Information Technology	768	1703	-138
房地产业	Real Estate	19	68	35
租赁和商务服务业	Leasing and Business Services	72	133	19
科学研究和技术服务业	Scientific Research and Technical Service	26	142	-3
水利、环境和公共设施管理业	Water Conservancy, Environment and Public Utility	3	14	6
居民服务、修理和其他服务业	Service for the Residents and Other Service Sector	9	14	-
教育	Education	10	9	-
卫生和社会工作	Health Care and Social Welfare	24	25	2
文化、体育和娱乐业	Culture, Sports and Entertainment	11	27	-3

continued

(100 million yuan)

营业利润 Management Profits	利润总额 Total Profits	所得税费用 Income Tax Expense	应付职工薪酬 Payroll Payable	应交增值税 Value Added Tax Payables	期末用工人数（万人） Number of Employed Persons at the Year End (10000 Persons)
2737	**2810**	**343**	**2648**	**333**	**109.64**
10	11	1	29	2	0.96
-2	-1	–	2	1	0.13
1	1	–	–	–	0.00
–	–	–	–	–	–
569	579	52	679	87	33.73
575	577	8	152	12	7.12
199	204	31	754	76	43.00
-1	-2	–	9	–	0.38
1298	1329	192	691	124	9.56
41	58	55	216	22	8.56
125	131	19	213	42	11.40
1804	1852	276	1538	192	34.36
67	80	12	145	19	15.21
575	584	15	282	35	23.02
127	129	15	299	35	13.79
11	6	1	22	3	1.98
–	-2	1	30	2	4.06
2	1	1	26	1	1.21
11	11	2	50	–	3.02
16	19	–	42	4	1.58

8－12 规模以上服务业企业主要经济指标(2016－2022年)
Main Indicators of Service Enterprises Above Designated Size(2016－2022)

单位:亿元 (100 million yuan)

项　　目	Item	2016	2017	2018	2019	2020	2021	2022
单位数(个)	Number of Enterprises(Unit)	3486	3744	4145	4303	4660	4652	5175
资产总计	Total Assets	18951	20198	27522	29337	31764	38948	42655
固定资产原价	Original Value of Fixed Assets	3129	3657	4319	4915	5564	6530	7253
本年折旧	Depreciation	207	234	303	396	446	493	485
负债合计	Total Liabilities	9134	10063	14317	15205	17059	22274	23567
所有者权益合计	Total Owners´Equities	9816	10135	13235	14132	14704	16674	19088
营业收入	Revenue	6639	8557	11158	12866	15116	18163	17150
营业成本	Main Cost of Business	4111	5410	7280	8102	9614	12074	11484
营业税金及附加	Sales Taxes and Extra Charges in Main Business	47	47	54	61	55	72	70
销售费用	Cost of Sales	341	457	651	724	972	1264	978
管理费用	Administration Cost	932	1223	1747	2064	2042	2485	2231
财务费用	Financil Cost	43	53	37	58	50	38	－7
营业利润	Management Profits	1352	1636	1812	1994	2371	2030	2737
利润总额	Total Profits	1443	1689	1853	2073	2451	2081	2810
所得税费用	Income Tax Costs	174	196	192	240	274	361	343
应付职工薪酬	Employee benefits Payable	904	1123	1344	1599	1936	2490	2648
应交增值税	Value Added Tax Payables	153	194	216	253	305	354	333
期末用工人数(万人)	Number of Employed Persons at the Year End(10000 Persons)	69	76	81	85	96	110	110

8-13 私营企业、个体工商户登记注册情况(主要年份)

Statistics on Private Enterprises and Individual Business Registration (main years)

年 份 Year	在册私营企业(户) Registered Private Enterprise (unit)	注册资金(万元) Registered Capital (10,000 yuan)	在册个体工商户(户) Registered Individual Business (unit)	注册资金(万元) Registered Capital (10,000 yuan)
2013	225219	70699701	327961	2392950
2014	276005	101081913	345327	2693164
2015	334732	150653768	386127	3330334
2016	400586	266020927	426028	3743654
2017	480986	417947655	471374	4498107
2018	554683	494453994	510198	5410789
2019	632298	548095350	610074	7517273
2020	678469	561289945	659054	8502960
2021	742679	677743440	712131	9663357
2022	799738	713717478	795565	10981257
2023	870485	733426900	909344	12366200

主要统计指标解释

社会消费品零售总额 指各种经济类型的批发零售贸易业、住宿餐饮业对城乡居民和社会集团的消费品零售额总和。这个指标反映通过各种商品流通渠道向居民和社会集团供应的生活消费品来满足他们生活需要，是研究人民生活、社会消费品购买力、货币流通等问题的重要指标。社会消费品零售额包括：(1)售给城乡居民作为生活用的商品和修建房屋用的建筑材料；(2)售给机关、团体、学校、部队、企业、事业单位的职工食堂各种食品、燃料；(3)售给部队干部、战士生活用的粮食、副食品、衣着品、日用品、燃料；(4)售给来华的外国人、华侨、港澳台同胞的消费品；(5)售给社会集团的办公用品、纸张、账册、文印用品、计算工具、书刊和奖品；公共用品和纺织品、针织品；学校用的教学用具；文体用品；非专用的劳动保护用品，如工作服、套袖、围裙、手套、毛巾、肥皂等；日用百货和杂品，包括职工食堂用的餐具、炊具、设备和清洁卫生工具等；家具、设备、日用电器、电讯设备、电影器材和照相器材等；取暖用的设备和燃料、防暑、降温的饮料；非生产经营用的交通工具，如小轿车、面包车、工具车、卡车和油料；零星修理的各种零配件、材料、工具、建筑材料等；举办各种招待会、茶话会、宴会用的烟酒茶和各种食品及馈赠的礼品；从公费医疗经费中开支的中、西药品、中药材和医疗器材以及其他非生产性设备和用品。

限额以上批发零售业 指批发业年主营业务收入在2000万元及以上，零售业年主营业务收入在500万元及以上的各种经济类型商贸企业。

商品销售总额 指对本企业(单位)以外的单位和个人出售(包括对国(境)外直接出口)的商品金额。这个指标反映批发零售贸易业在国内市场上销售商品以及出口商品的总量。商品销售总额包括：(1)售给城乡居民和社会集团消费用的商品；(2)售给工业、农业、建筑业、运输邮电业、批发零售贸易业、餐饮业、服务业等作为生产、经营使用的商品；(3)售给批发零售贸易业作为转卖或加工后转卖的商品；(4)对国(境)外直接出口的商品，不包括：出售本企业(单位)自用的废旧包装用品，未通过买卖行为付出的商品，经本单位介绍，由买卖双方直接结算，本单位只收取手续费的业务，购货退出的商品以及商品损耗和损失等。

规模以上服务业企业 辖区内年营业收入2000万元及以上服务业法人单位。包括：交通运输、仓储和邮政业，信息传输、软件和信息技术服务业，水利、环境和公共设施管理业三个门类和卫生行业大类。辖区内年营业收入1000万元及以上服务业法人单位。包括：租赁和商务服务业，科学研究和技术服务业，教育三个门类，以及物业管理、房地产中介服务、房地产租赁经营和其他房地产业四个行业小类。辖区内年营业收入500万元及以上服务业法人单位。包括：居民服务、修理和其他服务业，文化、体育和娱乐业两个门类，以及社会工作行业大类。

Explanatory Notes on Main Statistical Indicators

Total Retail Sales of Consumer Goods refer to the sum of retail sales of consumer goods sold by wholesale and retail trade, catering and lodging industry of various economic types to urban and rural residents and social groups. This indicator is used to show the supply of consumer goods through various channels to residents and social groups to meet their needs in life, and is very important for the study on people's livelihood, on the purchasing power of consumer goods and on the circulation of money. The total retail sales of consumer goods include: (1) commodities sold to urban and rural residents for their daily use and building materials sold to them for the construction or repair of houses; (2) food and fuels sold to canteens of government organs, organizations, schools, troops, enterprises and institutions; (3) grains, non – staple food, clothing, daily articles and fuels sold to military, personnel for their daily use; (4) consumer goods sold to foreigners, overseas Chinese, and Chinese compatriots form Taiwan, Hong Kong and Macao during their stay in the mainland of China; (5) commodities sold to social groups, including office appliances, paper, account books, printing articles, calculators, newspapers, magazines and prizes; public articles, textiles and knit goods; school teaching equipment; cultural and sports articles; non special labor protection articles like working clothes, sleeves, aprons, gloves, towel sand soaps; commodities and miscellaneous goods for daily use including tableware, cooking utensils, equipment and cleaning articles for canteens; furnishings, appliances, household electrical appliances, communications facilities, film and photograph equipment; heating facilities, fuels and cooling beverages preventing heatstroke; vehicles (not for business use) such as cars, vans, tool cars, trucks and oils; parts, fittings, materials, instruments and building materials in ordinary repair, tobaccos, alcohols, teas, foods and presents for all kinds of reception meetings and banquets; Chinese and Western medicines, herbs and medical facilities and other non – production goods and equipment paid by public medical fund.

Wholesale and Retail Trade Above Designated Size refer to business enterprises of various economic types engaged in wholesale trade with year main business revenue over 20 million Yuan, and in retail sale trade with year main business revenue over 5 million Yuan.

Total Sales of Commodities refer to the amount of commodities sold by enterprises to other units and individuals (including direct export). This indictor is used to show the total value of commodities sold at domestic markets and exported. It includes: (1) commodities sold to urban and rural residents and social groups for consumption; (2) commodities sold for production and management of industry, agriculture, construction, transportation, post and telecommunications, wholesale and retail trades, catering trade and service industry; (3) commodities sold to wholesale and retail establishment for re – selling, with or without further processing; (4) commodities for direct export, excluding waste packaging materials used by the establishments(units) themselves, commodities transferred without buying or selling procedures, businesses directly settled by both parties through introduction of units who only charge commission, rejected commodities in the purchase, loss in commodities, etc.

Service industry enterprises above designated size service industry legal entities with an annual operating income of 20 million yuan and above in the jurisdiction. Including health industry category and other three categories: transportation, warehousing and postal industry; information transmission, software and information technology service industry; water conservancy, environment and public facilities management industry. Service industry legal entities with annual business income of 10 million yuan and above in the jurisdiction. Including three categories and four sub – categories: leasing and business service industry, scientific research and technical service industry, education; and property management, real estate intermediary services, real estate leasing operation and other real estate industry. Service industry legal entities with an annual business income of 5 million yuan and above in the jurisdiction. Including social work industry category and other 2 categories: Resident service, repair and other service industries; culture, sports and entertainment industries.

九 对外经济旅游

FOREIGN ECONOMIC COOPERATION AND TOURISM

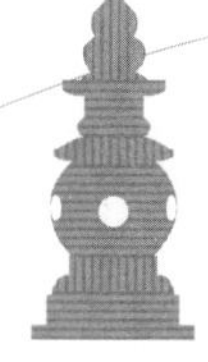

对外经济、旅游
Foreign Economic Cooperation and Tourism

主要统计指标
Major Statistical Indicators

实际利用外资金额	Foreign Investments Actually Utilized	88.31	亿美元	(USD 100 million)
为上年	As Compared with the Preceding Year	113.0	%	(%)
进出口总额	Total Imports and Exports	1141.61	亿美元	(USD 100 million)
为上年	As Compared with the Preceding Year	100.2	%	(%)
# 出口总额	Total Exports	759.27	亿美元	(USD 100 million)
为上年	As Compared with the Preceding Year	97.9	%	(%)
进出口总额	Total Imports and Exports	8029.72	亿元	(100 million yuan)
为上年	As Compared with the Preceding Year	106.1	%	(%)
# 出口总额	Total Exports	5338.72	亿元	(100 million yuan)
为上年	As Compared with the Preceding Year	103.7	%	(%)
入境过夜游客	Number of Oversea Visitor Arrivals	46.62	万人次	(10, 000 person-times)
为上年	As Compared with the Preceding Year	483.5	%	(%)
旅游外汇收入	Total Foreign Exchange Earnings from International Tourism	2.73	亿美元	(USD 100 million)
为上年	As Compared with the Preceding Year	562.7	%	(%)

9-01 外商直接投资情况(1978-2023年)
Foreign Direct Investment(1978-2023)

单位:万美元 (USD 10,000)

年 份 Year	项目个数(个) Number of Projects (unit)	协议总投资额 Total Investments of Agreements	协议利用外资金额 Contracted Foreign Investment	实际利用外资金额 Foreign Investments Actually Utilized
1978				
1979				
1980	3	153	128	
1981				
1982				
1983	2	356	100	
1984	9	6932	2697	
1985	21	6638	1731	907
1986	9	5722	2017	683
1987	10	2685	1256	1470
1988	23	6781	2734	696
1989	34	3897	1569	1860
1990	68	7817	3951	751
1991	121	11107	5551	2129
1992	583	125224	60915	9678
1993	1078	222325	121947	35713
1994	624	174406	110541	41098
1995	427	136662	90207	42659
1996	221	108150	70982	53651
1997	174	51682	27888	41187
1998	216	98219	51400	38425
1999	212	83416	56742	42025
2000	315	89781	64548	43093
2001	483	154447	103023	50324
2002	587	247888	96720	52186
2003	869	432660	200104	100850
2004	802	629727	307746	140982
2005	756	770941	400503	171274
2006	747	1080602	537986	225536
2007	574	854907	558059	280181
2008	483	862523	622788	331154
2009	554	948323	696486	401370
2010	545	1188055	770911	435627
2011	500	1291015	817108	472230
2012	510	1342616	826516	496061
2013	415	1419926	913144	527633
2014	408	1329217	723838	633460
2015	475	1649709	1038042	711253
2016	462	1503411	847841	720915
2017	575	1877119	1069651	661001
2018	744	2545689	1565483	682658
2019	735	3066139	1321928	612818
2020	804	3622167	1059312	720184
2021	989	1898573	993225	817116
2022	840	1836447	1348919	781238
2023	1066	2178519	1177921	883113

9-02 分行业外商直接投资情况(2023年)
Foreign Direct Investment by Sector(2023)

单位:万美元 (USD 10,000)

行业 Sector	项目数(个) Projects (unit)	占总数% Proportion (%)	实际利用外资金额 Foreign Investments Actually Utilized	占总数(%) Proportion (%)
合计 Total	**1066**	**100.00**	**883113**	**100.00**
第一产业 Primary Industry	**2**	**0.19**	**–**	**–**
农业 Agriculture	2	0.19	–	–
第二产业 Secondary Industry	**80**	**7.50**	**466405**	**52.81**
采矿业 Mining	–	–	–	–
制造业 Manufacturing	64	6.00	454441	51.46
电力、燃气及水生产和供应业 Production & Supply of Electricity, Gas & Water	9	0.84	4461	0.51
建筑业 Construction	7	0.66	7503	0.85
第三产业 Tertiary Industry	**984**	**92.31**	**416708**	**47.19**
批发和零售业 Whole Sale and Retail Trade	**193**	**18.11**	**14796**	**1.68**
交通运输、仓储和邮政业 Transportation, Storage and Post	9	0.84	4192	0.47
住宿和餐饮业 Hotels and Catering Services	15	1.41	501	0.06
信息传输、软件和信息技术服务业 Information Transmission, Software and Information Technology	220	20.64	93767	10.62
金融业 Financial Intermediation	20	1.88	59428	6.73
房地产业 Real Estate	8	0.75	91056	10.31
租赁和商务服务业 Leasing and Business Services	197	18.48	58896	6.67
科学研究和技术服务业 Scientific Research and Technical Service	230	21.58	85785	9.71
其他行业 Others	92	8.63	8287	0.94

9－03 分国别(地区)外商直接投资情况(2023年)

Foreign Direct Investment by Region or Territory(2023)

单位:万美元 (USD 10,000)

国别(地区)	Country (territory)	项目(个) Projects (unit)	总投资额 Total Investments	协议外资金额 Total Contracted Foreign Investments	实际利用外资 Foreign Investments Actually Utilized
合 计	**Total**	**1066**	**2179952**	**1177921**	**883113**
#中国香港	#Hong Kong China	436	1869430	699558	471157
中国澳门	Macao China	15	25063	8760	－
中国台湾	Taiwan China	166	19384	7149	677
日本	Japan	13	18957	11731	15549
泰国	Thailand	2	10100	10100	－
马来西亚	Malaysia	10	5333	2212	－
新加坡	Singapore	39	29300	24071	30484
印度	India	7	351	241	－
韩国	Republic of Korea	38	10799	6594	385
德国	Germany	16	30109	4120	92
法国	France	10	－369	－321	76
意大利	Italy	8	－1001	－97	7
荷兰	Netherlands	4	143492	345103	341220
英国	Britain	15	13146	6397	967
西班牙	Spain	4	2988	1196	－
奥地利	Austria	－	－74566	209	－
俄罗斯联邦	The Russion Federation	21	1279	490	－
英属维尔京群岛	The British Virgin Islands	7	14828	5065	4751
加拿大	Canada	24	2613	460	148
美国	U. S. A	82	60108	28589	12349
澳大利亚	Australia	20	498	238	26
新西兰	New Zealand	3	36	46	－

9－04　分地区外商直接投资情况(2023年)

Foreign Direct Investment by Region(2023)

单位:万美元　　　　(USD 10,000)

区　域	Region	批准项目个数(个) Number of Projects(unit)		实际利用外资金额 Foreign Investments Actually Utilized	
		2023年 In Year 2023	同比增速 Year－on－year Growth Rate	2023年 In Year 2023	同比增速 Year－on－year Growth Rate
全　市	**Total**	**1066**	**26.90**	**883113**	**13.04**
#上城区	Shangcheng	129	67.53	119306	9.38
拱墅区	Gongshu	95	－5.94	74458	175.02
西湖区	Xihu	110	15.79	40040	－42.84
高新(滨江)区	Hi－Tech(Binjiang)	169	44.44	92748	13.11
萧山区	Xiaoshan	165	29.92	351567	231.57
余杭区	Yuhang	175	15.13	88829	－6.96
临平区	Linping	21	90.91	25074	19.33
钱塘区	Qiantang	97	4.06	34681	－67.29
富阳区	Fuyang	38	11.76	18536	－47.29
临安区	Lin'an	29	107.14	21970	8.78
西湖风景名胜区	The West Lake Scenic Zone	－	－	－	－
桐庐县	Tonglu	13	62.50	9182	－52.33
淳安县	Chun'an	5	－44.44	1216	－79.94
建德市	Jiande	12	9.09	5506	－60.72

9－05 特色小镇发展情况(2023 年)
Statistics on Characteristic Towns(2023)

指 标 Item	企业数 (家) Number of Enterprises (unit)	本年新入驻企业数 (家) Number of new Enterprises to Enter This Year (unit)	固定资产投资 (不包括商业住宅和商业综合体项目) (亿元) Investment in Fixed Assets (Excluding commercial housing and commercial complex projects) (100 million yuan)
合 计 **Total**	**47955**	**7400**	**364**
省级特色小镇命名对象 Provincial Characteristic Towns to Named Objects	45998	7123	297
省级特色小镇创建对象 Provincial Characteristic Towns to Create Objects	1957	277	67

9－05 续表 continued

指 标 Item	特色产业投资 (亿元) Characteristic Industry Investment (100 million yuan)	工业企业营业收入 (亿元) Operating Revenue of Industrial Enterprises (100 million yuan)	服务业营业收入 (亿元) Operating Revenue of Service Industry (100 million yuan)	税收收入 (亿元) Tax Revenues (100 million yuan)
合 计 **Total**	**294**	**3773**	**7309**	**712**
省级特色小镇命名对象 Provincial Characteristic Towns to Named Objects	243	3494	7131	678
省级特色小镇创建对象 Provincial Characteristic Towns to Create Objects	51	279	178	34

9－06 进出口情况(1990－2023年)

Imports and Exports (1990－2023)

年份 Year	亿美元 USD 100 million						亿元 100 million yuan					
	进出口 Exports And Imports		出口 Exports		进口 Imports		进出口 Exports And Imports		出口 Exports		进口 Imports	
	总值 Total Value	为上年% As Compared with the Preceding Year(%)	总值 Total Value	为上年% As Compared with the Preceding Year(%)	总值 Total Value	为上年% As Compared with the Preceding Year(%)	总值 Total Value	为上年% As Compared with the Preceding Year(%)	总值 Total Value	为上年% As Compared with the Preceding Year(%)	总值 Total Value	为上年% As Compared with the Preceding Year(%)
1990	1.45	172.6	0.99	198.0	0.46	135.3						
1991	2.18	150.3	1.48	149.5	0.70	152.2						
1992	3.42	156.9	2.16	146.0	1.26	180.0						
1993	8.73	255.3	4.92	227.8	3.81	302.4						
1994	34.96	400.5	26.11	530.7	8.85	232.3						
1995	45.18	129.2	33.18	127.1	12.00	135.6						
1996	43.52	96.3	31.11	93.8	12.41	103.4						
1997	48.83	112.2	37.43	120.3	11.40	91.8						
1998	59.73	122.3	44.16	118.0	15.57	136.6						
1999	73.40	122.9	50.79	115.0	22.61	145.3						
2000	104.76	142.7	69.65	137.1	35.11	155.3						
2001	112.98	107.9	72.84	104.6	40.14	114.3						
2002	131.07	116.0	84.81	116.4	46.26	115.3						
2003	182.38	139.2	109.55	129.2	72.83	157.4						
2004	244.96	134.3	151.75	138.6	93.21	128.0						
2005	298.70	121.9	198.04	130.5	100.66	108.0						
2006	389.09	130.3	262.28	132.4	126.81	126.0						
2007	434.26	111.7	299.66	114.3	134.60	106.2						
2008	480.65	110.7	336.14	112.2	144.51	107.4						
2009	404.20	84.1	271.80	80.9	132.40	91.6						
2010	523.55	129.5	353.37	130.0	170.18	128.6	3551.87		2397.67		1154.20	
2011	639.72	122.2	415.21	117.5	224.50	131.9	4152.76	116.9	2696.47	112.5	1456.28	126.2
2012	616.83	96.4	412.62	99.4	204.22	91.0	3893.23	93.8	2604.88	96.6	1288.35	88.5
2013	650.71	105.5	447.66	108.5	203.05	99.5	4037.01	103.7	2777.31	106.6	1259.70	97.8
2014	679.98	104.5	491.66	109.8	188.32	92.8	4177.24	103.5	3020.29	108.7	1156.95	91.8
2015	665.66	97.9	500.67	101.8	165.00	87.7	4132.43	99.0	3108.03	102.9	1024.40	88.7
2016	679.92	102.2	502.59	100.5	177.34	107.6	4485.97	108.7	3313.80	106.7	1172.17	114.6
2017	750.65	110.4	509.95	101.5	240.70	135.7	5085.08	113.3	3455.61	104.3	1629.46	138.8
2018	795.56	106.0	518.23	101.8	277.33	114.8	5245.28	103.1	3417.11	99.0	1828.17	111.8
2019	811.54	102.0	523.83	101.1	287.71	103.7	5596.81	106.7	3612.66	105.7	1984.14	108.5
2020	856.10	105.4	532.85	101.6	323.25	112.3	5934.16	105.9	3693.23	102.1	2240.93	112.9
2021	1140.26	132.7	719.28	135.1	420.98	128.6	7368.97	123.7	4647.02	125.9	2721.95	120.0
2022	1138.32	99.9	773.92	107.6	364.40	86.7	7564.81	102.7	5140.65	110.6	2424.16	89.2
2023	1141.61	100.2	759.27	97.9	382.34	105.2	8029.72	106.1	5338.72	103.7	2691.00	111.3

9－07　分经济类型进出口情况(2023 年)

Statistics on Imports and Exports by Econimic Type(2023)

单位:亿元　　(100 million yuan)

类　别	Classification	2023 年 In Year 2023	为上年(%) As Compared with the Preceding Year(%)
全市进出口总值(海关口径)	Total Exports And Imports	8029.72	106.1
一、出口总额	Exports	5338.72	103.7
1.国有企业	State－owned Enterprises	495.56	89.7
2.三资企业	Foreign Investment Enterprises	783.30	88.3
(1)中外合作企业	Cooperation Enterprises	1.29	73.6
(2)中外合资企业	Joint－Venture Enterprises	348.43	99.3
(3)外商独资企业	Enterprises With Sole Foreign Investment	433.59	81.1
3.集体企业	Collective－owned Enterprises	143.47	91.5
4.私营企业	Private Enterprises	3902.19	110.2
5.个体工商户	Individual Business	1.22	90.7
6.其他	Other	12.98	104.6
二、进口总额	Imports	2691.00	111.3

9－08　分地区外贸进出口情况(2023年)

Imports and Exports by Region(2023)

单位:万元　　　　(10,000 yuan)

区　域	Region	进出口总值 Total Imports and Exports	为上年(%) As Compared with the Preceding Year(%)	出口总值 Exports of This Year	为上年(%) As Compared with the Preceding Year(%)	进口总值 Imports of This Year	为上年(%) As Compared with the Preceding Year(%)
全市合计	**Total**	**80297208**	**106.1**	**53387203**	**103.7**	**26910005**	**111.3**
#不含省属	#Non－provincial	75239410	106.4	51191749	104.7	24047661	110.0
#上城区	Shangcheng	6545389	102.7	4368837	107.4	2176552	94.3
拱墅区	Gongshu	10463273	119.1	4871184	101.4	5592089	140.5
西湖区	Xihu	3482757	112.0	2941497	113.0	541260	106.4
高新(滨江)区	Hi－Tech(Binjiang)	10824782	107.0	7645515	102.4	3179268	120.3
萧山区	Xiaoshan	11377198	103.0	9101872	103.3	2275326	102.0
余杭区	Yuhang	4399100	116.6	4135055	117.2	264044	108.2
临平区	Linping	4177684	106.7	3911883	107.5	265801	96.5
钱塘区	Qiantang	10729086	104.3	6404656	103.4	4324430	105.6
富阳区	Fuyang	4767854	97.7	2082268	101.9	2685585	94.7
临安区	Lin'an	3239204	100.4	2374946	104.0	864258	91.7
桐庐县	Tonglu	1404113	98.6	1291807	97.5	112306	114.0
淳安县	Chun'an	181046	123.4	170009	127.0	11038	86.0
建德市	Jiande	983074	101.5	940584	103.9	42490	67.1

9-09 分地区外贸进出口总值(2004-2023年)
Total Value of Imports and Exports by Region(2004-2023)

单位:万美元 (USD 10,000)

年份 Year	全市 Whole City	市区 Urban District 合计 Total	#萧山区 Xiaoshan	余杭区 Yuhang	临平区 Linping	富阳区 Fuyang	临安区 Lin'an	桐庐县 Tonglu	淳安县 Chun'an	建德市 Jiande
2004	2449671	2364434	414374	88538	-	52399	28918	32333	4461	19525
2005	2986993	2892191	510950	128999	-	72357	33262	30489	5211	25841
2006	3890853	3769910	610201	183930	-	81616	41492	38522	6797	34132
2007	4342666	4181699	795487	255534	-	105765	55542	48811	8319	48295
2008	4806503	4545719	953377	324421	-	126829	74862	71753	12478	101692
2009	4041991	3821965	829827	285496	-	116158	70454	60064	12039	77470
2010	5235549	4946409	1135326	385736	-	166652	101387	73919	17183	96651
2011	6397180	6044765	1432742	484903	-	216575	132729	93464	20459	105763
2012	6168325	5814547	1367290	512531	-	224446	142340	103153	21604	86681
2013	6507102	6115754	1408929	555640	-	265788	165094	119539	19692	87023
2014	6799775	6355378	1384823	601220	-	284980	193001	133392	23802	94202
2015	6656636	6178381	1189039	537405	-	285540	209150	147326	20814	100965
2016	6799241	6313076	1120689	520195	-	273306	223014	139150	18377	105623
2017	7506524	7295048	1079155	577771	-	372442	274535	110464	16843	84169
2018	7352678	7108994	1199436	701156	-	426099	238136	118296	18005	107382
2019	8115399	7889427	1214129	694110	-	429135	246122	108729	19382	97860
2020	8560995	8313802	1139767	766374	-	423847	259590	108617	18525	120050
2021	11402625	11078145	1589037	539608	542834	621247	378223	148413	22325	153743
2022	11383236	11004162	1642234	567992	590105	686244	485138	212597	21819	144658
2023	11416093	11050236	1618209	625139	594883	678748	460989	200166	25664	140027

9－10 外贸出口分国别(地区)情况(2023 年)
Export by Country or Territory(2023)

单位:万元 (10,000 yuan)

国 别(地区)	Country(territory)	2023 年 In Year 2023	为上年(%) As Compared with the Preceding Year(%)
合 计	**Total**	**53387203**	**103.7**
#中国香港	Hong Kong China	912442	108.8
中国台湾	Taiwan China	509483	96.6
美国	U. S. A	9576840	112.2
日本	Japan	2407946	98.6
德国	Germany	1601622	73.6
英国	Britain	1645921	103.0
印度	India	2360526	104.3
越南	Vietnam	1578886	93.3
韩国	Republic of Korea	1456223	99.9
荷兰	Netherlands	1525510	93.4
意大利	Italy	945674	92.1
法国	France	1120998	90.2
俄罗斯	Russia	1981797	138.6
澳大利亚	Australia	1323149	84.6
印度尼西亚	Indonesia	1247012	117.1
西班牙	Spain	1028437	110.6
加拿大	Canada	931248	58.6
巴西	Brazil	1362404	94.9
墨西哥	Mexico	1437208	120.5
泰国	Thailand	1324452	102.2
“一带一路”国家(地区)	Countries along the Belt and Road	18814458	111.4

9－11　进出口货物分贸易方式总值表(2023 年)
Total Value Table of Import and Export Goods by Trade Mode(2023)

单位:万元　(10,000 yuan)

贸易方式 Trade Mode	出口 Export		进口 Import	
	2023 年 In Year 2023	为上年(%) As Compared with the Preceding Year(%)	2023 年 In Year 2023	为上年(%) As Compared with the Preceding Year(%
总值 Total Value	**53387203**	**103.7**	**26910005**	**111.3**
一般贸易 General Trade	47401171	104.0	22604238	115.6
来料加工装配贸易 Processing and Assembling Trade with Supplied Materials	196811	89.2	180946	93.5
进料加工贸易 Imported Materials Processing	5085526	97.9	2822808	104.7
外商投资企业作为投资进口的设备物品 Equipments and Goods Imported by Foreign－invested Enterprises as Investment	－	－	3018	7.6
保税监管场所进出境货物 Import and Export Cargos at Bonded Supervision Place	41262	123.6	183692	58.3
海关特殊监管区域物流货物 Logistics Goods in Areas under Customs Special Supervision	126658	62.3	954169	76.1
海关特殊监管区域进口设备 Import Equipments in Areas under Customs Special Supervision	－	－	6603	72.5
华侨、港澳台同胞、外籍华人捐赠物资 Materials Donated by Overseas Chinese, Compatriots from Hong Kong, Macao and Taiwan, and Foreign Nationality Overseas	24	9.5	－	－
对外承包工程出口货物 Export Goods of Foreign Contracted Projects	381011	265.2	－	－
其他贸易 Other Trade	152524	104.4	152011	123.5

9 - 12 主要商品出口情况(2023 年)
Major Commodity Exports(2023)

单位:万元 (10,000 yuan)

成品名	Commodity	2023 年 In Year 2023	为上年(%) As Compared with the Preceding Year(%)
机电产品	Mechanical and Electrical Products	25020023	114.4
高新技术产品	High - tech Products	8367800	80.4
文化产品	Cultural Products	2991179	112.5
农产品	Agricultural Products	894724	100.0
服装及衣着附件	Clothing and Clothing Accessories	3854802	101.3
纺织纱线、织物及其制品	Textile Yarns, Fabrics and Their Products	5036323	101.5
鞋靴	Footwear	457524	116.4
家具及其零件	Furniture and Its Parts	1652559	102.9
塑料制品	lastic Products	1795763	126.4
灯具、照明装置及其零件	Lamps, Lighting Devices and Their Parts	590353	121.0
箱包及类似容器	Bags and Similar Containers	505331	156.9
汽车零配件	Automobile Parts	1773081	117.6
钢材	Steel	1364002	64.3
船舶	Boats and Ships	42341	173.1
医药材及药品	Medicinal Materials and Drugs	797017	24.2
电线及电缆	Wire and Cable	589386	107.5
水产品	Aquatic Products	40179	90.2

9－13　旅游发展情况(1995－2023年)
Statistics on Tourism(1995－2023)

年　份 Year	旅游总收入(亿元) Total Tourism Revenue (100 million yuan)	国内旅游收入(亿元) Domestic Earnings (100 million yuan)	旅游外汇收入(亿美元) Foreign Exchange Earnings from International Tourism (USD 100 million)	旅游总人数(万人次) Total Tourists (10000 person－times)	国内游客人数(万人次) Domestic Tourists (10000 person－times)
1995	106.0	94.3	1.45	2148	2104
1996	136.5	122.6	1.67	2055	2009
1997	158.8	142.1	2.01	2150	2100
1998	163.4	146.0	2.10	2172	2121
1999	186.0	166.7	2.37	2266	2207
2000	214.3	190.0	2.92	2376	2305
2001	249.7	218.9	3.37	2592	2510
2002	294.4	254.8	4.77	2758	2652
2003	325.9	290.9	4.22	2862	2776
2004	410.1	361.2	5.97	3139	3016
2005	465.1	403.6	7.58	3417	3266
2006	543.7	471.2	9.09	3864	3682
2007	630.1	548.6	11.19	4320	4112
2008	707.2	617.2	12.96	4773	4552
2009	803.1	708.9	13.80	5324	5094
2010	1025.7	910.9	16.90	6581	6305
2011	1191.0	1063.8	19.60	7487	7181
2012	1392.3	1253.2	22.02	8568	8237
2013	1603.7	1469.9	21.60	9725	9409
2014	1886.3	1743.9	23.18	10933	10606
2015	2200.7	2019.7	29.31	12382	12040
2016	2571.8	2362.6	31.49	14059	13696
2017	3041.3	2802.1	35.43	16287	15884
2018	3589.1	3335.6	38.31	18403	17983
2019	4004.5	3953.7	7.37	20814	20700
2020	3335.4	3331.3	0.59	17573	17559
2021	1524.2	1518.3	0.85	8952	8934
2022	1389.2	1385.9	0.49	8106	8096
2023	1804.2	1784.9	2.73	11928	11881

注:1. 自2019年开始,入境旅游口径调整为“入境过夜游客”,2018年以前为“境外旅游者人数”,2021年起,旅游接待主要指标按国家制度口径进行调整。

a) Since 2019, the caliber of inbound tourism has been adjusted to "inbound overnight tourists", which was "the number of overseas tourists" before 2018, Since 2021, the main indicators of tourism reception have been adjusted according to the national system.

9－14　境外旅游者人数(1978－2023 年)

Number of International Tourists (1978－2023)

单位:人次　　　　(person－times)

年　份 Year	合　计 Total	#外国人 Foreigners	港澳台同胞 Compatriots from Hong Kong, Macao and Taiwan	平均逗留天数 Average days of Staying
1978	53475	728	26648	
1979	84914	44714	39131	2.59
1980	124960	61710	61382	2.70
1981	154745	87727	65014	2.71
1982	152897	89100	61314	2.49
1983	160564	97803	59625	2.18
1984	179200	105771	70915	2.12
1985	238385	156311	75063	2.18
1986	266370	170960	87092	2.38
1987	300603	183477	100078	2.38
1988	349246	149512	159745	2.08
1989	248502	66094	163589	2.08
1990	388345	86621	268131	2.09
1991	390197	136809	229690	2.00
1992	489578	183781	267256	2.03
1993	459620	199796	234640	2.06
1994	337362	201692	124346	2.10
1995	441262	249418	177236	2.06
1996	462313	273477	178845	2.07
1997	504276	288949	205267	2.20
1998	507243	261353	231609	2.20
1999	591853	324625	257978	2.09
2000	707148	400906	306242	2.15
2001	819438	447689	371749	2.41
2002	1056266	631576	424690	2.50
2003	861163	482073	379090	2.72
2004	1234063	791616	442447	2.59
2005	1513585	1020840	492745	2.63
2006	1820171	1236792	583379	2.57
2007	2085997	1453650	632347	2.67
2008	2213329	1543665	669654	2.73
2009	2304045	1572838	731207	2.87
2010	2757147	1878528	878619	2.94
2011	3063140	2108263	954877	2.96
2012	3311225	2298763	1012462	2.95
2013	3160058	2198187	961871	2.93
2014	3261337	2254866	1006471	2.93
2015	3415619	2378461	1037158	2.99
2016	3632252	2556247	1076005	3.14
2017	4022309	2849993	1172316	3.25
2018	4205063	2990183	1214056	2.80
2019	1133143	839504	293639	3.20
2020	143084	113640	29444	2.35
2021	181648	145537	36111	2.69
2022	96418	69975	26443	2.92
2023	466167	324752	141415	3.38

注:1. 从 1995 年起为全市数。自 2019 年开始,全省入境旅游统计口径调整为“入境过夜游客”,根据省文旅厅数据,我市 2018 年接待入境旅游者人次为 107.23 万人次。2018 年以前为“境外旅游者人数”。

a) Data in this table has included the tourists of whole municipality since 1995. Since 2019, the statistical caliber of inbound tourism in the whole province has been adjusted to "inbound overnight tourists". According to the data from the Zhejiang Provincial Department of Culture and Tourism, Hangzhou received 1.0723 million person/times inbound tourists in 2018. which was "the number of overseas tourists" before 2018.

9-15 接待境外游客及居民出境旅游情况(2018-2023年)
Number of International Tourists and Outbound Tourists(2018-2023)

指　标	Item	2018	2019	2020	2021	2022	2023
一、接待境外游客	**International Tourists**						
全年接待人数(人次)	**Number of Foreign Tourists(person-times)**	**4205063**	**1133143**	**143084**	**181648**	**96418**	**466167**
#外国人	#Foreigners	2990183	839504	113640	145537	69975	324752
港澳台同胞	Compatriots From Hong Kong, Macao and Taiwan	1214056	293639	29444	36111	26443	141415
全年接待人天数(人天)	**Total Person-days (person-days)**	**14694611**	**2991120**	**336562**	**488448**	**281583**	**1576031**
#外国人	#Foreigners	10727681	2312566	264402	382107	201108	1158085
港澳台同胞	Compatriots From Hong Kong, Macao and Taiwan	3966930	678553	72159	106341	80475	417946
平均逗留天数(天)	**Average Days of Staying (days)**	**2.8**	**3.2**	**2.4**	**2.69**	**2.92**	**3.38**
#外国人	#Foreigners	2.8	3.2	2.3	2.63	2.87	3.57
港澳台同胞	Compatriots From Hong Kong, Macao and Taiwan	2.6	2.8	2.5	2.94	3.04	2.96
旅游外汇总收入(万美元)	**Total Foreign Exchange Earnings From International Tourism (USD 10000)**	**383063**	**73660**	**5903**	**8544**	**4854**	**27315**
二、居民出境旅游	**Outbound Tourism**						
居民出境旅游人数(人次)	**Outbound Tourists(Person-time)**	**2125332**	**2186500**	**87742**	**-**	**-**	**259428**

注:1.从1995年起为全市数。自2019年开始,全省入境旅游统计口径调整为“入境过夜游客”,根据省文旅厅数据,我市2018年接待入境旅游者人次为107.23万人次。2018年以前为“境外旅游者人数”。

a) Data in this table has included the tourists of whole municipality since 1995. Since 2019, the statistical caliber of inbound tourism in the whole province has been adjusted to "inbound overnight tourists". According to the data from the Zhejiang Provincial Department of Culture and Tourism, Hangzhou received 1.0723 million person/times inbound tourists in 2018. which was "the number of overseas tourists" before 2018.

9－16 接待境外游客分国别(地区)情况(2022－2023年)
Number of International Tourists by Country or Territory(2022－2023)

单位:人次 (person－times)

国别(地区)	Country(territory)	2023	2022	为上年(%) As Compared with the Preceding Year(%)
合　计	**Total**	**466167**	**96418**	**484**
#中国香港	#Hong Kong China	78150	13009	601
中国澳门	Macao China	8765	3191	275
中国台湾	Taiwan China	54499	10243	532
日本	Japan	16622	8350	199
美国	U. S. A	46607	13383	348
新加坡	Singapore	19542	2458	795
澳大利亚	Australia	10785	2550	423
泰国	Thailand	7838	831	943
意大利	Italy	3933	1303	302
荷兰	Netherlands	2687	483	556
西班牙	Spain	2480	972	255
马来西亚	Malaysia	20667	1044	1980
韩国	Republic of Korea	24663	7154	345
法国	France	5677	2227	255
德国	Germany	8629	3509	246
加拿大	Canada	9956	3460	288
英国	Britain	7396	3930	188
印度尼西亚	Indonesia	7212	213	3386
印度	India	6546	1187	552
菲律宾	Filipine	1932	462	418

注:1. 自2019年开始,全省入境旅游统计口径调整为"入境过夜游客"。

a) Since 2019, the statistical caliber of inbound tourism in the whole province has been adjusted to "inbound overnight tourists".

主要统计指标解释

利用外资 指我市政府部门，企业和其他经济组织通过对外借款，吸收外商直接投资以及用其他方式筹措的境外现汇、设备、技术等。

外商直接投资 是指外国企业和经济组织或个人（包括华侨、港澳台胞以及我国在境外注册的企业）按我国有关政策、法规，用现汇、实物、技术等在我市境内开办外商独资企业、与我市境内的企业或经济组织共同举办中外合资经营企业、合作经营企业或者合作开发资源的投资（包括外商投资收益的再投资）以及经政府有关部门批准的项目投资总额内，企业从境外借入的资金。

进出口总额 海关进出口总额指实际进出我国国境的货物总金额。包括对外贸易实际进出口货物，来料加工装配进出口货物，国家间、联合国及国际组织无偿援助物资和赠送品，华侨、港澳台同胞和外籍华人捐赠品，租赁期满归承租人所有的租赁货物，进料加工进出口货物，边境地方贸易及边境地区小额贸易进出口货物（边民互市贸易除外），中外合资经营企业、中外合作经营企业、外商独资经营企业进出口货物和公用物品，到、离岸价格在规定限额以上的进出口货样和广告品（无商业价值、无使用价值和免费提供出口的除外），从保税仓库提取在中国境内销售的进口货物，以及其他进出口货物。进出口总额以观察一个国家在对外贸易方面的总规模。我国规定出口货物按离岸价格统计，进口货物按到岸价格统计。

境外旅游者人数 指来我市参观、访问、旅行、探亲、访友、休养、考察、参加会议和从事经济、科技、文化、教育、体育、宗教等活动的外国人、华侨、港澳和台湾同胞的人数。不包括外国在我市的常驻机构，如使领馆、通讯社、企业办事处的工作人员；来我市常住的外国专家、留学生以及在岸逗留不过夜人员。

境外旅游（外汇）收入 指入境旅游的外国人、华侨、港澳台同胞在杭州旅游过程中发生的一切旅游支出，对我市来说就是境外旅游（外汇）收入。

Explanatory Notes on Main Statistical Indicators

Utilization of Foreign Capital refers to foreign spot exchange, equipment and technology financed by foreign loans, foreign direct investment and other forms undertaken by Hangzhou government, enterprises and other economic units.

Foreign Direct Investment refers to the investments inside China by foreign enterprises and economic organizations or individuals (including overseas Chinese, compatriots from Hong Kong, Macao and Taiwan, and Chinese enterprises registered abroad) , following the relevant policies and laws of China, to establish wholly foreign owned enterprises, Sino foreign joint ventures and cooperative enterprises, or to explore resources jointly with enterprises or economic organizations in Hangzhou with spot exchange, material objects and technology. It also includes the re – investment of the foreign entrepreneurs with the profits gained from the investment and funds that enterprises borrow from abroad in the total investment of projects approved by the relevant department of the government.

Total Imports and Exports refer to the value of commodities imported into and exported from the boundary of China. It includes the actual imports and exports through foreign trades, imported and exported goods processed and assembled with supplied materials, supplies and gifts as aid given gratis between countries and by the United Nations and other international organizations, and contributions donated by overseas Chinese, compatriots in Hong Kong, Macao and Chinese foreign citizenship, leasing commodities belong to tenants at the end of leasing period, the imported and exported commodities processed with imported materials, commodities trading in border areas (excluding mutual exchange goods), the imported and exported commodities and articles for public use of the Sino – foreign joint ventures, cooperative enterprises and wholly foreign owned enterprises. It also includes imported or exported samples and advertising goods whose CIF or FOB value are beyond the permitted ceiling (excluding goods without trading or use value and exported free), imported goods sold in China from bonded warehouses and other imported or exported goods. This indicator is used to observe the total size of external trade in a country. In accordance with the stipulation of Chinese government, imports are calculated at CIF, while exports are calculated at FOB.

Number of International Tourists refers to foreigners, overseas Chinese and compatriots from Hong Kong, Macao and Taiwan, who come to Hangzhou for sightseeing, visits, tours, family reunions, vacations, study tours, conferences and other activities of business, scientific and technological, cultural, educational and religious natures. It does not include employees of permanent offices of foreign countries in our city such as embassies, consulates, news agencies and offices of foreign companies, or long – term foreign experts or students residing in Hangzhou, or persons in transition without spending a night in Hangzhou.

Foreign Exchange Earnings from Overseas Tourism refer to the total expenditures of foreigners, overseas Chinese, Chinese compatriots from Hong Kong, Macao and Taiwan during their stay in Hangzhou, which are, for Hangzhou, foreign exchange earnings from overseas tourism.

十 财政、金融保险

FINANCE, BANKING AND INSURANCE

10 财政、金融、保险
Finance, Banking and Insurance

主要统计指标
Major Statistical Indicators

财政总收入	Total Financial Revenue	4916.53	亿元	(100 million yuan)
为上年	As Compared with the Preceding Year	107.1	%	(%)
一般公共预算收入	General Public Budget Revenue	2616.81	亿元	(100 million yuan)
为上年	As Compared with the Preceding Year	106.8	%	(%)
一般公共预算支出	General Public Financial Budgetary Expenditure	2636.23	亿元	(100 million yuan)
为上年	As Compared with the Preceding Year	103.7	%	(%)
年末金融机构各项存款余额	Balance of Deposits of Financial Institutions at Year-end	77588.65	亿元	(100 million yuan)
为上年	As Compared with the Preceding Year	111.5	%	(%)
# 住户存款余额	Balance of Household Deposits	23430.99	亿元	(100 million yuan)
为上年	As Compared with the Preceding Year	118.3	%	(%)
年末金融机构各项贷款余额	Balance of Loans of Financial Institutions at Year-end	68641.55	亿元	(100 million yuan)
为上年	As Compared with the Preceding Year	109.5	%	(%)

10－01 财政收入及支出(1978－2023年)

Financial Revenue and Expenditure (1978－2023)

单位:万元 (10,000 yuan)

年份 Year	财政总收入 Financial Revenue		一般公共预算收入 General Public Budget Revenue		一般公共预算支出 General Public Budget Expenditure	
	全市 Total	市区 Urban District	全市 Total	市区 Urban District	全市 Total	市区 Urban District
1978	94102	73396	－	－	16170	7779
1979	103259	81885	－	－	20334	11289
1980	118529	94015	－	－	21726	11867
1981	128564	100645	－	－	23964	13891
1982	140510	107298	－	－	24945	13687
1983	153941	116559	－	－	32765	17822
1984	172996	130757	－	－	46937	28710
1985	186472	131923	－	－	57710	35435
1986	205952	141943	－	－	73213	43959
1987	226262	152268	－	－	70717	41011
1988	246961	161208	－	－	95655	53031
1989	255003	156649	－	－	113571	61534
1990	252503	149904	－	－	118167	62587
1991	267597	158130	－	－	123134	62403
1992	286394	168341	－	－	132814	65984
1993	394946	233670	－	－	185168	90545
1994	484597	300014	197292	116733	215415	102430
1995	551262	339828	230431	135041	249050	120084
1996	635334	414557	268438	169987	302390	151016
1997	740725	485650	312797	196885	363834	197054
1998	869824	585615	368484	236269	424478	237221
1999	1026577	689394	449593	288002	563524	335243
2000	1428519	970937	691891	599910	734328	445698
2001	1884608	1612225	1042789	884738	1049330	849479
2002	2571408	2235021	1183153	1022964	1410199	1166298
2003	3297091	2861459	1503888	1290778	1635948	1340463
2004	3957516	3488744	1974523	1712813	1956282	1602303
2005	5207930	4584112	2504565	2172575	2383344	1957619
2006	6244906	5484645	3013888	2616084	2754809	2254347
2007	7884237	6929667	3916195	3421403	3357153	2747060
2008	9105489	7991043	4553531	3972842	4196674	3454599
2009	10194264	8965758	5207899	4535191	4903983	4000324
2010	12454323	10988265	6713413	5894414	6165836	4988197
2011	14889206	13009046	7851524	6822765	7475004	5971740
2012	16278879	14244888	8599875	7475989	7862800	6222930
2013	17349750	15157584	9452020	8207264	8557370	6662314
2014	19201076	17750305	10273169	9426504	9611771	8077961
2015	22387456	20738698	12338820	11360166	12054777	10235061
2016	25584128	23844189	14023826	12988095	14043065	12019355
2017	29212996	28010839	15674169	14979182	15409156	13968866
2018	34574596	33198717	18250616	17466268	17170834	15573258
2019	36500413	35006136	19659731	18800198	19528530	17796386
2020	38541929	37001224	20933893	20021700	20696554	18772405
2021	45617231	43797735	23865936	22837555	23920396	21897539
2022	45900795	43946799	24506119	23331928	25420894	23076582
2023	49165279	47115329	26168107	24971916	26362270	23866015

10－02 分地区财政
Local Financial

单位:万元

指 标	Item	全 市 Total	市 区 Urban District
财政总收入合计	**Total**	**49165279**	**47115329**
一、一般公共预算收入	General Public Budget Revenue	26168107	24971916
(一)税收收入	Tax Revenue	23481349	22521937
1.增值税	Domestic Value－added Tax	9194156	8762858
2.企业所得税	Corporate Income Tax	4968483	4748423
3.个人所得税	Individual Income Tax	2434447	2377318
4.资源税	Resource tax	19418	8937
5.城市维护建设税	City Construction and Maintenance Tax	1339289	1296149
6.房产税	Real Estate Tax	973362	933498
7.印花税	Stamp tax	581394	562505
8.城镇土地使用税	Urban Land Use Tax	152475	130298
9.土地增值税	Land Appreciation Tax	1640802	1606458
10.车船税	Vehicle and vessel tax	145855	124806
11.耕地占用税	Tax on the Use of Arable Land	59673	50619
12.契税	Contract Tax	1966933	1915695
13.烟叶税	Tobacco Tax	－	－
14.环境保护税	Environmental protection tax	2402	1810
15.其他税收收入	Other Tax	2660	2563
(二)非税收入	Non－tax Revenue	2686758	2449979
1.专项收入	Special Revenue	1410990	1350763
2.行政事业性收费收入	Income from Administrative Fees	286245	264329
3.罚没收入	Penalty and Confiscatory Income	282139	242699
4.国有资本经营收入	Revenue of state－owned capital	－124380	－119680
其中:国有企业计划亏损补贴	Subsides to Loss－making of state－owned Enterprises	－124380	－119680
5.国有资源(资产)有偿使用收入	Income from Paid Use of State－owned Resources (Assets)	679847	566915
6.政府住房基金收入	Government Housing Fund Income	145659	138695
7.其他收入	Other Revenue	6258	6258
二、上划中央"四税"小计	Subtotal Revenue of Central Government	22997172	22143413
1.消费税	Consumption Tax	2698615	2691937
2.增值税	Value Added Tax	9194155	8762857
3.企业所得税	Corporate Income Tax	7452729	7122639
4.个人所得税	Individual Income Tax	3651673	3565980

总收入(2023 年)

Revenue by Region(2023)

(10,000 yuan)

上城区 Shangcheng	拱墅区 Gongshu	西湖区 Xihu	高新(滨江)区 Hi - Tech (Binjiang)	萧山区 Xiaoshan	余杭区 Yuhang
4608210	**3593903**	**4496368**	**4624603**	**5669099**	**8015676**
2449376	1991753	2337817	2421441	3320021	4166800
2318654	1876141	2165721	2290707	2804776	3987717
772269	729661	803303	852775	1232723	1205909
643321	383914	447879	460991	560332	1220179
265629	182286	451719	436812	168463	534565
–	–	411	–	2211	42
107769	103138	98351	157428	136598	159145
153729	121840	93977	101148	122867	90441
87159	90609	46908	57873	83902	63351
9223	11202	8660	5478	27848	9789
267928	200425	208669	214499	37167	444375
10269	52883	5731	3649	20491	1894
–	–	–	–	9849	10772
–	–	–	–	401634	246974
–	–	–	–	–	–
92	73	96	51	293	151
1266	110	17	3	398	130
130722	115612	172096	130734	515245	179083
91579	84943	82958	124177	179552	144029
17780	6524	25905	388	56021	13616
17966	23269	35776	5012	28811	5000
–	–	–	–	-6880	-3600
–	–	–	–	-6880	-3600
3397	876	26935	1157	229630	18229
–	–	–	–	27322	1283
–	–	522	–	789	526
2158834	1602150	2158551	2203162	2349078	3848876
23139	23189	5850	3682	23162	10850
772269	729661	803303	852775	1232723	1205909
964982	575871	671819	691487	840498	1830269
398444	273429	677579	655218	252695	801848

10－02 续表

单位:万元

指 标	Item	市 区	
		临平区 Linping	钱塘区 Qiantang
财政总收入合计	**Total**	**2537898**	**2476264**
一、一般公共预算收入	General Public Budget Revenue	1446818	1270814
(一)税收收入	Tax Revenue	1315941	1157990
1. 增值税	Domestic Value－added Tax	627088	611627
2. 企业所得税	Corporate Income Tax	219655	219264
3. 个人所得税	Individual Income Tax	76602	78376
4. 资源税	Resource tax	－	－
5. 城市维护建设税	City Construction and Maintenance Tax	69953	96024
6. 房产税	Real Estate Tax	57137	79877
7. 印花税	Stamp tax	24909	34384
8. 城镇土地使用税	Urban Land Use Tax	12545	13439
9. 土地增值税	Land Appreciation Tax	40851	14707
10. 车船税	Vehicle and vessel tax	8753	9959
11. 耕地占用税	Tax on the Use of Arable Land	9669	－
12. 契税	Contract Tax	168126	－
13. 烟叶税	Tobacco Tax	－	－
14. 环境保护税	Environmental protection tax	145	222
15. 其他税收收入	Other Tax	508	111
(二)非税收入	Non－tax Revenue	130877	112824
1. 专项收入	Special Revenue	67009	74884
2. 行政事业性收费收入	Income from Administrative Fees	14714	17471
3. 罚没收入	Penalty and Confiscatory Income	16573	16859
4. 国有资本经营收入	Revenue of state－owned capital	－	－
其中:国有企业计划亏损补贴	Subsides to Loss－making of state－owned Enterprises	－	－
5. 国有资源(资产)有偿使用收入	Income from Paid Use of State－owned Resources (Assets)	32581	3610
6. 政府住房基金收入	Government Housing Fund Income	－	－
7. 其他收入	Other Revenue	－	－
二、上划中央“四税”小计	Subtotal Revenue of Central Government	1091080	1205450
1. 消费税	Consumption Tax	19606	147363
2. 增值税	Value Added Tax	627088	611627
3. 企业所得税	Corporate Income Tax	329483	328896
4. 个人所得税	Individual Income Tax	114903	117564

continued

(10,000 yuan)

Urban District			桐庐县 Tonglu	淳安县 Chun'an	建德市 Jiande
富阳区 Fuyang	临安区 Lin'an	西湖风景名胜区 The West Lake Scenic Zone			
1651800	**1412472**	**204121**	**788888**	**468889**	**792173**
1005385	875951	100608	450347	269917	475927
813010	781318	95397	383047	220350	356015
355283	297331	28472	188928	86348	156022
139108	130095	31777	79397	51417	89246
54266	29081	17492	20304	20984	15841
4246	2027	-	2510	526	7445
38724	34421	3426	17998	7935	17207
38771	23715	10451	18270	6619	14975
23765	12670	1594	8564	4206	6119
16056	13118	1615	8564	3675	9938
11261	136504	559	11629	20155	2560
6454	4721	2	2863	3938	14248
7866	3710	-	2541	709	5804
116907	93867	-	21118	13804	16316
-	-	-	-	-	-
224	125	1	270	28	294
79	-67	8	91	6	-
192375	94633	5211	67300	49567	119912
98053	33523	3014	24900	10858	24469
47958	8718	92	2763	6250	12903
33707	8184	237	17631	8331	13478
-3000	-6200	-	-	-	-4700
-3000	-6200		-	-	-4700
15657	50349	1868	19554	23172	70206
-	52		2452	956	3556
-	7	-	-	-	-
646415	536521	103513	338541	198972	316246
1071	425	1137	63	4022	2593
355283	297331	28472	188928	86348	156022
208662	195143	47666	119095	77126	133869
81399	43622	26238	30455	31476	23762

10－03 分地区一般公共

General Public

单位:万元

指 标	Item	全 市 Total	市 区 Urban District
一般公共预算支出	**General Public Budget Expenditure**	**26362270**	**23866015**
一、一般公共服务支出	Expenditure for General Public Services	2096556	1851742
二、外交支出	Diplomatic Expenditure	–	–
三、国防支出	Expenditure for National Defense	22711	20790
四、公共安全支出	Expenditure for Public Security	1537063	1421271
五、教育支出	Expenditure for Education	5601784	5101930
六、科学技术支出	Expenditure for Science and Technology	2429074	2318582
七、文化旅游体育与传媒支出	Expenditure for Culture, Sports and Media	679750	633328
八、社会保障和就业支出	Expenditure for Social Safety Net and Employment Effort	3142782	2822935
九、卫生健康支出	Expenditure for Medical and Health Care	2177487	1911479
十、节能环保支出	Expenditure for Energy Conservation and Environmental Protection	393721	343611
十一、城乡社区支出	Expenditure for Urban and Rural Community	2967955	2840510
十二、农林水支出	Expenditure for Agriculture, Forestry and Water Conservancy	1201439	880742
十三、交通运输支出	Expenditure for Transportation	546756	381124
十四、资源勘探工业信息等支出	Resources Exploration Information, etc	1412001	1377298
十五、商业服务业等支出	Expenditure for Commercial Service Industry	676772	647857
十六、金融支出	Expenditure for Financial Supervision	28403	27699
十七、援助其他地区支出	Expenditure for Aiding Other Territories	91003	88742
十八、自然资源海洋气象等支出	Expenditure for Land, Ocean and Meteorological Services	188705	163292
十九、住房保障支出	Expenditure on Housing Support	521961	464552
二十、粮油物资储备支出	Expenditure for Grain and Oil Reservation and other Materials Services	59240	57682
二十一、灾害防治及应急管理支出	Expenditure for Disaster Prevention and Emergency Management	123870	114454
二十二、预备费	Reserve Funds	–	–
二十三、其他支出	Other Expenditure	12593	8290
二十四、债务付息支出	Expenditure for Interest Payments on Debts	448990	386672
二十五、债务发行费用支出	Expenditure for Issuing Debts	1654	1433

预算支出(2023 年)
Expenditure by Region(2023)

(10,000 yuan)

上城区 Shangcheng	拱墅区 Gongshu	西湖区 Xihu	高新(滨江)区 Hi – Tech (Binjiang)	萧山区 Xiaoshan	余杭区 Yuhang
1553228	**1322296**	**1692910**	**1818822**	**3281572**	**3513830**
149531	120667	91703	60612	288474	207136
–	–	–	–	–	–
525	475	3434	1991	4870	2157
112701	133263	103743	58112	178420	117014
437509	357034	574342	333941	689017	556645
136294	93272	214257	463262	233452	335220
20825	30689	27329	43382	69212	66921
194455	187205	183838	221030	257456	353234
119161	117086	94110	86101	229279	291104
17369	15165	7483	15122	51107	67853
237761	192577	243028	337432	394296	399853
7548	2535	38689	11063	127869	276221
86	116	10	14	52552	75509
10470	3666	61837	65571	291774	289961
60487	40031	3272	23374	130825	296468
4094	3137	1133	1934	7482	869
9785	4005	7514	11201	8458	13056
4069	4853	7984	4262	32469	21243
9006	6337	5557	55160	150726	71761
234	493	–	43	116	5138
4935	2238	12263	4102	11667	11830
–	–	–	–	–	–
1421	–	–	–	1863	2103
14920	7400	11310	21077	69939	52342
42	52	74	36	249	192

10－03 续表

单位:万元

指　标	Item	市　区	
		临平区 Linping	钱塘区 Qiantang
一般公共预算支出	**General Public Budget Expenditure**	**2001734**	**1437343**
一、一般公共服务支出	Expenditure for General Public Services	173061	140943
二、外交支出	Diplomatic Expenditure	－	－
三、国防支出	Expenditure for National Defense	2263	1826
四、公共安全支出	Expenditure for Public Security	92209	83262
五、教育支出	Expenditure for Education	436784	310821
六、科学技术支出	Expenditure for Science and Technology	94198	207761
七、文化旅游体育与传媒支出	Expenditure for Culture, Sports and Media	37083	8188
八、社会保障和就业支出	Expenditure for Social Safety Net and Employment Effort	186326	118988
九、卫生健康支出	Expenditure for Medical and Health Care	186070	68378
十、节能环保支出	Expenditure for Energy Conservation and Environmental Protection	47855	53070
十一、城乡社区支出	Expenditure for Urban and Rural Community	412060	113803
十二、农林水支出	Expenditure for Agriculture, Forestry and Water Conservancy	43593	53804
十三、交通运输支出	Expenditure for Transportation	44560	16907
十四、资源勘探工业信息等支出	Resources Exploration Information, etc	109156	149172
十五、商业服务业等支出	Expenditure for Commercial Service Industry	51208	16034
十六、金融支出	Expenditure for Financial Supervision	526	359
十七、援助其他地区支出	Expenditure for Aiding Other Territories	6475	3031
十八、自然资源海洋气象等支出	Expenditure for Land, Ocean and Meteorological Services	12904	12904
十九、住房保障支出	Expenditure on Housing Support	19432	18334
二十、粮油物资储备支出	Expenditure for Grain and Oil Reservation and other Materials Services	374	29
二十一、灾害防治及应急管理支出	Expenditure for Disaster Prevention and Emergency Management	7231	7585
二十二、预备费	Reserve Funds	－	－
二十三、其他支出	Other Expenditure	39	－
二十四、债务付息支出	Expenditure for Interest Payments on Debts	38148	51989
二十五、债务发行费用支出	Expenditure for Issuing Debts	179	155

continued

(10,000 yuan)

Urban District			桐庐县 Tonglu	淳安县 Chun'an	建德市 Jiande
富阳区 Fuyang	临安区 Lin'an	西湖风景名胜区 The West Lake Scenic Zone			
1376229	**1056767**	**163205**	**727976**	**894069**	**874210**
137740	90640	14049	61467	101025	82322
–	–	–	–	–	–
48	568	8	502	802	617
69886	53995	20811	40238	35513	40041
252059	201040	6163	218022	147352	134480
86789	58521	267	51607	17148	41737
32515	22569	13052	17831	14275	14316
211111	200073	19860	84861	136110	98876
152521	71482	6382	86478	88799	90731
13832	22413	584	3423	33301	13386
85288	80053	71969	19176	35795	72474
92857	108218	5471	63116	123500	134081
43094	42868	40	35477	55467	74688
81881	19433	11	4940	25701	4062
9026	13674	100	6646	17173	5096
3115	468	1	395	177	132
3007	2544	228	1055	–	1206
11980	7782	331	5227	7150	13036
43755	29152	2324	12572	22044	22793
1443	2000	–	34	1490	34
12493	9987	1554	2727	3620	3069
–	–	–	–	–	–
1364	–	–	–	–	4303
30244	19174	–	12161	27529	22628
181	113	–	21	98	102

10－04　分税种、支出科目财政收支情况（2017－2023年）

Local Public Financial Budgetary Revenue and Expenditure by Tax and Expenditure Account(2017－2023)

单位:万元　　(10,000 yuan)

指　标 Item	2017	2018	2019	2020	2021	2022	2023
财政总收入合计 Total	**29212996**	**34574596**	**36500413**	**38541929**	**45617231**	**45900795**	**49165279**
一、一般公共预算收入 General Public Budget Revenue	15674169	18250616	19659731	20933893	23865936	24506119	26168107
(一)税收收入 Tax Revenue	14171594	16512101	17911758	19785952	22336029	21698557	23481349
1. 国内增值税 Domestic Value－added Tax	2969672	3222118	6464435	6283057	7830680	7292040	9194156
改征增值税 Newly Changed Value－added Tax	2693559	3354083	3293607	3815351	－	－	－
2. 营业税 Business Tax	5288	16053	－	－	－	－	－
3. 企业所得税 Corporate Income Tax	2702212	3230360	3762660	3997302	4919598	5334604	4968483
4. 个人所得税 Individual Income Tax	461998	1863436	1813506	1999483	2278722	2278680	2434447
5. 城市维护建设税 City Construction and Maintenance Tax	984315	1133495	1117782	1138295	1414537	1494955	1339289
6. 房产税 Real Estate Tax	557952	663805	589684	672537	703768	882311	973362
7. 城镇土地使用税 Urban Land Use Tax	205548	172024	116652	143926	113638	144040	152475
8. 土地增值税 Land Appreciation Tax	975587	931792	1639773	1609298	2266371	1554055	1640802
9. 耕地占用税 Tax on the Use of Arable Land	37784	31261	119847	417613	98443	130397	59673
10. 契税 Contract Tax	1205784	1474897	1839509	3031748	2132040	1973916	1966933
11. 其他税收 Other Tax	371895	418777	447910	492693	578232	613559	751729
(二)非税收入 Non－tax Revenue	1502575	1738515	1747973	1147941	1529907	2807562	2686758
1. 专项收入 Special Revenue	1180199	1293351	1173121	934996	1060727	1483593	1410990
2. 行政事业性收费收入 Income from Administrative Fees	48079	111730	101292	167184	204207	226365	286245

10－04 续表 continued

单位:万元 (10,000 yuan)

指 标 Item	2017	2018	2019	2020	2021	2022	2023
3. 罚没收入 Penalty and Confiscatory Income	218482	328202	279899	214645	335565	364705	282139
4. 国有资本经营收入 Revenue of state－owned capital	–	–	－198006	－469821	－477302	－220580	－124380
#国有企业计划亏损补贴 Subsides to Loss－making of state－owned Enterprises	－174529	－230413	－198299	－474590	－477462	－220580	－124380
5. 国有资源(资产)有偿使用收入 Income from Paid Use of State－owned Resources (Assets)	101288	146357	292317	242891	312040	828020	679847
6. 政府住房基金收入 Government Housing Fund Income	128247	79003	92493	51801	78343	118636	145659
7. 其他收入 Other Revenue	809	10285	6857	6245	16327	6823	6258
二、一般公共预算支出 General Public Budget Expenditure	15409156	17170834	19528530	20696554	23920396	25420894	26362270
1. 一般公共服务 Expenditure for General Public Services	1311829	1503663	1708207	1903776	1989700	2100067	2096556
2. 教育 Expenditure for Education	2792968	3154350	3635648	4042682	4662642	5000916	5601784
3. 科学技术 Expenditure for Science and Technology	923236	1182090	1481879	1443254	1796737	2077342	2429074
4. 文化旅游体育与传媒 Expenditure for Culture, Sports and Media	309282	332192	389757	400728	450250	572354	679750
5. 社会保障和就业 Expenditure for Social Safety Net and Employment Effort	1731704	2043585	2292860	2531543	2868994	2890618	3142782
6. 卫生健康 Expenditure for Medical and Health Care	1123291	1107731	1300003	1490008	1715324	2632981	2177487
7. 节能环保 Expenditure for Energy Conservation and Environmental Protection	377904	360033	471506	533234	405613	392344	393721
8. 城乡社区 Expenditure for Urban and Rural Community	2736428	2930114	3308192	2705431	3676150	3142869	2967955
9. 农林水 Expenditure for Agriculture, Forestry and Water Conservancy	896205	942335	1053876	1029656	987866	969527	1201439
10. 交通运输 Expenditure for Transportation	515070	754753	743181	583462	559640	957864	546756
11. 住房保障 Expenditure on Housing Support	286287	227453	229186	401739	475180	486674	521961

10－05 金融机构存、贷款余额(1949－2023 年)

Balance of Deposits and Loans of Financial Institutions (1949－2023)

单位:万元 (10,000 yuan)

年 份 Year	各项存款合计 Deposits Total	住户存款 Household Deposits	城镇住户存款 Urban Household Deposits	各项贷款合计 Loans Total
1949	241			131
1950	2044			63
1951	5475			2214
1952	7727			4533
1953	7806			7693
1954	7358			14900
1955	8996			10697
1956	8751			9674
1957	14878			11494
1958	10898			26220
1959	17912			46141
1960	17303			61064
1961	18943			45856
1962	22739			33740
1963	21725			24558
1964	23522			24721
1965	25415			29611
1966	28844			41399
1967	31748			44880
1968	36039			53683
1969	30962			56059
1970	35967			68278
1971	41903			72507
1972	44029			77571
1973	59975			106073
1974	63586			118245
1975	70118			123201
1976	74508			128047
1977	87634			128238
1978	86824	20714	17056	136759
1979	108998	28937	22640	135713
1980	180707	40447	30896	174153
1981	226949	51440	38889	236678
1982	262156	67192	50113	216040
1983	303130	86635	64736	236203
1984	388305	115766	85439	329195
1985	484999	159596	115592	580180
1986	635514	222110	153572	769841
1987	776105	302762	207505	967477
1988	839680	351943	241839	1145989
1989	1017087	501592	346318	1338984

10－05 续表 continued

单位:万元 (10,000 yuan)

年 份 Year	各项存款合计 Deposits Total	住户存款 Household Deposits	城镇住户存款 Urban Household Deposits	各项贷款合计 Loans Total
1990	1646165	697515	479031	1803266
1991	2036334	904490	616308	2136903
1992	2652966	1144737	763309	2651983
1993	3469954	1563328	1048413	3415527
1994	5061345	2394370	1642498	4450932
1995	7079650	3423379	2448787	5672105
1996	9619291	4638458	3459439	7434243
1997	12251840	5583306	4229591	9388500
1998	14948225	6701158	5155548	11620537
1999	17886717	7425967	5760527	14937506
2000	20884723	7885579	6151084	16866431
2001	26215100	9418400	7396800	20877000
2002	33731500	11834000	9492300	27523800
2003	46527300	15899600	13079600	38187000
2004	57072000	18351700	15016100	48000400
2005	67487200	21916600	17960100	55453000
2006	78555500	25552400	20789600	66038600
2007	93109600	26348300	21154300	84306800
2008	113333500	34765900	27584600	100690500
2009	142842104	42869189	34027871	131133023
2010	170843548	49909744	39352353	150787269
2011	183965719	55474824	43464332	165737441
2012	201487672	60899841	46965391	180908011
2013	221747107	64085856	47733077	193504605
2014	244505093	67672009	49107745	213168315
2015	298638294	76177515	55659016	233279520
2016	333860429	84932733	62521938	261689982
2017	364832373	86705977	63076960	292709406
2018	398104954	101985223	75755331	365982478
2019	452869942	119012969	–	422451656
2020	542464720	143981152	–	497992776
2021	610442955	158184001	–	562747700
2022	695920329	198144215	–	623062995
2023	775886519	234309876	–	686415477

注:1. 1989 年以前数据均为银行机构存贷款,1990 年及以后年份数据为调整后金融机构存贷款。2003 年起金融机构存贷款为本外币合并数据。

2. 2015 年起,各项存款和各项贷款分类调整。

3. 2019 年起,不再区分城镇住户和农村住户。

a) Data before 1989 belonged to banking system, data after 1990 adjusted for deposits and loans of financial institutions, data since 2003 included both RMB and foreign currency.

b) Since 2015, the classification in deposits and Loans has been adjusted.

c) Since 2019, no distinction are made between urban and rural households.

10-06 市区金融机构存、贷款余额(1978-2023年)

Balance of Deposits and Loans of Financial Institutions of Urban District(1978-2023)

单位:万元 (10,000 yuan)

年 份 Year	各项存款 Deposits	住户存款 Household Deposits	城镇住户存款 Urban Household Deposits	各项贷款 Loans
1978	58372	13774	13246	101144
1979	73720	18055	17241	98792
1980	134275	24702	23282	121231
1981	172721	31358	29345	170539
1982	198350	39756	37047	142091
1983	226160	50439	46833	155297
1984	293145	66108	61934	194977
1985	359825	89114	82868	418214
1986	458142	115818	106703	557763
1987	565429	156704	142642	714313
1988	610601	180341	163466	846998
1989	737388	256238	229518	1000731
1990	1062574	354316	297390	1271779
1991	1309462	451756	397322	1469671
1992	1695011	572660	479248	1774158
1993	2263969	762234	662234	2298124
1994	3383877	1242379	1085363	3033010
1995	4851774	1853512	1639875	3907199
1996	6828786	2734904	2371657	5350499
1997	8831147	3287475	2873638	6772221
1998	10785066	3905602	3440607	8615412
1999	13051806	4336058	3835542	11462505
2000	15436286	4620235	4101716	13105849
2001	23765400	7976400	6460200	19237800
2002	30638400	10139800	8370100	25476700
2003	42522000	13834200	11693000	30297500
2004	52542100	16014700	13479900	44517600
2005	62249500	19231800	16208400	51455900
2006	72269600	22391800	18737800	61190700
2007	86197300	23124600	19132300	78456200
2008	104930100	30665200	24996500	93838100
2009	131800234	37837816	30801878	121473548
2010	156776515	43676938	35370599	138671334
2011	168052916	48263525	38996516	151756838
2012	183719227	52347969	41789531	156426086
2013	201596137	54488059	42142666	175670366
2014	222558892	57202595	43243610	191888081
2015	284321331	68516344	51360093	222078475
2016	317723682	76306727	57718389	249684325
2017	345461303	77416526	57941703	278049912
2018	385383821	94991531	71808820	354926592
2019	437946336	110826488	–	409258262
2020	524892599	134701696	–	481800206
2021	591681266	147787064	–	543499571
2022	674787284	185705482	–	600102870
2023	751731665	219736709	–	658680820

注:1.2018年起,市区数据包含临安区。
2.2019年起,不再区分城镇住户和农村住户。
a) Since 2018, data of urban District Includes Lin'an district.
b) Since 2019, no distinction are made between urban and rural households.

10－07 住户(本外币)存款余额(2023年末)

Balance of Savings Deposits(RMB and Foreign Currency) of Residents(End of 2023)

单位:万元 (10,000 yuan)

地区	Region	总计 Total	
		2023年末 At the End of Year 2023	为上年(%) As Compared with the Preceding Year(%)
全市	**Total**	**234309876**	**118.3**
市区	Urban District	219736709	118.3
#萧山区	Xiaoshan	34980413	119.1
余杭区	Yuhang	14819246	122.3
临平区	Linping	14177750	113.7
富阳区	Fuyang	10522489	118.3
临安区	Lin'an	7779340	121.0
桐庐县	Tonglu	5794336	115.9
淳安县	Chun'an	3377304	118.7
建德市	Jiande	5401527	117.6

10－08 全市金融机构本外币

Balance of Deposits and Loans(RMB and Foreign Currency)

单位:万元

指 标	Item	全 市 Total 绝对值 Absolute Value	为上年(%) As Compared with the Preceding Year(%)	市 区 小计 Subtotal
一、各项存款	**Deposits**	**775886519**	**111.5**	**751731665**
(一)境内存款	Domestic Deposits	765078691	112.0	741212813
1. 住户存款	Household Deposits	234309876	118.3	219736709
(1)活期存款	Current Deposits	78479423	104.5	74456634
(2)定期及其他存款	Term and Other Deposits	155830453	126.6	145280075
2. 非金融企业存款	Non－financial Enterprise Deposits	351938290	110.3	344642350
(1)活期存款	Current Deposits	109476711	104.4	105655576
(2)定期及其他存款	Term and Other Deposits	242461578	113.1	238986775
3. 广义政府存款	General Government Deposits	126840071	107.9	125076073
(1)财政性存款	Treasury Deposits	24772808	98.3	24607759
(2)机关团体存款	Organization Deposits	102067263	110.6	100468314
4. 非银行业金融机构存款	Non－banking Financial Institutions Deposits	51990454	107.2	51757681
(二)境外存款	Overseas Deposits	10807828	86.1	10518852
二、各项贷款	**Loans**	**686415477**	**109.5**	**658680820**
(一)境内贷款	Domestic Loans	682980531	109.4	655246044
1. 住户贷款	Household Loans	260206899	104.3	249164408
(1)短期贷款	Short－term Loans	83423501	102.3	80673007
(2)中长期贷款	Medium and Long term Loans	176783397	105.3	168491401
2. 企(事)业单位贷款	Loans to Non－financial Enterprises and Public Institutions	422438964	112.8	405756968
(1)短期贷款	Short－term Loans	120706454	114.4	117100235
(2)中长期贷款	Medium and Long term Loans	258868767	112.2	246356487
(3)票据融资	Note Financing	34170895	111.7	33607398
(4)融资租赁	Finance lease	8572889	112.4	8572889
(5)各项垫款	Advance Money	119959	151.3	119959
3. 非银行业金融机构贷款	Non－banking Financial Institutions Loans	334668	255.4	324668
(二)境外贷款	Overseas Loans	3434947	112.2	3434776

存、贷款余额（2023 年末）
of Financial Institutions(End of 2023)

(10,000 yuan)

Urban District					桐庐县 Tonglu	淳安县 Chun'an	建德市 Jiande
萧山区 Xiaoshan	余杭区 Yuhang	临平区 Linping	富阳区 Fuyang	临安区 Lin'an			
73260580	**41877695**	**33297489**	**23679495**	**15837861**	**9777754**	**5454569**	**8922530**
72965306	41798237	33163297	23655209	15832465	9729363	5226820	8909695
34980413	14819246	14177750	10522489	7779340	5794336	3377304	5401527
8236112	3738435	3920559	3155140	2419214	1592075	1031502	1399212
26744301	11080811	10257191	7367349	5360126	4202262	2345802	4002315
26774120	20464344	12420783	10357913	5962722	3018954	1328220	2948765
8528079	9095954	4740847	3507446	2373171	1589823	555324	1675988
18246041	11368390	7679936	6850467	3589551	1429131	772896	1272777
8992768	6273195	4902826	1872870	1579861	857885	486397	419715
767216	1199586	149594	593491	249190	88577	28988	47485
8225552	5073609	4753231	1279379	1330671	769309	457410	372231
2218004	241452	1661938	901937	510542	58187	34899	139687
295275	79458	134192	24286	5396	48392	227748	12836
72930107	**25807234**	**32691766**	**31835273**	**17375422**	**12184351**	**5639327**	**9910979**
72465106	25804584	32686490	31835110	17374768	12184351	5639156	9910979
22986421	10512278	11724710	9528227	7219652	4433795	2698799	3909897
4766191	2740661	2342605	1603085	1294290	1100265	589307	1060922
18220231	7771617	9382105	7925142	5925362	3333530	2109492	2848975
49438061	15232306	20901780	22306884	10155117	7750556	2940358	5991082
18204547	4328328	4893376	4636917	2188918	1655476	582156	1368588
28684828	10519022	13586098	16691886	7181581	5906702	2189966	4415611
2542409	384367	2421872	975529	784176	188378	168236	206883
–	–	–	–	–	–	–	–
6276	588	434	2550	443	–	–	–
40624	60000	60000	–	–	–	–	10000
465000	2651	5275	162	654	–	171	–

10－09 金融机构人民币

Balance of RMB Deposits and Loans

单位:万元

指　标	Item	全　市 Total 绝对值 Absolute Value	为上年(%) As Compared with the Preceding Year(%)	市　区 小计 Subtotal
一、各项存款	**Deposits**	**756031509**	**112.3**	**732398110**
(一)境内存款	Domestic Deposits	754092915	112.2	730468025
1. 住户存款	Household Deposits	231993852	118.4	217447695
(1)活期存款	Current Deposits	77606997	104.7	73597254
(2)定期及其他存款	Term and Other Deposits	154386855	126.7	143850441
2. 非金融企业存款	Non－financial Enterprise Deposits	343342427	110.7	336254165
(1)活期存款	Current Deposits	103644939	105.0	99963322
(2)定期及其他存款	Term and Other Deposits	239697489	113.3	236290844
3. 广义政府存款	General Government Deposits	126823898	107.9	125066146
(1)财政性存款	Treasury Deposits	24772808	98.3	24607759
(2)机关团体存款	Organization Deposits	102051090	110.6	100458386
4. 非银行业金融机构存款	Non－banking Financial Institutions Deposits	51932737	107.1	51700019
(二)境外存款	Overseas Deposits	1938594	154.9	1930085
二、各项贷款	**Loans**	**683098518**	**109.8**	**655383492**
(一)境内贷款	Domestic Loans	681300348	109.7	653585493
1. 住户贷款	Household Loans	260191587	104.3	249149293
(1)短期贷款	Short－term Loans	83408277	102.3	80657979
(2)中长期贷款	Medium and Long term Loans	176783310	105.3	168491313
2. 企(事)业单位贷款	Loans to Non－financial Enterprises and Public Institutions	420784717	113.2	404122156
(1)短期贷款	Short－term Loans	119606932	114.9	116000953
(2)中长期贷款	Medium and Long term Loans	258314532	112.6	245821446
(3)票据融资	Note Financing	34170895	111.7	33607398
(4)融资租赁	Finance lease	8572889	112.4	8572889
(5)各项垫款	Advance Money	119470	150.7	119470
3. 非银行业金融机构贷款	Non－banking Financial Institutions Loans	324044	247.3	314044
(二)境外贷款	Overseas Loans	1798170	229.5	1797999

存、贷款余额(2023 年末)
of Financial Institutions(End of 2023)

(10,000 yuan)

Urban District					桐庐县 Tonglu	淳安县 Chun'an	建德市 Jiande
萧山区 Xiaoshan	余杭区 Yuhang	临平区 Linping	富阳区 Fuyang	临安区 Lin'an			
71852186	**41265971**	**32630397**	**23443888**	**15610080**	**9562653**	**5206771**	**8863975**
71759778	41206664	32598425	23435528	15605000	9558708	5203804	8862378
34850776	14779114	14139558	10493751	7762344	5781930	3372730	5391496
8183328	3719723	3902296	3139888	2411186	1585755	1029198	1394791
26667448	11059391	10237262	7353863	5351158	4196176	2343533	3996705
25698713	19912910	11894179	10167068	5752613	2860706	1314961	2912595
7894192	8708986	4370060	3351119	2198959	1493655	542292	1645670
17804521	11203924	7524119	6815949	3553654	1367051	772669	1266925
8992567	6273188	4902750	1872772	1579500	857885	481213	418655
767216	1199586	149594	593491	249190	88577	28988	47485
8225351	5073603	4753156	1279280	1330310	769309	452225	371170
2217722	241452	1661937	901937	510542	58186	34899	139633
92408	59307	31973	8361	5080	3945	2967	1597
72630629	**25787437**	**32641634**	**31666236**	**17329327**	**12184244**	**5639212**	**9891569**
72328512	25784786	32638696	31666074	17328673	12184244	5639042	9891569
22985590	10512032	11724459	9528012	7219523	4433688	2698776	3909830
4765362	2740416	2342355	1602871	1294161	1100158	589284	1060855
18220229	7771617	9382105	7925141	5925362	3333530	2109492	2848975
49312921	15212754	20854236	22138061	10109150	7750556	2940266	5971740
18101427	4308777	4869332	4468095	2142951	1655476	582064	1368439
28662809	10519022	13562598	16691886	7181581	5906702	2189966	4396417
2542409	384367	2421872	975529	784176	188378	168236	206883
–	–	–	–	–	–	–	–
6276	588	434	2550	443	–	–	–
30000	60000	60000	–	–	–	–	10000
302118	2651	2938	162	654	–	171	–

10－10　金融机构人民币信贷收支表(资金来源,2017－2023年)
Credit Funds Balance Sheet of Financial Institutions (RMB,Sources of Funds,2017－2023)

单位:亿元　　(100 million yuan)

指　标	Item	2017	2018	2019	2020	2021	2022	2023
资金来源合计	**All Sources**	**38680**	**42616**	**48922**	**58318**	**66983**	**74644**	**83377**
一、各项存款	Deposits	35322	38810	43932	51893	58409	67345	75603
(一)境内存款	Domestic Deposits	35271	38718	43854	51793	58310	67220	75409
1.住户存款	Household Deposits	8503	9981	11702	14194	15623	19599	23199
2.非金融企业存款	Non－financial Enterprise Deposits	15557	16819	19729	24254	26342	31022	34334
3.广义政府存款	General Government Deposits	7162	8442	9339	9023	10471	11751	12682
4.非银行业金融机构存款	Non－banking Financial Institutions Deposits	4049	3477	3085	4323	5874	4849	5193
(二)境外存款	Overseas Deposits	51	92	78	100	99	125	194
二、金融债券	Bonds	439	378	542	570	849	1146	1411
三、卖出回购资产	Sell Repurchase Assets	5	1	－	－	－	68	45
四、借款及非银行业金融机构拆入	Borrowing and Non Banking Financial Institutions Borrowing	3	22	44	51	47	37	26
五、联行往来(净)	Interbank Transactions (net)	－	906	1383	2441	3789	1901	－
六、应付及暂收款	Accounts Payable and Temporary Collection of Money	1102	1138	1282	1465	1544	1699	1907
七、各项准备	All Reserves	850	1021	1166	1403	1642	1855	2047
八、所有者权益	Creditor's Equity	1491	1831	2103	2461	2829	3083	3408
其中:实收资本	Paid－in Capital	475	525	573	714	799	874	736
九、其他	Others	－532	－1491	－1529	－1965	－2127	－2490	－1070

10－11　金融机构人民币信贷收支表(资金运用,2017－2023 年)

Credit Funds Balance Sheet of Financial Institutions (RMB,Use of Funds,2017－2023)

单位:亿元　　　　(100 million yuan)

指　　标	Item	2017	2018	2019	2020	2021	2022	2023
资金运用合计	**Total Application of Funds**	**38680**	**42616**	**48922**	**58318**	**66983**	**74644**	**83377**
一、各项贷款	**Loans**	**28574**	**35878**	**41546**	**49185**	**55661**	**61803**	**68310**
(一)境内贷款	**Domestic Loans**	**28552**	**35812**	**41464**	**49102**	**55587**	**61725**	**68130**
1. 住户贷款	**Household Loans**	**9653**	**13945**	**16516**	**20428**	**22647**	**24530**	**26019**
(1)短期贷款	Short－term Loans	2351	5338	5925	7573	7413	7777	8341
(2)中长期贷款	Medium and Long term Loans	7302	8607	10591	12855	15234	16753	17678
2. 企(事)业单位贷款	**Loans to Non－financial Enterprises and Public Institutions**	**18868**	**21862**	**24931**	**28657**	**32891**	**37181**	**42078**
(1)短期贷款	Short－term Loans	7183	7440	7873	8813	9201	10406	11961
(2)中长期贷款	Medium and Long term Loans	9970	12388	14482	17038	20351	22944	25831
(3)票据融资	Note Financing	819	1126	1627	1850	2535	3060	3417
(4)融资租赁	Finance lease	865	875	931	944	794	762	857
(5)各项垫款	Advance Money	31	32	18	12	9	8	12
3. 非银行业金融机构贷款	**Non－banking Financial Institutions Deposits**	**32**	**5**	**17**	**17**	**49**	**13**	**32**
(二)境外贷款	**Overseas Loans**	**21**	**66**	**81**	**83**	**75**	**78**	**180**
二、债券投资	**Bond Investment**	**2694**	**3240**	**4020**	**5619**	**7240**	**8748**	**11025**
三、股权及其他投资	**Equity and other Investment**	**2805**	**2495**	**2321**	**2402**	**2860**	**2891**	**2720**
四、买入返售资产	**Bug Assets Repurchased**	**87**	**348**	**254**	**288**	**316**	**276**	**87**
五、存放非银行业金融机构款项	**Deposit of non Banking Financial Institutions**	**1**	**1**	**1**	**1**	**89**	**88**	**75**
六、联行往来(净)	**Interbank Transactions (net)**	**3831**	**－**	**－**	**－**	**－**	**－**	**100**
七、金银占款	**Funds Outstanding for Gold and Silver**	**－**	**－**	**－**	**－**	**－**	**－**	**－**
八、外汇买卖	**Foreign Exchange Trading**	**－**	**－**	**－**	**－**	**－**	**－**	**－**
九、应收及预付款	**Collectable Account and Advance Payment**	**431**	**405**	**501**	**546**	**525**	**559**	**772**
十、投资性房地产	**Investment Property**	**6**	**8**	**7**	**7**	**5**	**9**	**10**
十一、固定资产	**Fixed Assets**	**250**	**243**	**271**	**270**	**286**	**270**	**279**

10－12　保险业务情况(2021－2023年)

Statistics on Insurance Business(2021－2023)

单位:万元　　　　(10,000 yuan)

指标	Item	保险费收入 Insurance premium income			赔付金额 Indemnity Expenditure		
		2021	2022	2023	2021	2022	2023
全市总计	**Total**	**9690425**	**10762209**	**12201532**	**3160463**	**3388286**	**3813499**
为上年%	As Compared with the Preceding Year(%)	103.7	111.1	113.4	120.9	107.2	112.6
一、财产保险	Property Insurance	2591031	2852230	3061533	1629228	1802072	2213553
企业财产险	Enterprise Property Insurance	135037	151275	170119	66378	55301	55588
家庭财产险	Family Property Insurance	39215	47176	68933	14749	13346	12115
机动车辆险	Transportation Equipment Insurance	1412974	1578805	1663531	959408	996848	1121837
工程险	Project Insurance	35519	24561	29848	19320	24214	27910
责任险	Responsibilihty Insurance	293550	360119	473032	139763	184597	317643
信用险	Export Credit Insurance	191589	200852	95111	68264	115503	147832
保证险	Guarantee Insurance	146486	122361	66667	91314	105725	113098
船舶险	Shipping Insurance	6377	6921	7758	3663	5628	6222
货运险	Cargo Insurance	127415	117971	167945	91436	97915	137974
特殊风险保险	Special Pisks Insurance	7820	5692	7062	2513	1409	432
农业保险	Agriculture Insurance	35549	38629	42202	33582	36307	39591
其他险	Other	159501	197866	269324	138835	165278	233311
二、人身险	Personal Insurance	7099394	7909979	9139999	1531235	1586214	1599947
寿险	Life Insurance	5448637	5987127	7021364	570612	744926	893683
意外伤害险	Accidental Insurance	240505	232068	232332	93559	97760	108716
健康险	Health Insurance	1410252	1690785	1886304	867064	743528	597547

注:1. 根据国家金融监管总局要求,2021年起对外披露行业汇总数据已剔除风险处置机构情况。

a) According to the requirements of National Financial Regulatory Administration, the industry summary data disclosed to the public has excluded the risk disposal institutions since 2021 .

主要统计指标解释

财政收入 包括:(1)各项税收。主要有增值税、营业税、土地增值税、城市维护建设税、资源税、城市土地使用税、印花税、个人所得税、企业所得税、关税和耕地占用税等。

(2)专项收入包括征收排污费、征收城市水资源费收入,教育费附加收入等。

存款 企业、机关、团体或居民根据可以收回的原则,把货币资金存入银行或其他信用机构保管并取得一定利息的一种信用活动形式。根据存款对象的不同可划分为企业存款、财政存款、机关团体存款、基本建设存款、城镇储蓄存款、农村存款等科目。它是银行信贷资金的主要来源。

贷款 银行或其他信用机构根据必须归还的原则,按一定利率,为企业、个人等提供资金的一种信用活动形式。我国银行贷款分为流动资金贷款、固定资产贷款、城乡个体工商户贷款、城乡个体工商户贷款以及农业贷款等科目。

Explanatory Notes on Main Statistical Indicators

Financial Revenue includes: (1) various tax revenues, mainly including value added tax, business tax, land value added tax, tax on city maintenance and construction, resources tax, tax on use of urban land, stamp tax, personal income tax, enterprise income tax, tariff and tax on occupancy of cultivated land, etc. (2) Special revenues, including revenue collected from imposing fee on sewage treatment and on urban water resources, and extra charges for education, etc.

Deposit is a form of credit activity that enterprises, institutions, organizations or residents deposit money into banks or other credit institutions for safekeeping and interest earning under the recoverable principle. According to different depositors, deposits are divided into enterprise deposits, treasury deposits, deposits of institutions and groups, capital construction deposits, urban savings deposits, rural deposits and other deposits. It is the major source of bank credit funds.

Loan is a form of credit activity that banks or other credit institutions provide funds at certain interest rate to enterprises and individuals in the light of the principle of unconditional repayment. Loans from Chinese banks include circulating capital loans, fixed assets loans, loans to urban and rural individuals engaged in industrial and commercial business and agricultural loans.

十一 城市建设 环境保护

URBAN CONSTRUCTION AND ENVIRONMENTAL PRODUCTION

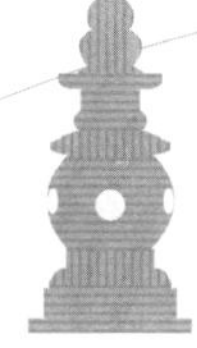

11 城市建设、环境保护
Urban Construction and Environmental Protection

主要统计指标
Major Statistical Indicators

市区建成区面积	Developed Area in Urban District	859.14	平方千米	(sq.km)
市区实有道路面积	Area of Roads in Urban District at Year-end	16141	万平方米	(10, 000 sq.m)
市区用电量	Electricity Consumption of Urban District	893.89	亿千瓦时	(100 million kW・h)
#工业用电	Industrial Electricity Consumption	378.79	亿千瓦时	(100 million kW・h)
生活用电	Electricity Consumption for Residential Use	175.62	亿千瓦时	(100 million kW・h)
市区供水能力	Water-supply Capacity of Urban District	567	万吨/日	(10, 000 tons/day)
市区供水总量	Annual Volume of Tap Water Supplied in Urban District	134759	万吨	(10, 000 tons)
市区气化率	Percentage of Population with Access to Gas in Urban District	100	%	(%)
市区公园绿地面积	Park Green Area in Urban District	14539	公顷	(hectare)
市区空气质量达标(AQI < 100)天数	The Number of Days of Air Quality Reaching(AQI<100) the Standards	308	天	(day)

11－01 市区公共交通情况(2016－2023年)
Public Transportation in Urban Districts(2016－2023)

指标	Item	2016	2017	2018	2019	2020	2021	2022	2023
一、轨道交通	**Rail Transit**								
年末运营线路总长度（千米）	Length of Operating Routes (year－end) (km)	81.50	117.60	117.60	135.40	306.30	342.00	516.00	516.0
客运总量（万人次）	Passenger Traffic (10,000 person－times)	26877	33986	52985	63202	58241	89837	96365	138357
二、公共汽车	**Bus**								
年末运营线路条数（条）	Number of Operating Routes (year－end) (unit)	758	937	1152	1140	1307	1361	1495	1543
年末运营线路总长度（千米）	Length of Operating Routes (year－end) (km)	13866	16819	21460	18547	25947	25799	30540	29813
#BRT线路长度（千米）	BRT line length (km)	151	151	132	289	132	152	30	30
年末运营公共汽车（辆）	Number of Public Transportation Vehicles(year－end) (unit)	8770	9672	11272	10708	10866	10850	10911	10344
#无轨电车（辆）	Number of Operating Trolleys (unit)	150	150	150	85	85	52	52	48
客运总量（万人次）	Passenger Traffic (10,000 person－times)	141441	151263	158753	155496	70392	71214	53056	56712
三、出租汽车	**Tax**								
年末实有出租汽车数（辆）	Number of Taxis(year－end) (unit)	12209	13233	14125	14133	14093	14313	14472	14562

11－02 市区城市供电、供水情况(1949－2023年)

Electricity and Water Supply in Urban Districts(1949－2023)

年份 Year	供电总量 Power Supply			供水总量 Water Supply		
	合计(亿千瓦时) Total(100 million kW·h)	#工业用电 Industrial	#生活用电 Residents´living	合计(万吨) Total (10000 tons)	#生产用水 Production	#生活用水 Residents´living
1949	0.24	0.15	0.08	191	25	166
1950	–	–	–	–	–	–
1951	–	–	–	–	–	–
1952	0.43	0.35	0.06	229	65	164
1953	0.53	0.43	0.07	353	109	244
1954	0.67	0.57	0.08	452	148	304
1955	0.66	0.55	0.08	540	162	378
1956	0.82	0.68	0.10	714	249	464
1957	0.90	0.72	0.12	845	310	535
1958	1.47	1.27	0.13	1264	622	642
1959	2.18	1.91	0.16	2097	1259	838
1960	2.94	2.61	0.17	2909	1834	1075
1961	2.73	2.37	0.18	2647	1600	1047
1962	2.50	2.06	0.21	2556	1465	1091
1963	2.56	2.09	0.23	2561	1440	1121
1964	3.00	2.50	0.25	2924	1679	1244
1965	3.49	2.97	0.26	3164	1937	1227
1966	4.02	3.46	0.27	3669	2392	1277
1967	3.74	3.11	0.51	3892	2388	1504
1968	–	–	–	3891	2369	1522
1969	4.15	3.48	0.58	4766	3100	1666
1970	4.68	4.00	0.59	4972	3360	1578
1971	5.34	4.49	0.70	5978	4072	1868
1972	5.80	4.95	0.72	6548	4440	2018
1973	5.94	5.05	0.77	6755	4562	2193
1974	5.15	4.20	0.81	6725	4482	2243
1975	4.93	3.94	0.85	7007	4707	2300
1976	5.40	4.33	0.92	7379	4992	2387
1977	7.57	5.72	1.02	8140	5498	2642
1978	8.01	6.52	1.26	9072	6116	2956
1979	9.04	7.23	1.54	10548	6813	3388
1980	10.25	8.73	1.17	11199	7359	3840
1981	10.87	8.98	1.45	12662	7943	4718
1982	11.62	9.41	1.70	13761	8272	5380
1983	12.60	10.13	1.88	14226	8211	6015
1984	13.70	10.72	2.24	15586	8713	6800
1985	14.94	11.18	2.34	17484	8599	8144
1986	15.85	12.96	0.78	17894	8527	9367
1987	16.97	13.56	1.04	18911	9424	9487
1988	17.95	13.96	1.30	19806	10028	9764
1989	18.51	14.20	1.51	20733	8780	11941

11－02 续表 continued

年 份 Year	供电总量 Power Supply			供水总量 Water Supply		
	合计(亿千瓦时) Total(100 million kW·h)	#工业用电 Industrial	#生活用电 Residents´living	合计(万吨) Total (10000 tons)	#生产用水 Production	#生活用水 Residents´living
1990	19.95	14.89	1.86	22290	8945	13301
1991	21.16	15.69	1.99	22772	9223	13522
1992	23.34	17.04	2.31	24412	10052	14338
1993	25.70	18.21	2.69	25333	10022	15289
1994	29.49	19.68	3.57	25902	9707	16195
1995	31.41	20.89	4.07	27740	9380	18336
1996	35.41	21.67	5.26	27216	8845	18125
1997	42.39	25.82	6.32	26513	7593	18920
1998	48.46	28.58	7.67	26593	8075	17838
1999	51.19	29.55	7.90	25504	7395	18109
2000	60.19	33.52	9.86	33725	8100	19410
2001	133.12	92.99	16.79	52000	18324	25710
2002	156.61	110.31	18.76	53372	18180	31408
2003	190.12	131.87	23.67	59180	21796	30743
2004	207.75	146.56	23.89	62265	23544	29187
2005	244.78	172.56	27.98	73331	27327	35220
2006	279.94	197.61	32.53	64764	20258	33979
2007	313.47	219.92	36.86	66753	19519	33682
2008	325.75	221.28	41.15	68178	19354	35902
2009	346.93	230.20	45.31	69499	16671	37274
2010	392.64	258.35	50.74	53565	11479	30978
2011	432.57	282.95	55.49	52660	11884	22384
2012	444.95	278.93	63.62	58183	12478	22861
2013	484.05	296.08	71.52	60747	13005	23733
2014	552.71	355.06	72.56	66172	14792	26894
2015	559.54	345.23	78.27	66760	14902	26162
2016	583.96	337.04	93.03	65087	14161	25078
2017	673.73	389.00	105.29	83192	16157	33960
2018	724.31	397.72	117.67	88568	15866	35778
2019	738.88	381.96	125.83	99156	21534	40117
2020	728.74	357.19	131.46	120992	29601	49606
2021	823.03	386.93	145.09	125396	31884	52157
2022	858.77	366.93	177.77	134255	33405	55257
2023	893.89	378.79	175.62	134759	33176	54239

11－03　市区市政建设情况(2016－2023年)
Public Utilities in Urban Districts(2016－2023)

指　标	Item	2016	2017	2018	2019	2020	2021	2022	2023
一、市政建设	**Urban Infrastructure**								
建成区面积(平方公里)	Constructed Area (sq. m)	541.38	591.08	615.22	648.46	666.18	801.63	829.41	859.14
年末实有道路面积(万平方米)	Area of Roads (year－end) (10,000 sq. m)	6932	8291	8840	9341	10073	12467	13843	16141
年末实有道路长度(公里)	Length of Roads(year－end) (km)	3075	3550	3783	3990	4323	6573	6873	7361
年末实有桥梁数(座)	Number of Bridges(year－end) (unit)	1353	1443	1473	1545	1705	2829	2835	3114
排水管道长度(公里)	Length of Drainage Pipelines (km)	5944	8614	8924	9125	9434	11362	12033	10936
城市污水排放量(万立方米)	Volume of Sewage Drained (10,000 cu. m)	57916	69834	74438	80447	82795	100593	98731	105457
城市污水处理总量(万立方米)	the Total Volume of Urban Sewage Treatment (10,000 cu. m)	55061	66516	71364	77245	80406	97708	96444	103173
二、城市液化气	**Urban Liquefied Petroleum Gas**								
供气总量　(万吨)	Total Volume of Liquefied Petroleum Gas Supply (10,000 tons)	13.14	12.86	13.28	12.24	11.17	13.07	11.95	10.44
#家庭用气(万吨)	Supply for Residential Use (10,000 tons)	5.90	6.48	5.81	5.15	6.98	7.23	6.04	5.65
三、人工煤气及天然气	**Coal Gas and Natural Gas**								
家庭用气总量(万立方米)	Total Volume of Coal Gas Consumed (10,000 cu. m)	21878	23614	26506	32907	50843	49511	55976	58073
家庭用气户数(万户)	Residential Households with Access to Gas (10,000 households)	139.03	153.17	172.81	187.85	200.30	270.11	298.29	317.23
四、全社会气化率(%)	**Percentage of Population with Access to Gas (%)**	**100**	**100**	**100**	**100**	**100**	**100**	**100**	**100**

11－04 市区园林绿化情况（2016－2023年）

Urban Forestation（2016－2023）

指　标	Item	2016	2017	2018	2019	2020	2021	2022	2023
建城区绿化覆盖面积（公顷）	The Green Areas Coveraged in Constructed Areas (hectare)	22035	23620	24999	26312	28885	31856	33975	36783
建城区园林绿地面积（公顷）	Total Area of Parks, Gardens and Green Areas in Constructed Areas (hectare)	20118	21726	22886	23986	26249	28979	31193	33314
#公园绿地（公顷）	Public Green Area (hectare)	8118	8770	8976	9246	9951	11124	12723	14539
建城区绿化覆盖率（%）	Rate of the Green Areas Coveraged in Constructed Areas (%)	40.70	39.96	40.63	40.58	43.36	39.74	40.96	42.81
公园景点个数（个）	Number of Parks and Scenic Resorts (unit)	222	245	251	260	305	355	395	509
公园景点面积（公顷）	Area of Parks and Scenic Resorts (hectare)	2754	3074	3150	3208	3539	3668	3906	8144

11－05　环境保护情况(2022－2023 年)
Statistics on Environmental Protection(2022－2023)

指标名称	Item	全　市 Whole City	
		2022 年 In Year 2022	2023 年 In Year 2023
工业废水排放量　(万吨)	Industrial Wastewater Emissions　(10,000 tons)	13407.43	13715.20
工业废水中 COD 排放量　(吨)	COD Emissions in Industrial Wastewater　(tons)	4010.91	3659.57
工业废水中氨氮排放量　(吨)	Ammonia emissions in Industrial wastewater　(tons)	57.35	47.50
工业二氧化硫产生量　(吨)	Industrial Sulfur Dioxide Produced　(tons)	44127.95	48413.33
工业二氧化硫排放量　(吨)	Industrial Emissions of Sulfur Dioxide　(tons)	3223.24	2057.16
工业氮氧化物排放量　(吨)	Industrial Nitrogen Oxide Emissions　(tons)	12338.54	8254.20
工业颗粒物产生量　(吨)	Industrial Particulate matter Produced　(tons)	3516811.18	3618762.36
工业颗粒物排放量　(吨)	Industrial Particulate matter Emissions　(tons)	11529.25	7037.21
一般工业固体废物综合利用率　(%)	Comprehensive Utilization Rate of General Industrial Solid Waste　(%)	98.82	98.47
城市污水集中处理率　(%)	Centralized Treatment Rate of Urban Sewage　(%)	97.54	97.83
城市生活垃圾无害化处理率　(%)	Harmless Treatment Rate of City's Living Garbage　(%)	100	100
空气质量优良天数　(天)	Air Quality Days　(days)	304	308
集中式饮用水源地水质达标率　(%)	Compliance Rate of Centralized Sources of Drinking Water　(%)	100	100

主要统计指标解释

自来水生产能力　指年底城建部门管理的自来水厂实际生产能力。

生活用水量　指居民日常生活与公共福利设施的用水量。包括居民、饮食店、旅馆、医院、理发店、浴池、洗衣店、游泳池、商店、学校、机关、部队等单位的用水量。

供气总量　指全年售给各类用户的全部煤气量。包括工业用量、家庭用量和其他用量。

年末实有道路长度　指除土路外，路面经过铺装宽度在3.5米以上的道路，包括高级、次高级道路和普通道路。

城市桥梁　指城市范围内，修建在河道上的桥梁和道路与道路立交、道路跨越铁路的立交桥，以及人行天桥。包括永久性桥和半永久性桥，不包括临时性桥、铁路桥、涵洞。

营运线路长度　指设置的固定营运线路的长度，包括郊区营运线路长度。不包括临时行驶的线路长度。

用水普及率　指城市用水的非农业人口数（不包括临时人口和流动人口）与城市非农业人口总数之比。计算公式为：

$$\text{用水普及率} = \frac{\text{城市用水非农业人口数}}{\text{城市非农业人口数}} \times 100\%$$

城市园林绿地面积　指城市公共绿地、专用绿地、生产绿地、防护绿地、郊区风景名胜区的全部面积。

公园绿地面积　指供游览休息的各种公园、动物园、植物园、陵园以及花园、游园和供游览休息用的林荫道绿地、广场绿地。不包括一般栽植的行道树及林荫道的面积。

Explanatory Notes on Main Statistical Indicators

Production Capacity of Tap Water refers to the actual production capacity of the waterworks administered by the urban construction department at the year end.

Domestic water consumption refers to the water consumption of residents daily life and public welfare facilities, including the consumption of residents, restaurants, hotels, hospitals, barber shops, public bathhouses, laundries, swimming pools, shops, schools, institutions, army and other units.

Total Gas Supply refers to the total volume of gas sold to users in a year, including the gas for industrial use, family use and others.

Length of Roads at the Year End refers to the length of roads with pavement width more than 3. 5 meters except unsurfaced roads, including high quality, medium quality and ordinary roads.

Urban Bridges refer to bridges over river courses, overpasses crossing roads or railways and passenger footbridge sin urban areas. Permanent and semi – permanent bridges are included. Temporary bridges, railway bridges and culverts are excluded.

Length of Operation Line refers to the length of the roads in fixed operation, including the suburb one, but excluding the temporary one.

Urban Water Popularity rate refers to the ratio of the urban non – agricultural population (excluding temporary and floating population) using tap water to the total urban non – agricultural population. The formula is as follows:

$$\text{Urban Water Popularity rate} = \frac{\text{Urban Non – agricultural Population Using Tap Water}}{\text{Urban Non – agricultural Population}} \times 100\%$$

Area of Urban Gardens and Green Lands refers to the total area of urban public green land, special green land, production green land, protection green land and suburban scenic spots.

Park Green Area refers to the area of various parks, zoos, botanical gardens, cemeteries, gardens, and boulevard and square green land for sightseeing and rest. Areas of street trees and boulevards are excluded.

十二 科技、教育、文化、卫生、体育

SCIENCE AND TECHNOLOGY, EDUCATION, CULTURE, PUBLIC HEALTH AND SPORTS

科技、教育、文化、卫生、体育
Science and Technology, Education, Culture, Public Health and Sports

主要统计指标
Major Statistical Indicators

高等学校数	Number of Regular Institution of Higher Education	40	个	(unit)
高等学校在校学生数	Number of Students in Regular Institution of Higher Education	63.55	万人	(10, 000 person)
高中在校学生数	Number of Students in Senior High Schools	14.45	万人	(10, 000 person)
初中在校学生数	Number of Students in Junior High Schools	29.38	万人	(10, 000 person)
小学在校学生数	Number of Students in Primary Schools	76.21	万人	(10, 000 person)
医疗病床数	Number of Beds in Health Institutions	10.02	万张	(10, 000 bed)
# 医院	Number of Beds in Hospitals	9.52	万张	(10, 000 bed)
卫生技术人员数	Number of Medical Technical Personnel	19.74	万人	(10, 000 person)
# 执业(助理)医师	Number of Licensed (Assistant) Doctors	6.27	万人	(10, 000 person)
公共图书馆	Public Library	15	个	(unit)

12-01 科技活动情况(2017-2023年)
Statistics on Scientific and Technological Activities(2017-2023)

指标 Item	2017	2018	2019	2020	2021	2022	2023
一、全社会科技活动 The Scientific and Technological Activities in Whole Society							
研究与试验发展活动折合全时人员 (人年) Full-time Equivalent of R&D Personnel (Person-year)	103245	109507	126275	149424	138110	165841	206567
研究与试验发展经费支出 (亿元) R&D Expenditure (100 million yuan)	396.82	464.25	530.42	578.79	666.99	723.03	786.38
研究与试验发展经费支出与GDP之比 (%) The Proportion of R&D Expenditure in GDP (%)	3.15	3.25	3.44	3.57	3.66	3.81	3.92
二、规模以上工业科技活动 The Scientific and Technological Activities of Industrial Enterprises Above Designated Size							
有研究与试验发展活动企业数 (个) The Number of Enterprises with R&D Activities (Unit)	1819	1784	2075	2553	2902	2942	2754
研究与试验发展项目数 (个) The Number of R&D Projects (Unit)	10000	10102	12430	15507	16698	14838	13507
企业有科技机构 (个) Scientific and Technological Institutions of Enterprises (Unit)	1611	1567	1904	2242	2833	3147	3663
科技机构仪器和设备原价 (亿元) Original Value of Equipment in Scientific and Technological Institutions (100 million yuan)	142.78	156	172.41	201.90	265.60	277.70	349.90
研究与试验发展人员 (万人) R&D Personnel (10,000 person)	8.39	9.29	9.68	10.78	10.80	12.19	14.69
每万名从业人员中研究与试验发展活动人员数 (人) The Number of R&D Personnel per 10,000 Employees (Person)	794	906	961	1061	1015	1128	1362
研究与试验发展经费支出 (亿元) R&D Expenditure (100 million yuan)	241.93	268.28	296.90	307.23	342.39	369.68	378.61
研究与试验发展经费支出占营业收入的比例 (%) The Proportion of R&D Expenditure in Business Income (%)	1.78	1.77	1.86	1.96	1.68	1.82	1.89

12－02　全社会R&D经费投入情况(2012－2023年)
R&D Investment of the Whole Society(2012－2023)

单位:亿元　　(100 million yuan)

年　份 Year	总计 Total	按执行部门分 By Sector			
		研究机构 Research and Development Institutions	高等院校 Colleges and Universities	规模以上工业企业 Industrial Enterprises above Designated Size	其他 Others
2012	228.00	14.96	38.12	143.47	31.44
2013	248.73	15.91	39.78	160.21	32.83
2014	274.00	17.34	42.06	177.39	37.21
2015	302.19	20.88	46.04	198.06	37.21
2016	346.36	16.55	40.79	215.03	73.99
2017	396.82	18.04	44.56	241.93	92.29
2018	464.25	26.35	49.93	268.28	119.69
2019	530.42	29.17	62.60	296.90	141.75
2020	578.79	32.80	71.00	307.23	167.76
2021	666.99	64.00	76.18	342.39	184.42
2022	723.03	72.98	85.00	369.68	195.37
2023	786.38	83.87	95.47	378.61	228.43

12－03 规模以上工业企业 R&D 经费投入情况（2012－2023 年）

Basic Statistics on R&D Investment of Industrial Enterprises above Designated Size(2012－2023)

单位：亿元 (100 million yuan)

年 份 Year	总计 Total	按经费来源分 By Source			
		政府资金 Government Funds	企业资金 Self－raised Funds by Enterprise	境外资金 Overseas Funds	其他资金 Other
2012	143.47	4.63	137.73	0.41	0.70
2013	160.21	4.35	154.42	0.26	1.19
2014	177.39	5.24	171.18	0.10	0.89
2015	198.06	5.35	191.03	0.24	1.43
2016	215.03	3.88	209.98	0.08	1.09
2017	241.93	7.73	233.04	0.22	0.94
2018	268.28	6.31	261.25	0.41	0.21
2019	296.90	5.65	291.25	－	－
2020	307.23	3.70	303.01	0.41	0.11
2021	342.39	5.25	336.68	0.45	0.01
2022	369.68	5.16	364.28	0.21	0.03
2023	378.61	5.01	373.31	0.20	0.09

12－04　规模以上工业企业 R&D 经费投入情况（2023 年）
Basic Statistics on R&D Investment of Industrial Enterprises above Designated Size（2023）

指　标 Item	有 R&D 活动的企业数（个） Number of Enterprises with R&D Activities	企业办研发机构（个） R&D institutions Run by Enterprises	企业办机构仪器和设备原价（亿元） Original Price of Instruments and Equipment for Institutions Run by Enterprises（100 Million Yuan）	R&D 人员（万人） R&D Personnel（10000 Persons）	R&D 经费支出（亿元） R&D Expenditure（100 Million Yuan）
总　计 **Total**	**2754**	**3663**	**349.90**	**14.69**	**378.61**
按企业规模分 **Grouped by Size of Enterprises**					
大型企业 Large	108	157	103.37	5.38	200.05
中型企业 Medium－sized	465	537	102.25	3.91	102.15
小微企业 Small	2181	2969	144.28	5.40	76.40
按登记注册类型分 **Grouped by Status of Registration**					
国有企业 State－owned Enterprises	1	1	0.10	0.01	0.11
集体企业 Collective－owned Enterprises					
股份合作企业 Cooperative Enterprises		1	0.04		
联营企业 Joint Ownership					
有限责任公司 Limited Liability Corporations	492	480	94.76	3.05	80.52
股份有限公司 Share－holding Corporations Ltd.	230	316	68.92	3.03	88.61
私营企业 Private Enterprises	1798	2538	123.48	5.67	100.65
外商及港澳台投资企业 Enterprises with Investment from Foreign、Hong Kong、Macao and Taiwan	231	322	62.54	2.93	108.69

12－05 专利申请与授权情况(2007－2023年)

Patent Application and Authorization(2007－2023)

单位:件 (item)

年份 Year	专利申请合计 Patent Applications	发明 Inventions	实用新型 Utility Models	外观设计 Designs	专利授权合计 Patent Applications Granted	发明 Inventions	实用新型 Utility Models	外观设计 Designs
2007	13295	4592	4332	4371	7563	1320	3638	2605
2008	18549	5130	5796	7623	9831	1923	4637	3271
2009	26077	6703	9806	9568	15507	2535	5806	7166
2010	29732	7766	13108	8858	26483	3238	11888	11357
2011	40890	9717	18783	12390	29249	4511	14556	10182
2012	53785	11960	25313	16512	40651	5526	20400	14725
2013	58280	14031	25523	18726	41518	4903	23159	13456
2014	48569	14779	21711	12079	33548	5552	18147	9849
2015	60839	17777	29048	14014	46245	8296	24764	13185
2016	73546	24951	32187	16408	41052	8647	21763	10642
2017	75709	25578	35096	15035	42227	9872	21282	11073
2018	98396	36539	44963	16894	55379	10267	30891	14221
2019	113562	43357	53957	16248	61568	11748	36326	13494
2020	143912	55297	70983	17632	92399	17327	58540	16532
2021	–	–	–	–	122520	22948	80512	19060
2022	–	–	–	–	121196	30100	72795	18301
2023	–	–	–	–	107675	31981	58912	16782

12－06 分地区专利授权情况(2023 年)
Patent Application and Authorization by Region(2023)

单位:件 (item)

地　区	Region	专利授权合计 Patent Applications Granted	发明 Inventions	实用新型 Utility Models	外观设计 Designs
全　市	**Total**	**107675**	**31981**	**58912**	**16782**
市　区	Urban District	103080	31459	55645	15976
#上城区	Shangcheng	6403	1478	3524	1401
拱墅区	Gongshu	7774	2570	4080	1124
西湖区	Xihu	13686	6602	5387	1697
高新(滨江)区	Hi－Tech(Binjiang)	18317	7699	7060	3558
萧山区	Xiaoshan	13735	2393	9505	1837
余杭区	Yuhang	13949	4387	7387	2175
临平区	Linping	9034	933	6599	1502
钱塘区	Qiantang	11129	3887	5368	1874
富阳区	Fuyang	4920	894	3627	399
临安区	Lin'an	4133	616	3108	409
桐庐县	Tonglu	2458	221	1784	453
淳安县	Chun'an	615	116	431	68
建德市	Jiande	1522	185	1052	285

12－07 文化事业单位数(2000－2023 年)

Number of Culture Institutions(2000－2023)

单位:个　　　　(unit)

年 份 Year	电影院 Cinemas	剧场 Theaters	剧团 Opera Troupes	文化馆 Cultural Centers	文化站 Cultural Stations	图书馆 Libraries	博物馆 Museums	展览馆 Exhibition Buildings
2000	16	9	18	13	268	10	9	1
2001	16	15	18	13	226	10	11	1
2002	18	13	18	13	221	10	11	1
2003	20	11	18	13	220	10	11	1
2004	18	16	18	13	165	10	12	1
2005	22	12	19	13	204	12	12	1
2006	22	12	19	13	197	13	12	1
2007	22	12	19	13	195	14	12	1
2008	23	12	19	13	195	14	13	1
2009	22	12	20	13	198	16	35	1
2010	31	12	21	13	199	16	65	1
2011	30	11	21	15	190	15	65	1
2012	40	11	21	15	192	15	65	1
2013	48	11	21	15	189	15	65	1
2014	66	12	21	15	189	15	65	1
2015	90	11	20	15	189	15	67	1
2016	90	11	20	15	189	15	68	1
2017	158	11	20	15	189	15	68	1
2018	158	11	20	15	189	16	76	1
2019	193	9	20	15	189	16	79	1
2020	195	6	20	15	175	15	80	1
2021	200	8	20	14	179	14	86	1
2022	200	11	20	15	191	15	87	1
2023	178	14	21	15	192	15	89	1

12－08　分地区文化部门机构数(2023年末)

Number of Culture Institutions by Region(End of 2023)

单位:个　　　　(unit)

地　区	Region	剧场 Theaters	剧团 Opera Troupes	文化馆 Cultural Centers	文化站 Cultural Stations	图书馆 Libraries	博物馆 Museums	展览馆 Exhibition Buildings
全市	**Total**	**14**	**21**	**15**	**192**	**15**	**96**	**1**
市区	Urban District	13	18	12	139	12	89	1
#萧山区	Xiaoshan	–	2	1	23	1	9	–
余杭区	Yuhang	1	1	1	12	1	4	–
临平区	Linping	1	–	1	8	1	2	–
富阳区	Fuyang	1	1	1	24	1	3	–
临安区	Lin'an	–	–	1	18	1	3	–
桐庐县	Tonglu	–	1	1	14	1	3	–
淳安县	Chun'an	1	1	1	23	1	3	–
建德市	Jiande	–	1	1	16	1	1	–

12－09　市区文化事业单位数(1978－2023年)
Culture Institutions of Urban District (1978－2023)

单位:个　　(unit)

年　份 Year	电影院 Cinemas	剧　团 Opera Troupes	剧　场 Theaters	文化馆 Cultural Centers	文化站 Cultural Stations	图书馆 Libraries	博物馆 Museums
1978	7	13	6	5	–	2	1
1979	8	14	7	5	27	2	1
1980	8	15	7	5	37	2	1
1981	8	17	7	6	40	2	1
1982	9	17	7	6	45	3	1
1983	9	15	3	6	46	3	1
1984	9	15	4	6	49	3	1
1985	8	16	9	6	47	3	2
1986	8	15	8	6	48	3	2
1987	8	15	9	6	38	3	2
1988	7	14	9	6	50	3	2
1989	7	14	9	6	48	2	2
1990	9	14	9	5	48	3	2
1991	10	14	8	5	48	3	2
1992	11	14	8	5	48	3	6
1993	10	14	9	5	42	3	6
1994	11	13	9	5	48	3	6
1995	11	13	9	5	67	3	6
1996	10	13	8	5	55	3	6
1997	10	13	8	5	52	3	6
1998	9	13	8	6	55	3	7
1999	9	13	6	6	52	3	8
2000	8	12	6	6	52	3	9
2001	49	14	11	8	89	5	11
2002	–	14	10	8	90	4	11
2003	19	14	11	13	92	4	11
2004	18	14	14	8	93	5	12
2005	16	15	10	8	94	7	12
2006	16	15	10	8	94	8	12
2007	16	15	10	8	92	9	12
2008	18	15	11	8	92	9	13
2009	15	16	11	8	95	11	34
2010	25	17	11	8	96	11	54
2011	23	17	10	10	94	10	54
2012	31	17	10	10	96	10	54
2013	31	17	11	10	94	10	54
2014	55	18	11	11	118	11	57
2015	78	18	11	11	118	11	59
2016	78	18	11	11	118	11	60
2017	146	18	11	12	136	12	61
2018	146	18	11	12	136	13	72
2019	178	18	9	12	136	13	74
2020	179	18	6	12	122	12	74
2021	182	18	8	11	126	11	79
2022	180	18	11	12	138	12	80
2023	161	18	13	12	139	12	89

12－10　分地区艺术表演团体演出情况（2023 年）

Basic Statistics on Performance of Art Troupes by Region（2023）

地　区	Region	艺术表演场所演出场次（场）Number of Performances in Artistic Performance Place（scene）	艺术表演场所演出收入（万元）Income of Performances in Artistic Performance Place（10,000 yuan）	剧团演出场次（场）Number of Performances of Opera Troupes（scene）	农　村（场）Rural Areas（scene）	剧团演出观众人数（万人次）Number of Spectators of Opera Troupes（10000 person－times）	剧团演出收入（万元）Income of Performances of Opera Troupes（10,000 yuan）
全市	**Total**	**2600**	**14016.8**	**6753**	**2477**	**405.0**	**16215.7**
为上年（%）	As Compared with the Preceding Year （%）	134.1	214.2	110.2	162.1	201.7	147.0
市区	Urban District	2311	14016.8	5961	1748	299.9	15670.1
#萧山区	Xiaoshan	–	–	147	53	11.2	156.4
余杭区	Yuhang	93	41.1	254	212	36.9	288.8
临平区	Linping	163	2053.6	–	–	–	–
富阳区	Fuyang	–	–	167	153	26.0	402.6
临安区	Lin'an	–	–	–	–	–	–
桐庐县	Tonglu	–	–	249	229	74.7	187.9
淳安县	Chun'an	289	–	220	180	11.0	138.6
建德市	Jiande	–	–	323	320	19.4	219.1

12 - 11 图书出版数量(2022 - 2023 年)
Number of Books Published(2022 - 2023)

指标 Item	本版图书种数(种) Number of Publications(kind)		租型图书种数(种) Number of Publications for Lease(kind)		总印数(万册、万份) Total Printed Copies(10000 copies)		总印张(千印张) Total Printed Sheets(1000 sheets)	
	2022	2023	2022	2023	2022	2023	2022	2023
图书总计 Total	**15587**	**16415**	**385**	**272**	**50198.00**	**51161.21**	**4123295.03**	**4434820.79**
使用《中国标准书号》部分合计 Publication with "China Standard Book Number"	15543	16384	385	272	50163.29	51081.78	4120053.23	4433052.50
#哲学 Philosophy	164	288	-	-	135.77	191.87	18203.97	27508.38
社会科学总论 General Social Science	293	161	-	-	150.66	63.84	17751.37	10117.83
文化、科学、教育、体育 Culture, Science, Education and Sports	7680	8153	379	265	40775.61	43022.38	3207994.44	3628777.21
文学 Literature	2372	2560	-	-	3595.86	3231.01	350361.34	316088.73
艺术 Arts	1825	1968	1	-	1224.19	1784.85	94240.14	142255.61
自然科学总论 General Natural Science	49	31	-	-	22.45	21.02	3897.67	2432.52
不使用《中国标准书号》部分合计 Publications without "China Standard Book Number"	44	31	-	-	34.71	79.43	3241.80	1768.28

12－12　幼儿园基本情况(1978－2023 年)

Basic Statistics on Kindergartens(1978－2023)

单位:人　　　　(person)

年　份 Year	园　　数(个) Kindergartens(unit)	在园幼儿数 Number of Children	教职员工数 Teachers and Staff	教　　师 Number of Full－time Teachers
1978	266	37597	2570	1439
1979	216	59245	3731	2201
1980	518	82182	4763	3398
1981	676	82808	5275	3691
1982	853	95733	6357	4269
1983	1034	95676	6271	4135
1984	1749	112095	7238	4900
1985	1743	115766	7360	5278
1986	1607	118792	7898	5659
1987	1678	133773	8622	6335
1988	1541	139883	9221	6608
1989	1397	132947	9595	6849
1990	1526	136277	9808	7167
1991	1422	150982	10472	7388
1992	1431	133773	9240	6487
1993	1328	171005	10779	7886
1994	1470	165860	10718	7891
1995	1493	149497	10102	7943
1996	1437	150587	10203	7625
1997	1504	146530	10480	7743
1998	1695	153035	10691	7956
1999	1787	156372	10719	8107
2000	2037	168414	11740	8770
2001	1249	174204	11447	7880
2002	1268	175891	11988	8086
2003	1285	176862	13702	9076
2004	1098	186472	14991	9544
2005	1188	188991	16161	10288
2006	1188	195552	17550	11053
2007	1071	212754	19330	12168
2008	1037	235867	21193	12917
2009	972	246336	22970	14211
2010	969	267352	25525	15203
2011	970	271128	27458	16023
2012	914	283421	29843	17811
2013	860	285406	32037	18945
2014	881	295036	35212	20088
2015	910	313385	38238	21404
2016	930	325495	40833	22955
2017	960	336343	43692	24628
2018	991	343646	47635	26326
2019	1020	350261	50352	27685
2020	1049	374861	54246	29646
2021	1073	384680	58090	31614
2022	1073	392703	61245	33138
2023	1074	372923	60707	32737

12－13 小学基本情况(1978－2023年)

Basic Statistics on Primary Schools(1978－2023)

单位:人 (person)

年 份 Year	学校数(个) Number of Schools (unit)	在校学生数 Enrollment	毕业生数 Graduates	教职员工数 Number of Teachers and Staff	专职教师数 Number of Full－time Teachers
1978	4959	605137	－	24103	22291
1979	4850	577811	－	25089	23220
1980	4781	560244	－	25388	22902
1981	4668	525503	－	22468	20832
1982	4528	479264	－	22213	20289
1983	4417	444301	－	20842	18945
1984	4345	427763	－	20496	18500
1985	4286	414839	－	20945	18415
1986	4250	413507	－	20796	18464
1987	4205	405856	－	21067	18751
1988	4137	426842	－	21658	19236
1989	4106	459162	－	22660	20177
1990	4077	460514	－	20542	18099
1991	3972	453055	－	20781	18369
1992	3654	450496	－	21452	19067
1993	3473	477026	－	22141	19775
1994	3352	504867	－	22751	20462
1995	3172	513988	－	23743	21380
1996	3006	525674	－	24553	22197
1997	2762	538390	－	25269	23022
1998	2395	532845	－	25718	23499
1999	1996	512874	－	26350	24120
2000	1659	485679	100405	25938	23876
2001	1354	467982	93365	25535	23179
2002	1197	456535	89752	25425	23138
2003	1044	448969	84051	25304	22955
2004	897	447971	74872	25396	23066
2005	791	458942	75337	25793	23541
2006	605	459529	79070	26040	23848
2007	437	456152	81767	26455	24251
2008	418	452143	82620	26894	24743
2009	417	445132	80441	27445	25242
2010	408	453897	76126	27881	25709
2011	409	465289	73465	27862	26395
2012	415	472613	74547	25620	27777
2013	419	483489	73682	30373	28949
2014	421	502688	73244	31490	30139
2015	443	524513	71398	32815	31280
2016	447	543038	77726	33873	32549
2017	458	560411	84615	35510	34150
2018	478	590491	78951	37316	35793
2019	489	616929	85564	39297	37708
2020	496	645302	89093	40756	39330
2021	493	680976	92341	42798	41278
2022	507	710667	97991	43675	42051
2023	515	762062	104798	45424	43791

12－14　初中基本情况(1978－2023年)

Basic Statistics on Junior Middle Schools(1978－2023)

单位:人 (person)

年　份 Year	学校数(个) Number of Schools (unit)	在校学生数 Enrollment	毕业生数 Graduates	专职教师数 Number of Full－time Teachers
1978	254	247209	－	11978
1979	363	208484	－	11020
1980	369	204073	－	10695
1981	359	194024	－	10015
1982	367	193135	－	10107
1983	370	190221	－	9948
1984	368	192971	－	9679
1985	361	196889	－	9799
1986	376	199638	－	9821
1987	385	195426	－	10264
1988	380	170079	－	10055
1989	376	151223	－	9825
1990	382	160111	－	9564
1991	387	185590	－	10020
1992	367	212022	－	10603
1993	365	203896	－	10876
1994	371	205388	－	11495
1995	373	216300	－	12058
1996	374	229466	－	12810
1997	368	227809	－	13370
1998	359	222191	－	13493
1999	339	239174	－	13723
2000	330	269484	68347	14529
2001	314	285203	75722	15685
2002	315	282951	91056	15758
2003	316	268824	98412	15836
2004	303	252291	93042	16042
2005	289	241374	90094	16205
2006	263	235527	85436	16374
2007	262	238252	76194	16591
2008	260	244464	74827	16965
2009	252	241899	77268	17317
2010	245	236014	78379	17795
2011	246	223545	78431	17652
2012	244	215701	75489	17992
2013	241	213452	71006	18260
2014	241	213936	67988	18671
2015	243	211323	69200	18909
2016	249	215756	69674	19469
2017	251	224797	69084	20144
2018	264	235003	66949	20800
2019	269	244070	73657	21691
2020	280	249434	80451	22525
2021	296	263915	77509	23529
2022	305	277234	83118	23751
2023	307	293848	87148	23979

12－15 高中基本情况(1978－2023年)

Basic Statistics on Senior High Schools(1978－2023)

单位:人 (person)

年 份 Year	学校数(个) Number of Schools (unit)	在校学生数 Enrollment	毕业生数 Graduates	专职教师数 Number of Full－time Teachers
1978	352	102815	－	5235
1979	182	58866	－	3471
1980	151	43661	－	3173
1981	118	34606	－	2825
1982	113	35136	－	2740
1983	111	38580	－	2740
1984	105	43167	－	2781
1985	104	47510	－	3016
1986	95	46379	－	2972
1987	92	44697	－	3006
1988	89	42196	－	2947
1989	88	39994	－	2898
1990	86	39829	－	2922
1991	82	37809	－	2896
1992	74	34620	－	2791
1993	72	32483	－	2641
1994	75	35720	－	2673
1995	72	40771	－	2880
1996	70	43692	－	3135
1997	69	47975	－	3388
1998	75	55688	－	3693
1999	82	64459	－	4172
2000	85	73049	17484	4745
2001	88	79632	22012	5262
2002	81	91635	22630	6126
2003	77	108116	25429	6879
2004	81	115303	30630	7510
2005	80	120883	34486	8041
2006	82	124177	39484	8421
2007	80	122939	39805	8542
2008	76	120294	40551	8646
2009	75	118057	41408	8751
2010	72	116983	39319	8871
2011	71	117089	38579	9061
2012	70	115652	38623	9069
2013	70	113894	37810	9125
2014	72	110478	38489	9378
2015	75	109983	37303	9630
2016	77	110431	36022	10016
2017	80	113054	34860	10430
2018	87	114324	36460	10825
2019	87	118039	36865	11161
2020	91	124563	37697	11684
2021	95	130873	38380	12444
2022	98	138603	40685	12815
2023	101	144471	43569	13137

12－16　中等专业学校基本情况(1978－2023年)

Basic Statistics on Specialized Secondary Schools(1978－2023)

单位:人　　(person)

年　份 Year	学校数(个) Number of Schools (unit)	在校学生数 Enrollment	毕业生数 Graduates	教职员工数 Teachers and Staff	专职教师数 Number of Full－time Teachers
1978	26	8711	–	3044	1080
1979	27	11093	–	2601	1124
1980	26	9453	–	2450	1101
1981	35	7309	–	3122	1276
1982	37	8284	–	3694	1529
1983	37	10516	–	3716	1604
1984	42	13419	–	4194	1758
1985	46	16527	–	5095	1959
1986	50	19114	–	5641	2336
1987	52	20929	–	6081	2623
1988	51	22117	–	6144	2741
1989	54	23302	–	6602	2888
1990	55	23564	–	6679	2948
1991	55	23331	–	6584	2770
1992	55	26373	–	6786	2825
1993	56	30336	–	6732	2780
1994	57	36079	–	6881	2840
1995	57	42784	–	6851	2888
1996	58	49593	–	6789	2904
1997	57	51752	–	6731	2896
1998	56	55796	–	6554	2746
1999	50	52272	–	5023	2272
2000	28	45238	15674	2950	1421
2001	26	32763	15202	2053	1051
2002	14	26255	13355	1251	566
2003	13	21735	11866	1058	457
2004	11	21262	6399	869	416
2005	10	20344	6661	893	443
2006	8	12540	5830	410	184
2007	8	8927	4849	414	194
2008	8	5514	4130	345	152
2009	8	4016	2025	465	274
2010	6	3999	1092	348	151
2011	5	4071	934	369	154
2012	5	3909	1252	376	150
2013	5	3656	1215	390	158
2014	7	3974	1077	469	226
2015	7	3968	1134	494	244
2016	7	4402	982	504	262
2017	7	4566	1348	386	177
2018	6	4448	1457	381	172
2019	7	4535	1385	372	173
2020	7	4540	1470	375	181
2021	7	4493	1319	397	203
2022	8	4601	1348	465	274
2023	9	4879	1585	603	396

12-17 高等学校基本情况(1978-2023年)

Basic Statistics on Regular Institutions of Higher Education(1978-2023)

单位:人 (person)

年份 Year	学校数(个) Number of Schools (unit)	招生数 Entrants	在校学生数 Enrollment	毕业生数 Graduates	教职员工数 Teachers and Staff	专职教师数 Number of Full-time Teachers
1978	9	-	13319	-	8966	3946
1979	12	-	17518	-	10182	4458
1980	13	-	23545	-	12400	5278
1981	13	-	28936	-	13090	5359
1982	13	-	25821	-	14363	6067
1983	14	-	27443	-	15267	6172
1984	16	-	31384	-	15889	6387
1985	20	-	36996	-	17507	7247
1986	22	-	40051	-	18968	7845
1987	21	-	39922	-	18965	7876
1988	21	-	40787	-	19582	8133
1989	21	-	40330	-	19680	8107
1990	21	-	39866	-	19495	8075
1991	21	-	42192	-	19489	7737
1992	19	-	43787	-	19841	7561
1993	19	-	51063	-	19787	7561
1994	19	-	59109	-	19903	7703
1995	20	-	63124	-	19883	7799
1996	20	-	66023	-	19693	7824
1997	20	-	69391	-	19540	7793
1998	17	-	76546	-	19320	7723
1999	18	-	89109	-	20136	8135
2000	32	46070	122386	17004	23791	10477
2001	33	63001	174894	22756	25805	11866
2002	34	74656	224048	27213	27307	13605
2003	35	85865	269798	41192	34508	18141
2004	36	96810	313599	53288	33325	18445
2005	36	101374	351918	63989	34816	19583
2006	36	103885	373563	80069	36929	21375
2007	36	110371	392770	90944	38843	23197
2008	36	114714	409559	97778	39762	24017
2009	36	114568	429774	96101	40420	24765
2010	37	113529	434811	101681	41582	25003
2011	38	117892	446721	104486	42222	25735
2012	38	121331	459181	107484	43216	26689
2013	38	123046	471820	108688	43992	27544
2014	38	122099	474652	110512	44710	28265
2015	39	139002	475558	125013	44825	28868
2016	39	138819	480953	128434	45512	29222
2017	39	143784	484070	128880	46337	29843
2018	40	149848	496383	131823	47124	30247
2019	40	160426	518325	132048	49020	31448
2020	40	173873	550608	134221	50983	32801
2021	40	181175	584533	139201	53563	34701
2022	40	193032	613126	156329	55864	36728
2023	40	194937	635545	164847	57945	38400

12－18 小学、幼儿园及特殊

Basic Statistics on Primary Schools,

单位：人

指 标	Item	全 市 Total	市 区 Urban District	萧山区 Xiaoshan
小 学	**Primary Schools**			
学校数(所)	Number of Schools(unit)	515	427	84
班数(班)	Number of Classes(unit)	19114	17177	3045
在校学生数	Number of Students	762062	691312	122241
本年招生数	Number of New Students Enrollment	154455	140680	24897
本年毕业生数	Number of Graduates	104798	94726	16543
专职教师数	Full－time Teachers	43791	39272	6729
2024年预计毕业生数	Number of Students Will Graduate in 2024	114713	103153	17765
幼儿园	**Kindergartens**			
园数(个)	Number of Kindergartens(unit)	1074	950	199
班数(班)	Number of Classes(unit)	14387	13092	2416
在园幼儿数	Number of Children	372923	339562	62223
教师数	Full－time Teachers	32737	29852	5735
盲聋哑学校	**Schools for the Blind, Deaf and Deaf－mute**			
学校数(个)	Number of Schools(unit)	2	2	
在校学生数	Number of Students	447	447	
本年招生数	Number of New Students Enrollment	50	50	
本年毕业生数	Number of Graduates	64	64	
专职教师数	Number of Full－time Teachers	196	196	
智障者学校	**Schools for Weaken in Intelligence**			
学校数(个)	Number of Schools(unit)	13	10	1
在校学生数	Number of Students	1884	1643	223
本年招生数	Number of New Students Enrollment	446	393	34
本年毕业生数	Number of Graduates	307	278	52
专职教师数	Number of Full－time Teachers	561	506	76
工读学校	**Reformatory Schools**			
学校数(个)	Number of Schools(unit)	1	1	
在校学生数	Number of Students	459	459	
本年招生数	Number of New Students Enrollment	255	255	
本年毕业生数	Number of Graduates	202	202	
专任教师数	Number of Full－time Teachers	56	56	

教育基本情况(2023 年)
Kindergartens and Special Education(2023)

(person)

余杭区 Yuhang	临平区 Linping	富阳区 Fuyang	临安区 Lin'an	桐庐县 Tonglu	淳安县 Chun'an	建德市 Jiande
38	31	46	42	28	30	30
1945	1858	1296	971	725	562	650
77366	79398	50145	37058	28358	17279	25113
16068	16103	10082	7106	5419	3422	4934
9375	10479	7560	5480	4119	2402	3551
4162	3966	2976	2116	1591	1444	1484
11173	11588	8077	5973	4493	2851	4216
106	66	71	74	47	39	38
1737	1336	924	678	495	323	477
44429	35476	25167	17975	13473	7886	12002
3711	2914	1916	1553	1097	689	1099
		1				
		319				
		22				
		34				
		75				
	1	1	1	1	1	1
	279	104	119	90	61	90
	74	12	38	21	24	8
	72	2	21	11	14	4
	73	30	35	21	16	18

12－19 普通中学、职业中学

Basic Statistics on Senior, Junior High

单位：人

指　标	Item	全　市 Total	市　区 Urban District	萧山区 Xiaoshan
高　　中	**Senior High Schools**			
学校数（所）	Number of Schools (unit)	101	85	13
在校学生数	Number of Students	144471	126369	21184
本年招生数	Number of New Students Enrollment	50916	44850	6993
本年毕业生数	Number of Graduates	43569	37365	6740
专职教师数	Full－time Teachers	13137	11292	1988
2024 年预计毕业生数	Number of Students Will Graduate in 2024	45287	39219	6991
初　　中	**Junior High Schools**			
学校数（所）	Number of Schools (unit)	307	263	56
在校学生数	Number of Students	293848	264178	45022
本年招生数	Number of New Students Enrollment	104784	94726	16087
本年毕业生数	Number of Graduates	87148	77346	12963
专职教师数	Full－time Teachers	23979	21175	3529
2024 年预计毕业生数	Number of Students Will Graduate in 2024	91491	81660	13939
职业中学	**Vocational Schools**			
学校数（所）	Number of Schools (unit)	31	26	4
在校学生数	Number of Students	64619	57537	10488
本年招生数	Number of New Students Enrollment	23145	20875	3634
本年毕业生数	Number of Graduates	20998	18760	3843
专职教师数	Full－time Teachers	5139	4588	890
2024 年预计毕业生数	Number of Students Will Graduate in 2024	19487	17039	3244
技工学校	**Technical Schools**			
学校数（所）	Number of schools (unit)	23	20	4
在校学生数	Number of Students	38847	37241	6190
专职教师数	Full－time Teachers	3862	3741	404

和技工学校基本情况(2023年)

Schools and Vacational, Technical Schools(2023)

(person)

余杭区 Yuhang	临平区 Linping	富阳区 Fuyang	临安区 Lin'an	桐庐县 Tonglu	淳安县 Chun'an	建德市 Jiande
14	7	9	5	5	5	6
10380	10414	13804	7996	6173	4813	7116
3589	3638	4869	2734	2075	1639	2352
2538	3058	4417	2433	1983	1802	2419
1098	933	1255	657	574	550	721
3202	3358	4414	2536	2060	1542	2466
21	20	18	20	14	13	17
25028	28988	22694	15662	11560	7716	10394
9155	10620	7775	5533	4084	2429	3545
7327	8048	7409	4813	3640	2689	3473
1986	2122	1804	1160	961	868	975
7579	8672	7608	5090	3585	2789	3457
2	4	2	2	2	2	1
3442	8468	7319	4226	2227	3133	1722
1126	2934	2548	1397	689	1009	572
1155	2782	2592	1245	764	1049	425
243	646	603	328	175	252	124
1148	2610	2290	1335	833	1076	539
2	1	2	1	–	1	2
1430	1095	1335	724	–	–	1606
1430	94	126	60	–	–	121

12－20 各高等学校

Basic Statistics on Regular

单位：人

单位名称	Item	在校学生数 Number of students		
		2023	为上年(％) As Compared with the Preceding Year(％)	其中研究生 Graduate Student
全　　市	**Total**	**636388**	**103.64**	**122084**
#市　区	**Urban District**	**626181**	**103.69**	**122084**
浙江大学	Zhejiang University	73238	104.02	46476
杭州电子科技大学	Hangzhou Dianzi University	27831	105.31	8327
浙江工业大学	Zhejiang Univesity of Technology	36521	104.06	15468
浙江理工大学	Zhejiang Sci－Tech University	27426	103.08	8659
浙江农林大学	Zhejiang A&F University	23563	106.91	5248
浙江中医药大学	Zhejiang Chinese Medical University	20044	113.75	5198
杭州师范大学	Hangzhou Normal University	31987	106.97	6748
浙江工商大学	Zhejiang Gongshang University	26415	104.46	8032
中国美术学院	China Academy of Art	10348	101.83	3224
中国计量大学	China JiLiang University	23270	107.1	5142
浙江科技大学	Zhejiang University of Science and Technology	19613	103.37	2062
浙江水利水电专科学校	Zhejiang University of Water Resources and Electric Power	15187	109.95	
浙江财经大学	Zhejiang University of Finance and Economics	21573	105.8	4205
浙江警察学院	Zhejiang Police College	4028	106.5	50
浙江传媒学院	Communication University of Zhejiang	14233	100.01	887
浙江树人大学	Zhejiang Shuren University	17538	98.59	
浙大城市学院	Hangzhou City University	12019	104.04	100

基本情况(2023年)

Institutions of Higher Education(2023)

(person)

本年招生数 Entrants	其中研究生 Graduate Student	本年毕业生数 Graduates	其中研究生 Graduate Student	教职员工数 Number of Teachers and Staff	
				合计 Total	专职教师 Full-time Teachers
195104	**39441**	**165070**	**27585**	**57945**	**38400**
191772	**39441**	**161900**	**27585**	**57405**	**37936**
19808	13428	14877	8922	9638	4398
8529	2812	6584	2108	2475	1790
10643	5169	8554	3913	3571	2410
7714	2933	6612	2193	2760	1928
7007	1802	5353	1308	2067	1579
6291	1866	3787	1285	2143	1350
9032	2296	6808	1612	2733	1909
7712	2742	6213	2055	2293	1813
2674	1041	2442	746	1278	757
7075	1816	5341	1284	2036	1487
5343	710	4493	584	1693	1380
5239		3792		958	692
6395	1394	4872	960	1832	1350
1120	50	871		521	254
3631	350	3388	197	1451	974
5232		5437		1410	1111
3310	100	2754		1398	809

12－21　各级成人教育

Basic Statistics on

单位:人

指　标	Item	成人高等学历教育 Higher Education for Adults	成人高校 Adult Institutions of Higher Education	普通高校成人高等学历教育 Adult Higher Education in Ordinary Universities
全　市	**Total**			
学校数(所)	Number of Schools(unit)	3	3	
在校学生数	Number of Students	189585	11691	177894
本年招生数	Number of New Students Enrollment	90251	4751	85500
本年毕业生数	Number of Graduates	80531	4332	76199
教职员工数	Number of Teachers and Staff	420	420	
#专职教师	#Full－time Teachers	111	111	
市　区	**Urban District**			
学校数(所)	Number of Schools(unit)	3	3	
在校学生数	Number of Students	157267	11691	145576
本年招生数	Number of New Students Enrollment	75265	4751	70514
本年毕业生数	Number of Graduates	67586	4332	63254
教职员工数	Number of Teachers and Staff	420	420	
#专职教师	#Full－time Teachers	111	111	

基本情况（2023 年）

Various Adult Education（2023）

（person）

成人中等学历教育 Adult Secondary Education	成人中等专业 Adult Secondary Specialized	成人中学 Secondary Schools for Adults
3	3	
9746	9746	
4070	4070	
6698	6698	
593	593	
271	271	
3	3	
9746	9746	
4070	4070	
6698	6698	
593	593	
271	271	

12－22 医疗卫生机构数(1978－2023年)
Number of Health Institutions(1978－2023)

单位:个　　　　　　　　　　　　　　　　　　　　　　　　　　　　　　　(unit)

年 份 Year	全市合计 Total	医 院 Hospitals	市区合计 Urban District	医 院 Hospitals
1978	1361	421	689	45
1979	1390	426	696	50
1980	1381	425	675	51
1981	1476	424	749	51
1982	1540	432	798	56
1983	1540	435	800	58
1984	1574	437	807	54
1985	1582	404	787	47
1986	1636	407	826	53
1987	1693	420	865	55
1988	1710	438	878	55
1989	1721	443	882	57
1990	1738	440	890	58
1991	1789	441	889	58
1992	1767	436	885	58
1993	1730	403	882	68
1994	1717	416	882	72
1995	1712	414	883	72
1996	1712	416	893	83
1997	1711	411	891	81
1998	1491	419	757	89
1999	1530	400	789	85
2000	1599	396	853	85
2001	1496	391	1072	191
2002	1817	116	1277	88
2003	1901	99	1323	73
2004	1985	114	1396	87
2005	2196	127	1604	97
2006	2570	134	1886	107
2007	2607	138	1872	104
2008	2544	141	1813	108
2009	2687	144	1887	111
2010	2819	151	1906	113
2011	2958	167	1992	122
2012	3017	198	2004	146
2013	4139	208	2233	156
2014	4198	218	2763	173
2015	4428	244	2982	198
2016	4691	277	3214	226
2017	4933	302	3906	273
2018	5377	316	4338	282
2019	5925	343	4857	304
2020	5675	353	4609	312
2021	5633	370	4558	329
2022	5823	387	4732	344
2023	6626	414	5528	370

12－23　医疗病床数(1978－2023年)

Number of Beds in Health Institutions(1978－2023)

单位:张　　(bed)

年份 Year	全市 Total	医院 Hospitals	市区 Urban District	医院 Hospitals
1978	14042	11704	6588	5789
1979	15124	12682	7335	6282
1980	16317	13478	8244	6940
1981	17408	13576	9646	7185
1982	17179	14350	9194	7580
1983	17338	14584	9411	7833
1984	17694	14691	9536	7867
1985	19637	15010	11095	7933
1986	20555	16035	11657	8448
1987	21465	16770	12203	8863
1988	23394	17954	13204	9651
1989	24111	18363	13581	9773
1990	24121	18879	13219	10041
1991	24966	19444	13968	10437
1992	25606	20243	14206	10821
1993	25653	20884	14058	10982
1994	25984	20870	14231	11045
1995	26684	21360	14731	11336
1996	28141	22217	15427	12132
1997	26616	22341	15076	12190
1998	27327	23110	15530	12766
1999	26713	22952	14988	12691
2000	27166	23303	15496	13068
2001	27063	23520	20523	17770
2002	27609	22797	21200	18667
2003	29144	22036	22641	18205
2004	31738	24444	25008	20338
2005	33251	25907	26732	21931
2006	33972	27186	27172	23184
2007	36928	29987	29884	25664
2008	38114	31416	30663	26882
2009	40226	33094	32412	28031
2010	42828	36148	34693	30639
2011	45291	39363	36633	33291
2012	49471	44019	40534	37383
2013	52056	46636	42506	39489
2014	55779	50805	48406	44639
2015	63632	58400	55540	51672
2016	69452	63994	60666	56522
2017	75948	70187	69057	64524
2018	81215	75186	73481	68765
2019	85708	79957	77680	73202
2020	90057	84251	81927	77353
2021	90754	85475	82642	78578
2022	92894	87950	84601	81069
2023	100210	95220	91931	88290

12－24 分种类分地区

Number of Health Institutions

单位:个

指　　标	Item	全　市 Total	市　区 Urban District
总　　计	**Total**	**6626**	**5528**
一、医院	**Number of Hospitals**	**414**	**370**
1. 综合医院	General Hospitals	188	166
2. 中医医院	Hospitals of Chinese Medicine	46	39
3. 中西医结合医院	Chinese Therapeutics with Western	8	7
4. 专科医院	Specialized Hospitals	136	125
#口腔医院	Hospitals for Mouth	40	38
眼科医院	Hospitals for Eye	14	11
耳鼻喉科医院	ENT Hospitals		
肿瘤医院	Tumor Hospitals	3	3
心血管病医院	Cardiovascular Hospitals	2	2
胸科医院	Chest Hospitals		
血液病医院	Blood Diseases Hospitals		
妇产(科)医院	Hospitals for Pregnant Woman	13	13
儿童医院	Children Hospitals	5	5
精神病医院	Mental Hospitals	10	7
传染病医院	Hospitals for Infectious Diseases	1	1
皮肤病医院	Dermatology Hospital	5	5
结核病医院	Tuberculosis Hospitals		
麻风病医院	Leprosy Hospitals		
职业病医院	Occupational Disease Hospitals		
骨科医院	Orthopaedics Hospitals	4	3
康复医院	Healing Hospitals	17	16
整形外科医院	Plastic Hospitals	2	2
美容医院	Beauty Hospitals	13	13
其他专科医院	Other Special Hospitals	7	6
5. 护理院	Nursing Centers	36	33
二、基层医疗卫生机构	**Community Medical Institutions**	**6076**	**5042**
1. 社区卫生服务中心(站)	Health Service Centers(Stations)in Community	1278	1101
#社区卫生服务中心	Health Service Centers	138	130
社区卫生服务站	Health Service Stations	1140	971
2. 卫生院	Health Centers	80	29
#街道卫生院	Health Centers in Subdistrict	2	－
乡镇卫生院	Health Centers in Township	78	29
3. 村卫生室	Health Offices in Village	700	206
4. 门诊部	Clinics	1112	1048
5. 诊所、卫生所、医务室、护理站	Other Health Care Institutions	2906	2658
三、专业公共卫生机构	**Professional Public Health Institutions**	**56**	**39**
疾病预防控制中心	Centers for Disease Prevention and Control	15	12
专科疾病防治所(所、站)	Specialized Centers for Disease Prevention and Control(stations)	2	－
健康教育所(站、中心)	Education Center for Health(stations)		
妇幼保健院(所、站)	Maternity and Child Care Centers(stations)	10	7
急救中心(站)	First－aid Centers(stations)	12	7
采供血机构	Blood Supplying Agencies	3	2
卫生监督所	Institutions of Public Health Inspection	13	10
计划生育服务机构	Family Planning Service Institutions	1	1
四、其他卫生机构	**Other Health Care Institutions**	**80**	**77**
疗养院	Sanatoriums	10	9
医学科学研究机构	Research Institutions of Medical Science	1	1
医学在职培训机构	Medical Training Organization for Incumbent	3	2
临床检验中心(所、站)	Clinical Laboratory Center	43	43
统计信息中心	Statistical Information Centers	1	1
其他	Other	22	21

医疗卫生机构数（2023 年末）

by Type and Region（End of 2023）

（unit）

萧山区 Xiaoshan	余杭区 Yuhang	临平区 Linping	富阳区 Fuyang	临安区 Lin'an	桐庐县 Tonglu	淳安县 Chun'an	建德市 Jiande
1011	**488**	**516**	**430**	**455**	**359**	**326**	**413**
73	**20**	**23**	**21**	**26**	**20**	**11**	**13**
51	9	9	9	13	12	6	4
6	2	2	5	8	3	2	2
–	1	1	1	–	–	–	1
13	6	9	6	4	4	2	5
4	2	3	2	2	–	1	1
1	–	1	–	–	1	–	2
–	–	–	–	–	–	–	–
–	–	–	–	–	–	–	–
1	–	1	–	–	–	–	–
–	–	1	–	–	–	–	–
–	2	1	1	1	1	1	1
–	–	–	–	–	–	–	–
1	–	–	–	–	–	–	–
–	1	1	–	–	1	–	–
3	1	1	1	–	–	–	1
–	–	–	–	–	–	–	–
1	–	–	–	–	–	–	–
2	–	–	2	1	1	–	–
3	2	2	–	1	1	1	1
918	**450**	**482**	**401**	**421**	**334**	**307**	**393**
313	114	83	156	36	107	49	21
25	12	8	25	6	4	2	2
288	102	75	131	30	103	47	19
–	–	–	–	29	11	21	19
–	–	–	–	–	1	–	1
–	–	–	–	29	10	21	18
50	–	–	15	141	117	168	209
156	78	96	61	32	38	7	19
399	258	303	169	183	61	62	125
6	**3**	**4**	**4**	**4**	**4**	**7**	**6**
1	1	1	1	1	1	1	1
–	–	–	–	–	–	1	1
–	–	1	1	1	1	1	1
2	1	1	1	1	1	3	1
1	–	–	–	–	–	–	1
1	1	1	1	1	1	1	1
1	–	–	–	–	–	–	–
14	**15**	**7**	**4**	**4**	**1**	**1**	**1**
2	–	–	4	–	–	1	–
–	–	–	–	–	–	–	–
–	–	1	–	–	–	–	1
10	14	5	–	4	–	–	–
–	–	–	–	–	–	–	–
2	1	1	–	–	1	–	–

12-25 分种类分地区

Total Number of Beds in Health

单位:张

指标	Item	全市 Total	市区 Urban District
总计	**Total**	**100210**	**91931**
一、医院	**Number of Hospitals**	**95220**	**88290**
1. 综合医院	General Hospitals	51342	47499
2. 中医医院	Hospitals of Chinese Medicine	12585	10969
3. 中西医结合医院	Chinese Therapeutics with Western	5550	5300
4. 专科医院	Specialized Hospitals	19383	18454
#口腔医院	Stomatology Hospitals	596	566
眼科医院	Ophthalmology Hospitals	355	285
耳鼻喉科医院	ENT Hospitals		
肿瘤医院	Tumor Hospitals	2537	2537
心血管病医院	Cardiovascular Hospitals	312	312
胸科医院	Chest Hospitals		
血液病医院	Blood Diseases Hospitals		
妇产(科)医院	Hospitals for Pregnant Woman	2596	2596
儿童医院	Children Hospitals	2338	2338
精神病医院	Mental Hospitals	3623	3003
传染病医院	Hospitals for Infectious Diseases	700	700
皮肤病医院	Dermatology Hospital	947	947
结核病医院	Tuberculosis Hospitals		
麻风病医院	Leprosy Hospitals		
职业病医院	Occupational Disease Hospitals		
骨科医院	Orthopaedics Hospitals	658	612
康复医院	Healing Hospitals	3874	3761
整形外科医院	Plastic Hospitals	121	121
美容医院	Beauty Hospitals	261	261
其他专科医院	Other Special Hospitals	465	415
5. 护理院	Nursing Centers	6360	6068
二、基层医疗卫生机构	**Community Medical Institutions**	**2798**	**2119**
1. 社区卫生服务中心(站)	Health Service Centers(Stations)in Community	2106	2063
#社区卫生服务中心	Health Service Centers	2106	2063
社区卫生服务站	Health Service Stations	-	-
2. 卫生院	Health Centers	692	56
#街道卫生院	Health Centers in Subdistrict	-	-
乡镇卫生院	Health Centers in Township	692	56
3. 村卫生室	Health Offices in Village	-	-
4. 门诊部	Clinics	-	-
5. 诊所、卫生所、医务室、护理站	Other Health Care Institutions	-	-
三、专业公共卫生机构	**Professional Public Health Institutions**	**1178**	**643**
疾病预防控制中心	Centers for Disease Prevention and Control	-	-
专科疾病防治所(所、站)	Specialized Centers for Disease Prevention and Control(stations)	200	-
健康教育所(站、中心)	Education Center for Health(stations)		
妇幼保健院(所、站)	Maternity and Child Care Centers(stations)	961	643
急救中心(站)	First-aid Centers(stations)	17	-
采供血机构	Blood Supplying Agencies	-	-
卫生监督所(中心)	Institutions of Public Health Inspection	-	-
计划生育服务机构	Family Planning Service Institutions	-	-
四、其他卫生机构	**Other Health Care Institutions**	**1014**	**879**
#疗养院	Sanatoriums	1014	879
医学科学研究机构	Research Institutions of Medical Science	-	-
医学在职培训机构	Medical Training Organization for Incumbent	-	-
临床检验中心(所、站)	Clinical Laboratory Center	-	-
统计信息中心(此值标已取消)	Statistical Information Centers		
其他	Other	-	-

医疗病床数（2023 年末）

Institutions by Type and Region（End of 2023）

（bed）

萧山区 Xiaoshan	余杭区 Yuhang	临平区 Linping	富阳区 Fuyang	临安区 Lin'an	桐庐县 Tonglu	淳安县 Chun'an	建德市 Jiande
12387	**3142**	**4958**	**4835**	**3449**	**2700**	**2632**	**2947**
11960	**3015**	**4463**	**3964**	**3334**	**2355**	**2200**	**2375**
8123	1694	1990	2076	2058	1595	1191	1057
1976	94	566	1254	918	586	590	440
–	–	450	72	–	–	–	250
1093	908	1088	562	308	116	235	578
60	–	15	30	40	–	15	15
40	–	29	–	–	20	–	50
–	–	–	–	–	–	–	–
–	–	–	–	–	–	–	–
–	–	45	–	–	–	–	–
–	–	50	–	–	–	–	–
–	690	150	402	248	–	220	400
–	–	–	–	–	–	–	–
40	–	–	–	–	–	–	–
–	88	249	–	–	46	–	–
588	130	550	100	–	–	–	113
–	–	–	–	–	–	–	–
20	–	–	–	–	–	–	–
345	–	–	30	20	50	–	–
768	319	369	–	50	58	184	50
217	**127**	**155**	**182**	**115**	**230**	**147**	**302**
217	127	155	182	59	13	–	30
217	127	155	182	59	13	–	30
–	–	–	–	–	–	–	–
–	–	–	–	56	217	147	272
–	–	–	–	–	–	–	–
–	–	–	–	56	217	147	272
–	–	–	–	–	–	–	–
–	–	–	–	–	–	–	–
–	–	–	–	–	–	–	–
–	**–**	**340**	**300**	**–**	**115**	**150**	**270**
–	–	–	–	–	–	–	–
–	–	–	–	–	–	–	200
–	–	340	300	–	98	150	70
–	–	–	–	–	17	–	–
–	–	–	–	–	–	–	–
–	–	–	–	–	–	–	–
–	–	–	–	–	–	–	–
210	**–**	**–**	**389**	**–**	**–**	**135**	**–**
210	–	–	389	–	–	135	–
–	–	–	–	–	–	–	–
–	–	–	–	–	–	–	–
–	–	–	–	–	–	–	–
–	–	–	–	–	–	–	–

12－26 医疗机构诊疗

Hospital Diagnosis and Treatment

指　标	Item	机构数(个) Number of Institutions (unit)	诊疗人次数(万人次) Total Number of Patients Treate (10000 person－times)
总　计	**Total**	**6574**	**16438.06**
一、医院	**Number of Hospitals**	**414**	**9005.01**
1. 综合医院	General Hospitals	188	5326.30
2. 中医医院	Hospitals of Chinese Medicine	46	1348.12
3. 中西医结合医院	Chinese Therapeutics with Western	8	532.91
4. 专科医院	Specialized Hospitals	136	1786.88
#口腔医院	Stomatology Hospitals	40	281.95
眼科医院	Ophthalmology Hospitals	14	65.93
耳鼻喉科医院	ENT Hospitals		
肿瘤医院	Tumor Hospitals	3	90.67
心血管病医院	Cardiovascular Hospitals	2	36.63
胸科医院	Chest Hospitals		
血液病医院	Blood Diseases Hospitals		
妇产(科)医院	Hospitals for Pregnant Woman	13	280.73
儿童医院	Children Hospitals	5	513.47
精神病医院	Mental Hospitals	10	71.21
传染病医院	Hospitals for Infectious Diseases	1	54.85
皮肤病医院	Dermatology Hospital	5	238.01
结核病医院	Tuberculosis Hospitals		
麻风病医院	Leprosy Hospitals		
职业病医院	Occupational Disease Hospitals		
骨科医院	Orthopaedics Hospitals	4	17.05
康复医院	Healing Hospitals	17	14.44
整形外科医院	Plastic Hospitals	2	4.78
美容医院	Beauty Hospitals	13	103.90
其他专科医院	Other Special Hospitals	7	13.27
5. 护理院	Nursing Centers	36	10.80
二、基层医疗卫生机构	**Community Medical Institutions**	**6076**	**7183.79**
1. 社区卫生服务中心(站)	Health Service Centers(Stations) in Community	1278	4370.80
#社区卫生服务中心	Health Service Centers	138	4247.29
社区卫生服务站	Health Service Stations	1140	123.50
2. 卫生院	Health Centers	80	582.37
#乡镇卫生院	Health Centers in Township	78	562.07
3. 村卫生室	Health Offices in Village	700	93.70
4. 门诊部	Clinics	1112	1254.77
5. 诊所、卫生所、医务室	Other Health Care Institutions	2906	882.15
三、专业公共卫生机构	**Professional Public Health Institutions**	**56**	**233.88**
专科疾病防治院(所、站)	Specialized Centers for Disease Prevention and Control(stations)	2	10.16
妇幼保健院(所、站)	Maternity and Child Care Centers(stations)	10	202.57
四、其他机构	**Other Institutions**	**60**	**15.38**
疗养院	Sanatoriums	10	15.38

次数和入院人数（2023 年）
Frequency and Number of Admissions(2023)

门、急诊人次数(万人次) Out - Patients and Emergency Patients (10000 person - times)	入院人数 (人) Hospital Admissions(person)	每百门急诊次入院人数(人) Hospital Admissions Per 100 Patient - time (person)
15484.16	**3489618**	**2.50**
8921.03	**3379830**	**3.79**
5292.63	2136948	4.04
1339.44	388034	2.90
524.96	174410	3.32
1753.57	648843	3.70
256.61	3305	0.13
65.70	17284	2.63
90.67	189470	20.90
36.63	8211	2.24
280.37	135589	4.84
513.17	138249	2.69
70.70	42087	5.95
53.83	19504	3.62
236.01	40204	1.70
17.05	11921	6.99
13.85	26376	19.04
4.78	2038	4.26
100.94	10826	1.07
13.27	3779	2.85
10.42	31595	30.32
6319.69	**28982**	**0.06**
4264.19	15090	0.04
4140.92	15090	0.04
123.28		
569.10	13892	0.24
549.14	13892	0.25
87.39		
627.53		
771.48		
232.83	**62250**	**2.94**
10.16	1242	1.22
201.52	61008	3.03
10.61	**18556**	**17.48**
10.61	18556	17.48

12－27 卫生事业

Total Number of

单位:人

指 标	Item	全 市 Total	市 区 Urban District
总 计	**Total**	**197417**	**181942**
一、卫生技术人员	Number of Medical Technical Personnel	161189	148178
1.执业(助理)医师	Licensed (Assistant) Doctor	62661	57495
#执业医师	Licensed Doctor	58660	54189
2.注册护士	Registered Nurse	72344	66940
3.药剂师	Druggist	8477	7570
4.技师人员	Checking Member	11861	11048
#检验师	Docimaster	6312	5841
5.其他	Others	5846	5125
二、其他技术人员	Other Medical Technical Personnel	11243	10826
三、管理人员	Managerial Personnel	8188	7748
四、工勤人员	Logistics Worker	16288	15001

人员数（2023年末）

Healthcare Personnel（End of 2023）

（person）

萧山区 Xiaoshan	余杭区 Yuhang	临平区 Linping	富阳区 Fuyang	临安区 Lin'an	桐庐县 Tonglu	淳安县 Chun'an	建德市 Jiande
23561	**9922**	**10331**	**9576**	**6852**	**5586**	**4330**	**5559**
19393	8755	8690	7811	5630	4757	3527	4727
7122	3541	3704	3299	2413	1883	1453	1830
6488	3288	3452	2920	2119	1686	1273	1512
8730	4076	3739	3229	2218	1890	1444	2070
1233	355	404	404	380	365	243	299
1271	520	561	460	382	275	246	292
640	329	316	249	238	182	121	168
1037	263	282	419	237	344	141	236
731	333	383	732	213	165	124	128
1295	262	351	310	339	214	72	154
2080	572	907	723	543	442	463	382

12－28 卫生技术人员(1978－2023年)

Number of Medical Technical Personnel(1978－2023)

单位:人 (person)

年份 Year	全市 Total	执业(助理)医师 Number of Licensed (Assistant) Doctors	注册护士 Registered Nurses	市区 Urban District	执业(助理)医师 Number of Licensed (Assistant) Doctors	注册护士 Registered Nurses
1978	19059	7375	3483	10867	4346	2510
1979	20060	7539	3536	11779	4733	2632
1980	21110	8311	3885	12376	5179	2804
1981	22737	9284	4139	13697	5946	3032
1982	23558	9883	4369	14221	6204	3193
1983	24914	10833	4562	15213	6990	3352
1984	25648	11291	4817	15807	7393	3487
1985	25593	11503	5071	15840	7644	3705
1986	26489	12623	5391	16543	8239	3940
1987	27663	12369	5805	17361	8329	4156
1988	28676	13674	6938	18022	8710	4801
1989	29791	14177	7348	18619	9146	5085
1990	30990	14483	7822	19231	9374	5397
1991	32169	14858	8153	19630	9494	5610
1992	32628	14842	8417	19690	9373	5736
1993	33172	15181	8643	19708	9499	5797
1994	33964	15465	8979	19907	9472	5940
1995	34245	16465	9531	19943	9607	6249
1996	34946	16789	9794	20695	9889	6508
1997	35423	17112	10019	20728	9902	6571
1998	35857	16022	10577	21035	9452	6788
1999	35256	16668	10587	20519	9610	6856
2000	35487	16317	11186	20344	9050	7300
2001	36643	16994	11576	28293	12968	9343
2002	37193	16092	11922	28818	12332	9653
2003	39019	16614	12460	30299	12731	10161
2004	39816	16770	13248	30886	12894	10840
2005	42353	17833	14514	33206	13802	12034
2006	45375	18831	15557	35904	14689	12986
2007	49780	20701	17455	39860	16290	14601
2008	52379	21223	18702	42015	16747	15556
2009	56270	22753	20997	45219	17996	17530
2010	61117	24345	23418	49232	19414	19481
2011	65869	25773	25231	53008	20566	20949
2012	71618	27369	28382	57971	22004	23760
2013	78340	29686	30996	63359	23886	25808
2014	85614	31977	34724	74064	27675	30528
2015	93036	34832	38182	80799	30316	33672
2016	101194	38172	42011	88076	33344	37154
2017	110395	41833	46343	100478	38333	42580
2018	117425	44896	49911	106923	41105	45838
2019	126995	48962	55004	115959	44842	50639
2020	134258	51135	58542	122937	46884	54024
2021	142341	55013	63044	130469	50437	58259
2022	148515	57455	65875	135877	52474	60716
2023	161189	62661	72344	148178	57495	66940

12－29　体育运动情况（2017－2023年）

Basic Statistics on Sports Activities（2017－2023）

单位：人　　　　（person）

指　标	Item	2017	2018	2019	2020	2021	2022	2023
一、年末体委工作人员数	**Workers in Sports Commissions at Year－end**	**696**	**687**	**615**	**599**	**717**	**768**	**596**
#教练员	#Full－time Coaches	157	163	153	159	163	167	175
二、等级裁判员发展人数	**Number of Referees in Grades**	**110**	**－**	**－**	**298**	**141**	**132**	**112**
#女	#Female	60	－	－	106	22	22	36
一级裁判员	First Grade Referees	－	－	－	－	－	－	－
二级裁判员	Second Grade Referees	110	－	－	298	141	132	112
三级裁判员	Third Grade Referees	－	－	－	－	－	－	－
三、等级运动员发展人数	**Number of Athletes in Grades**	**509**	**364**	**478**	**329**	**744**	**713**	**727**
#女	#Female	223	139	179	127	312	240	234
一级运动员	First Grade Athlete	113	－	－	－	－	－	－
二级运动员	Second Grade Athlete	396	364	478	328	744	713	727
三级运动员	Third Grade Athlete	－	－	－	－	－	－	－

主要统计指标解释

文化事业机构 指从事专业文化工作和为专业文化工作服务的独立建制的单独核算的单位。不包括这些单位另外举办独立核算的其他机构和各部门的业余文化组织。

艺术表演团体 指从事戏曲、音乐、舞蹈、杂技等专业艺术表演,有独立账户,实行单独核算的团体。不包括半工半艺、半农半艺和民间职业剧团。

普通高等学校 指按照国家规定的设置标准和审批程序批准举办,通过国家统一招生考试,招收高中毕业生为主要培养对象,实施高等教育的全日制大学、独立设置的学院和高等专科学校、短期职业大学。

成人高等学校 指按照国家有关规定审批,招收通过全国成人高教统一招生考试的具有高中毕业或同等学历的在职从业人员利用脱产、半脱产、业余或函授等多种形式对其实施高等学历教育,培养高等教育专科或本科毕业水平的专门人才,修业年限、课程设置和总学时数均按高等学历教育要求付诸实施的学校。包括广播电视大学、职工高等学校、农民高等学校、管理干部学院、教育学院、独立设置的函授学院等。

小学学龄儿童入学率 指调查范围内已入小学学习的学龄儿童占校内外学龄儿童总数(包括智力障碍儿童在内,但不包括盲聋哑儿童)的比重。计算公式:

$$\text{小学学龄儿童入学率}=\frac{\text{已入学的小学学龄儿童数}}{\text{校内外小学学龄儿童总数}}*100\%$$

等级运动员人数 指经考核正式批准授予等级运动员称号的人数。运动员等级分为国际级运动健将、运动健将、一级运动员、二级运动员、三级运动员、少年级运动员。

等级裁判员人数 指经考核正式批准授予等级裁判员称号的人数。裁判员等级分为国际裁判、国家级裁判、一级裁判、二级裁判、三级裁判。

卫生机构 卫生机构是指从卫生行政部门取得《医疗机构执业许可证》,或从民政、工商行政、机构编制管理部门取得法人单位登记证书,为社会提供医疗保健、疾病控制、卫生监督等服务或从事医学科研、医学教育等卫生单位和卫生社会团体。不包括卫生行政机构、香港和澳门特别行政区以及台湾所属卫生机构。

卫生技术人员 卫生技术人员包括执业(助理)医师、注册护士、药剂人员、检验和影像技师(士、员)等卫生专业人员。

执业(助理)医师、执业(中)药师和注册护士 执业(助理)医师、执业(中)药师和注册护士是指领取医师、药师执业证书和注册护士证书的人员。不包括从事管理工作的医师、药师和护士。

Explanatory Notes on Main Statistical Indicators

Culture Institutions refer to units specialized in cultural development or service, which have independent organizational system and accounting system, excluding other self – accounting establishments run by these units and amateur cultural groups established by various departments.

Art Troupe refers to the troupe engaged in drama, music, dance, acrobatics or other art performance with independent accounts in banks and self accounting system, excluding the troupes which are engaged partly in industrial or agricultural activities and partly in art performance, and folk professional troupes.

Regular Institutions of Higher Education refer to full – time universities, independent colleges, high professional schools and short – term professional universities which are set up according to the government evaluation and approval procedures, recruit high school graduates as main training objects through the national unified entrance examination and, provide higher education courses.

Adult Higher Education Institutions refer to educational establishments, which are set up in line with government relevant rules and approval, enroll staff and workers with senior secondary school or equivalent education through the national unified entrance examination of adult higher education, provide higher education courses in many forms, such as full – time, part – time, spare – time, or correspondence to cultivate specialized talents with the graduation level of junior college or undergraduate, and implement the length of schooling, curriculum and total class hours according to the requirements of higher education. It includes Radio and TV universities, high education schools for staff and workers and for peasants, colleges for management cadres, pedagogical colleges, and independent correspondence colleges.

Enrollment Rate of Primary School – age Children refer to the proportion of primary school – age children enrolled at primary schools to primary school – age children both in and outside schools within the scope of investigation (including retarded children, but excluding blind, deaf and mute children). The formula is:

$$\text{Enrollment Rate of Primary School – age Children} = \frac{\text{Number of primary School – age Children at Primary Schools}}{\text{Total Number of Primary School – age Children Both in and Outside schools}} \times 100\%$$

Number of Grade Athletes refers to the number of athletes who have been given titles through examination. They are classified as international masters of sports, masters of sports, first – grade, second – grade and third – grade sportsmen and young athletes.

Number of Grade Referees refers to the number of referees who have been given titles after examination. They are classified as international referees, national referees and referees of the first, second and third grades.

Health Institutions refer to health institutions and society organization that get the practice license of medical institution from the health administration department, or get registration certificate of legal entity from civil administration, industry and business administration or organization management department, and offer medical treatment, disease control, supervision of sanitation for society or are engaged in medical research and medical education. It excludes health administration department and Institutions of Hong Kong, Macao, and Taiwan.

Medical Technical Personnel include licensed (assistant) doctor, registered nurse, druggist, checking members and photo artificer.

Licensed (Assistant) Doctor, Licensed Druggist and Registered Nurse refers to the doctor, druggist and nurse who get the practice certificate. Those engaged in management are excluded.

十三 人民生活 物价、民政

PEPOLE'S LIVELIHOOD, PRICE INDICES AND CIVIL ADMINISTRATION

人民生活、物价、民政
People's Livelihood, Price Indices and Civil Administration

主要统计指标
Major Statistical Indicators

非私营单位就业人员工资总额	Total Wages of Employed Persons of Non-private Units	4845.11	亿元	(100 million yuan)
非私营单位就业人员平均工资	Annual Average Wages of Employed Persons of Non-private Units	158121	元	(yuan)
全体居民人均可支配收入	Per Capita Disposable Income of Urban and Rural Residents	73797	元	(yuan)
为上年	As Compared with the Preceding Year	105.0	%	(%)
城镇常住居民人均可支配收入	Per Capita Disposable Income of Permanent Urban Residents	80587	元	(yuan)
为上年	As Compared with the Preceding Year	104.6	%	(%)
农村常住居民人均可支配收入	Per Capita Disposable Income of Permanent Rural Residents	48180	元	(yuan)
为上年	As Compared with the Preceding Year	106.6	%	(%)
市区居民消费价格指数	Consume Price Index of Urban District	100.2	上年=100	(Preceding Year=100)
工业生产者出厂价格指数	Producer Price Indices for Industrial Products	98.8	上年=100	(Preceding Year=100)
工业生产者购进价格指数	Purchasing Price Indices for Industrial Producers	94.9	上年=100	(Preceding Year=100)

13－01　居民家庭人均收入支出(2021－2023年)
Per Capita Income and Expenditure of Households(2021－2023)

单位:元　　(yuan)

指　标 Item	全体居民 Urban and Rural Residents			城镇常住居民 Permanent Urban Residents			农村常住居民 Permanent Rural Residents		
	2021	2022	2023	2021	2022	2023	2021	2022	2023
一、可支配收入 Disposable Income	**67709**	**70281**	**73797**	**74700**	**77043**	**80587**	**42692**	**45183**	**48180**
工资性收入 Icome from Wages and salaries	39396	41170	43269	43245	44976	47092	25626	27042	28844
经营净收入 Net Buisness Income	7016	7254	7656	6099	6281	6631	10297	10866	11521
财产净收入 Net Income from Property	9144	9360	9761	11198	11358	11802	1792	1944	2057
转移净收入 Net Income from Transfer	12153	12497	13112	14158	14428	15062	4977	5331	5758
二、消费支出 Expenditure	**44609**	**46440**	**50129**	**48629**	**50336**	**54103**	**30224**	**31980**	**35133**
食品烟酒 Food,Tobacco and Liquor	11268	11628	12210	12129	12438	13062	8187	8620	8996
衣着 Clothing	2292	2240	2344	2528	2440	2580	1449	1497	1453
居住 Residence	12107	12864	13948	12878	13709	14944	9348	9729	10190
生活用品及服务 Daily Necessities and Services	2647	2558	2326	2949	2835	2482	1566	1531	1735
交通通信 Transportation and Communication	7084	7821	8692	7786	8514	9419	4571	5251	5946
教育文化娱乐 Education, Cultural and Recreation Service	4414	4050	5175	4960	4465	5684	2458	2511	3253
医疗保健 Medicine and Medical Service	3556	3985	3892	3929	4425	4148	2224	2351	2926
其他用品及服务 Other Supplies and Services	1241	1294	1543	1470	1510	1784	421	490	634

13－02　城镇住户调查情况(1978－2023年)
Basic Conditions of Urban Households (1978－2023)

年　份 Year	调查户数(户) Number of Households Surveyed (household)	平均每户人口(人) Average Household Size (person)	平均每户就业人数(人) Average Number of Employed Persons Per Household(person)	年人均可支配收入(元) Per Capita Annual Disposable Income (yuan)	年人均消费支出(元) Per Capita Annual Consumption Expenditure(yuan)	人均住房建筑面积(平方米) Per Capita Housing Floor Space (sq. m)
1978	28	4.20	2.89	338	301	
1979	28	4.19	2.77	396	365	
1980	28	4.18	2.79	521	491	
1981	100	3.97	2.37	540	513	
1982	100	3.90	2.35	532	532	
1983	100	3.90	2.42	578	535	11.7
1984	100	3.90	2.36	729	679	12.4
1985	150	3.53	2.26	1026	908	12.9
1986	150	3.49	2.27	1169	1072	13.2
1987	150	3.42	2.25	1260	1118	14.1
1988	200	3.41	2.16	1565	1515	14.1
1989	200	3.40	2.15	1764	1615	14.1
1990	200	3.37	2.15	1985	1685	14.5
1991	200	3.40	2.20	2128	1894	14.4
1992	200	3.28	2.14	2580	2296	14.8
1993	200	3.21	2.10	3525	3183	14.9
1994	200	3.31	2.10	5249	4559	15.9
1995	200	3.20	2.05	6301	5559	15.6
1996	200	3.20	2.00	7206	6095	15.9
1997	200	3.14	1.99	7896	6766	16.5
1998	300	3.12	1.93	8465	7235	18.8
1999	300	3.11	1.92	9085	7424	19.5
2000	300	3.10	1.83	9668	7790	19.9
2001	440	2.98	1.72	10896	8968	20.7
2002	500	2.93	1.53	11778	9215	21.7
2003	500	2.92	1.51	12898	9950	22.9
2004	500	2.92	1.48	14565	11213	23.7
2005	600	2.84	1.42	16601	13438	27.6
2006	600	2.81	1.44	19027	14472	28.0
2007	600	2.72	1.45	21689	14896	28.8
2008	600	2.75	1.29	24104	16719	29.9
2009	600	2.68	1.25	26864	18595	30.8
2010	600	2.70	1.25	30035	20219	30.9
2011	600	2.71	1.32	34065	22642	33.7
2012	600	2.69	1.31	37511	22800	34.4
2013	1920	2.79	1.51	40925	30659	34.9
2014	1920	2.79	1.53	44632	32165	35.1
2015	1920	2.79	1.48	48316	33818	35.5
2016	1920	2.80	1.49	52185	35686	35.8
2017	1920	2.91	1.48	56276	38179	36.4
2018	2250	2.93	1.50	61172	41615	37.3
2019	2250	2.96	1.53	66068	44076	38.2
2020	2250	2.94	1.47	68666	41916	39.3
2021	2250	3.01	1.54	74700	48629	40.2
2022	2250	3.03	1.57	77043	50336	40.7
2023	2960	–	–	80587	54103	–

注:1.2000年及以前为主城区数据;2001－2012年为包括萧山区和余杭区在内的市区数据;2013－2023年为包括所有区、县(市)城乡住户一体化改革后新口径数据。

a) The data on the table include the main urban districts before 2000; The data include Xiaoshan district and Yuhang district in 2001－2012; The date include all districts and counties since 2013; The data in this table are calculated at new rage by the results of integrated survey of urban households and rural households sine 2013.

13－03　农村住户调查情况（1978－2023年）
Basic Conditions of Rural Households（1978－2023）

年 份 Year	调查户数（户） Number of Households Surveyed（household）	平均每户人口（人） Average Household Size（person）	平均每户就业人数（人） Average Number of Employed Persons Per Household（person）	年人均可支配收入（元） Per Capita Annual Disposable Income（yuan）	年人均消费支出（元） Per Capita Annual Consumption Expenditure（yuan）	人均住房建筑面积（平方米） Per Capita Housing Floor Space（sq. m）
1978				162		
1979				204		
1980	60	4.72	2.93	250	287	23.3
1981	60	4.60	2.70	333	294	25.2
1982	60	4.43	2.73	405	328	26.3
1983	170	4.55	2.85	395	355	29.9
1984	170	4.44	2.81	510	416	31.7
1985	420	4.40	2.88	624	542	29.9
1986	620	4.39	2.88	675	601	31.3
1987	620	4.34	2.86	820	714	33.1
1988	620	4.26	2.87	996	925	35.5
1989	620	4.17	2.85	1117	1011	36.8
1990	620	4.16	2.89	1171	923	39.6
1991	620	4.03	2.81	1308	1018	38.0
1992	620	4.01	2.81	1493	1129	37.5
1993	540	3.91	2.76	1748	1276	37.1
1994	630	3.85	2.35	2267	1884	37.8
1995	630	3.87	2.30	3012	2373	40.5
1996	630	3.81	2.77	3482	2772	42.2
1997	630	3.87	2.86	3785	2762	42.0
1998	630	3.87	2.88	4006	2858	46.2
1999	630	3.80	2.80	4209	2851	48.0
2000	630	3.61	2.59	4894	3393	49.0
2001	630	3.57	2.53	5330	3909	52.0
2002	630	3.53	2.53	5708	4444	52.7
2003	670	3.48	2.53	6250	5142	54.7
2004	670	3.48	2.54	6950	5608	58.9
2005	1100	3.34	2.34	7655	6004	66.0
2006	1100	3.63	2.52	8515	6901	66.5
2007	1100	3.60	2.61	9549	7568	68.0
2008	1100	3.56	2.58	10692	8446	69.7
2009	1100	3.57	2.59	11822	9065	70.7
2010	1100	3.58	2.59	13186	10267	71.2
2011	1100	3.46	2.49	15245	12125	72.5
2012	1100	3.45	2.50	17017	13612	71.0
2013	1280	3.38	2.03	21208	16021	66.9
2014	1280	3.35	2.05	23555	17816	67.9
2015	1280	3.36	2.02	25719	19334	68.8
2016	1280	3.38	2.04	27908	20563	69.9
2017	1280	3.38	2.03	30397	21983	70.9
2018	950	3.40	2.05	33193	24203	72.5
2019	950	3.42	2.01	36255	26296	74.1
2020	950	3.44	2.03	38700	25664	75.5
2021	950	3.38	2.03	42692	30224	77.1
2022	950	3.36	2.02	45183	31980	77.4
2023	1040	–	–	48180	35133	–

注：1. 2013－2023年为城乡住户一体化改革后新口径数据。

a）The data in this table are calculated at new rage by the results of integrated survey of urban households and rural households sine 2013.

13－04　就业人员工资总额(1978－2023年)

Total Wages of Employed Persons(1978－2023)

单位:万元　　　　(10,000 yuan)

年　份 Year	全市(非私营及规上私营) Total (includes non－private units and private units above designated size)	非私营单位 Non－private	市区(非私营及规上私营) Urban District(includes non－private units and private units above designated size)	非私营单位 Non－private
1978		43775		28256
1979		52127		34318
1980		67918		45574
1981		72896		48809
1982		75584		50959
1983		78336		52909
1984		102223		69135
1985		130114		87774
1986		157471		105995
1987		180077		121003
1988		230868		152859
1989		253956		167055
1990		277910		182985
1991		313906		209052
1992		377614		253653
1993		534537		359041
1994		772236		521669
1995		890488		615450
1996		973592		683244
1997		1073862		762957
1998		1112718		803264
1999		1180947		864418
2000		1267524		949872
2001		1481659		1279749
2002		1614676		1398222
2003		1867776		1617504
2004	2844691	2188159	2313930	1859164
2005	3711915	2970200	3112937	2584779
2006	4526841	3811735	3830043	3338568
2007	6233799	4954813	5256791	4317965
2008	8592198	6416424	7338932	5679543
2009	9909330	7549145	8475547	6665279
2010	12305726	9330552	10531483	8238017
2011	15012179	11222834	12934215	9954506
2012	19540005	14839012	17115217	13217453
2013	23604682	17582336	20762852	15820468
2014	26630950	19822713	24629017	18551986
2015	28884146	21523984	26718242	20179320
2016	32370091	24176045	29918514	22617274
2017	35985206	26467155	34266225	25422943
2018	39952564	28646933	38177817	27526523
2019	45772971	32985194	43842112	31754987
2020	－	36767377	－	－
2021	－	42418207	－	－
2022	－	46048953	－	－
2023	－	48451148	－	－

注:1. 口径范围,1997年及以前为全市全部职工,1998－2012年为在岗职工,2013年起为就业人员。2004年起包含规模以上私营单位。2015年富阳纳入市区统计范围;2017年临安纳入市区统计范围。

a) Data on this table refer to wages of all employees before 1997, that refer to all staff and workers in 1998－2012, and refer to employed persons since 2013. Data on this table includes private units above designated size since 2004. Fuyang has been included in urban statistics since 2015, Lin'an has been included in urban statistics since 2017.

13－05 就业人员年平均工资(1978－2023年)

Average Annual Wages of Employed Persons(1978－2023)

单位:元 (yuan)

年 份 Year	全市(非私营及规上私营) Total (includes non－private units and private units above designated size)	非私营单位 Non－private	市区(非私营及规上私营) Urban District(includes non－private units and private units above designated size)	非私营单位 Non－private	市区全社会在岗职工 The Fully Employed Persons in Urban Districts	全社会就业人员 Employees of the Whole Society
1978		597		642		
1979		643		692		
1980		777		814		
1981		783		810		
1982		791		809		
1983		813		835		
1984		1036		1071		
1985		1266		1316		
1986		1469		1536		
1987		1616		1690		
1988		1986		2073		
1989		2173		2261		
1990		2382		2486		
1991		2586		2706		
1992		3071		3233		
1993		4220		4561		
1994		6118		6597		
1995		7156		7786		
1996		7966		7851		
1997		9108		10048		
1998		10555		11512		
1999		12187		13225		
2000		14257		15454		
2001		18319		18962	18205	
2002		21418		22091	19749	
2003		24668		25535	20113	
2004	21879	28891	24204	30719	22235	
2005	24685	31069	26366	32166	22645	
2006	27620	32791	29397	33967	23581	
2007	29864	36496	31625	37991	25489	
2008	32513	40193	34107	41501	27863	
2009	35638	43947	37270	45149	30480	
2010	39772	48772	41303	49938	34330	
2011	45775	54408	47695	55958	38837	
2012	51077	56417	52610	57548	42493	
2013	55124	63664	56857	64941	46831	
2014	60904	69209	61924	70034	51449	
2015	66322	76073	67569	77061	55908	
2016	73390	85022	74589	85767	61174	
2017	80482	93891	81440	94430	67047	
2018	88752	103798	89762	104479	－	72951
2019	101069	117339	102289	118337	－	80817
2020	－	128308	－	－	－	－
2021	－	146701	－	－	－	－
2022	－	153558	－	－	－	－
2023	－	158121	－	－	－	－

注:1. 口径范围,1997年及以前为全市全部职工,1998－2012年为在岗职工,2013年起为就业人员。2004年起包含规模以上私营单位。2015年富阳纳入市区统计范围;2017年临安纳入市区统计范围。

a) Data on this table refer to wages of all employees before 1997, that refer to all staff and workers in 1998－2012, and refer to employed persons since 2013. Data on this table includes private units above designated size since 2004. Fuyang has been included in urban statistics since 2015, Lin'an has been included in urban statistics since 2017.

13－06 规模以上单位就业人员工资总额(2023 年)

Total Wages of Employed Persons of Units Above Designated Size(2023)

单位:万元 (10,000 yuan)

指　标	Item	就业人员工资总额 Total Wages of Employed Persons	非私营 Non－private	在岗职工工资总额 Total Wages of Fully Employed Staff and Workers	非私营 Non－private	其他就业人员工资总额 Total Wages of Other Employed Persons	非私营 Non－private
全市总计	**Whole city Total**	**44892661**	**29576378**	**44167299**	**29233768**	**725355**	**342604**
市区总计	Urban District	43314502	28818996	42634053	28485050	680442	333941
#上城区	Shangcheng	4386255	2966241	4287618	2917288	98636	48952
拱墅区	Gongshu	4161576	2538330	4054492	2469064	107083	69266
西湖区	Xihu	5460745	3991699	5375849	3948587	84894	43110
高新(滨江)区	Hi－Tech(Binjiang)	9653200	7554463	9619081	7536479	34119	17983
萧山区	Xiaoshan	5237996	2583314	5113896	2527564	124099	55750
余杭区	Yuhang	5781153	4304972	5696453	4280836	84700	24135
临平区	Linping	2401612	1012736	2357330	1002435	44281	10301
钱塘区	Qiantang	3686478	2535029	3628444	2493405	58034	41623
富阳区	Fuyang	1280692	671598	1257183	662718	23508	8880
临安区	Lin'an	1146762	570420	1130095	560246	16667	10174
西湖风景名胜区	The West Lake Scenic Zone	118035	90195	113612	86427	4422	3767
桐庐县	Tonglu	666865	347108	657734	343247	9131	3860
淳安县	Chun'an	305350	136459	285846	133112	19503	3347
建德市	Jiande	605944	273816	589665	272360	16279	1456

注:1. 2020 年起数据口径范围调整为规模以上单位就业人员工资总额。

a) Numbers since 2020 are the total wages of employees in units above designated size.

13－06 续表 continued

单位:万元 (10,000 yuan)

指 标 Item	就业人员工资总额 Total Wages of Employed Persons	非私营 Non－private	在岗职工工资总额 Total Wages of Fully Employed Staff and Workers	非私营 Non－private	其他就业人员工资总额 Total Wages of Other Employed Persons	非私营 Non－private
按国民经济行业分组 Grouped by Sector						
农、林、牧、渔业 Farming, Forestry, Animal Husbandry & Fishery	－	－	－	－	－	－
采矿业 Mining	5915	516	5915	516	－	－
制造业 Manufacturing	13389643	8513075	13240671	8428136	148970	84937
电力、热力、燃气及水生产和供应业 Production & Supply of Electricity, Heat, Gas & Water	257769	240230	255410	238112	2359	2119
建筑业 Construction	4624477	1485874	4393315	1425346	231163	60528
批发和零售业 Wholesale & Retail Trades	4568052	2739883	4493397	2689642	74654	50240
交通运输、仓储和邮政业 Transportation, Storage and Post	1708940	1512281	1698227	1504752	10713	7529
住宿和餐饮业 Hotels and Catering Services	898470	514953	842655	480689	55815	34264
信息传输、软件和信息技术服务业 Information Transmission, Software and Information Technology	10972658	9034308	10956174	9024859	16484	9449
金融业 Financial Intermediation	－	－	－	－	－	－
房地产业 Real Estate	1746159	1347672	1697555	1316362	48603	31309
租赁和商务服务业 Leasing and Business Services	2787760	1616052	2735539	1594654	52221	21397
科学研究、技术服务业 Scientific Research, Technical Services	2521626	1790914	2486389	1768479	35235	22434
水利、环境和公共设施管理业 Management of Water Conservancy, Environment and Public Facilities	172152	103915	168004	102783	4148	1131
居民服务、修理和其他服务业 Service to Households, Repair and Other Services	258017	133432	249239	133157	8778	274
教育 Education	208977	84631	203264	83596	5713	1035
卫生和社会工作 Health Care and Social Work	448778	192261	429087	183162	19691	9099
文化、体育和娱乐业 Culture, Sports and Entertainment	323268	266383	312460	259522	10808	6861
公共管理、社会保障和社会组织 Public Management, Social Security and Social Organizations	－	－	－	－	－	－

13－07 规模以上单位就业人员平均工资(2023年)

Average Annual Wages of Employed Persons of Units Above Designated Size(2023)

单位:元 (yuan)

指 标	Item	就业人员 Total employment	非私营单位 Non－private	在岗职工 Staff and Workers	非私营单位 Non－private
全 市	**Total**	**135765**	**170448**	**138395**	**173802**
市 区	Urban District	138801	173369	141513	176890
#上城区	Shangcheng	134348	156595	139926	161820
拱墅区	Gongshu	117545	131674	121465	139536
西湖区	Xihu	139284	158778	142612	163465
高新(滨江)区	Hi－Tech(Binjiang)	237064	279252	238423	280215
萧山区	Xiaoshan	102171	126818	103017	127770
余杭区	Yuhang	183958	253622	190010	256342
临平区	Linping	100319	126540	101415	127332
钱塘区	Qiantang	118081	134328	118199	133994
富阳区	Fuyang	95211	111078	95899	112556
临安区	Lin'an	97931	120635	98116	121053
西湖风景名胜区	The West Lake Scenic Zone	110323	109646	111385	110776
桐庐县	Tonglu	87976	103174	88422	103444
淳安县	Chun'an	79962	95093	82137	96367
建德市	Jiande	84111	109838	84867	110289

注:1. 2020年起数据口径范围调整为规模以上单位就业人员平均工资。

a) Numbers since 2020 are the average wages of employees in units above designated size.

13－07 续表 continued

单位:元 (yuan)

指　标 Item	就业人员 Total employment	非私营单位 Non－private	在岗职工 Staff and Workers	非私营单位 Non－private
按国民经济行业分组 Grouped by Sector				
农、林、牧、渔业 Farming,Forestry,Animal Husbandry & Fishery	–	–	–	–
采矿业 Mining	77621	90509	77621	90509
制造业 Manufacturing	125228	152763	125620	153064
电力、热力、燃气及水生产和供应业 Production & Supply of Electricity,Heat,Gas & Water	160955	166031	162433	167437
建筑业 Construction	81351	110077	82558	111360
批发和零售业 Wholesale & Retail Trades	136908	161952	139094	166359
交通运输、仓储和邮政业 Transportation,Storage and Post	132455	137934	133190	138571
住宿和餐饮业 Hotels and Catering Services	65556	65330	74647	78072
信息传输、软件和信息技术服务业 Information Transmission,Software and Information Technology	311218	357617	312216	358663
金融业 Financial Intermediation	–	–	–	–
房地产业 Real Estate	100293	104091	102658	106315
租赁和商务服务业 Leasing and Business Services	107995	109843	109404	111209
科学研究、技术服务业 Scientific Research,Technical Services	175641	219432	176551	220533
水利、环境和公共设施管理业 Management of Water Conservancy,Environment and Public Facilities	80389	92009	82194	92473
居民服务、修理和其他服务业 Service to Honseholds,Repair and Other Services	64366	70294	64645	70338
教育 Education	153052	183501	159673	186723
卫生和社会工作 Health Care and Social Work	139048	141254	141300	145459
文化、体育和娱乐业 Culture,Sports and Entertainment	194213	232568	194594	233069
公共管理、社会保障和社会组织 Public Management,Social Security and Social Organizations	–	–	–	–

13－08　市区消费价格指数(1978－2023年)

Consumer Price Indices in Urban District(1978－2023)

(上年＝100)　　(Preceding Year＝100)

年　份 Year	居民消费价格指数 Consumer Price Index	商品零售价格指数 Retail Price Index
1978	100.1	100.1
1979	100.4	100.9
1980	100.8	109.3
1981	102.0	102.0
1982	102.0	102.3
1983	102.1	102.3
1984	103.1	103.1
1985	117.2	117.5
1986	106.0	106.1
1987	110.5	111.3
1988	121.9	123.4
1989	117.8	118.2
1990	104.6	104.4
1991	107.5	106.9
1992	110.4	110.2
1993	121.4	117.3
1994	121.5	118.8
1995	116.5	113.3
1996	110.5	107.2
1997	106.7	102.4
1998	101.8	99.8
1999	100.4	98.2
2000	100.8	98.3
2001	99.5	95.3
2002	98.8	97.9
2003	99.5	98.1
2004	102.5	101.6
2005	101.7	100.3
2006	101.2	100.2
2007	103.5	103.1
2008	104.9	106.0
2009	98.6	98.6
2010	103.9	103.7
2011	104.8	104.4
2012	102.5	101.9
2013	102.5	101.5
2014	102.0	100.8
2015	101.8	100.2
2016	102.6	101.5
2017	102.5	101.0
2018	102.3	102.0
2019	103.1	103.1
2020	102.1	100.9
2021	101.3	101.6
2022	102.4	102.9
2023	100.2	－

13－09 市区居民消费价格分类指数(2023 年)

Consumer Price Indices by Category in Urban District(2023)

(上年＝100) (Preceding Year＝100)

指 标	Item	2023
居民消费价格指数	**Consumer Price Index**	**100.2**
一、食品烟酒	**Food,Tobacco and Liquor**	**100.0**
1. 食品	Food	100.2
(1)粮食	Grain	102.4
(2)薯类	Tubers	101.4
(3)豆类	Beans	102.9
(4)食用油	Edible Oil and Fats	102.3
(5)菜及食用菌	Vegetables	98.6
(6)畜肉类	Meat of Livestock	94.8
(7)禽肉类	Meat of Poultry	106.0
(8)水产品	Aquatic Products	98.6
(9)蛋类	Eggs	103.7
(10)奶类	Milk	103.8
(11)干鲜瓜果类	Dried and Fresh Melons and Fruits	102.0
(12)糖果糕点类	Candy and Cake	99.5
(13)调味品	Flavoring	105.9
(14)其他食品类	Other Foods	99.0
2. 茶及饮料	Tea and Beverages	100.2
3. 烟酒	Tobacco and Liquor	98.8
4. 在外餐饮	Dining Out	100.2
二、衣着	**Clothing**	**102.0**
1. 服装	Garments	101.6
2. 鞋类	Footwear	103.7

13－09 续表 continued

(上年 = 100) (Preceding Year = 100)

指 标	Item	2023
三、居住	**Residence**	**99.5**
1. 租赁房房租	Rent of Rental Housing	99.3
2. 住房保养维修及管理	Housing Maintenance and Management	100.1
3. 水电燃料	Water, Electricity and Fuels	100.1
4. 自有住房	Private Housing	99.2
四、生活用品及服务	**Articles for Daily Use and Services**	**100.4**
1. 家具及室内装饰品	Furniture and Interior Decorations	100.3
2. 家用器具	Home Appliances	99.8
3. 家用纺织品	Home Textiles	98.5
4. 家庭日用杂品	Daily Use Household Articles	101.5
5. 个人护理用品	Personal－care Supplies	101.4
6. 家庭服务	Household Services	99.6
五、交通通信	**Transport and Communications**	**97.7**
1. 交通	Transport	97.5
2. 通信	Communications	98.4
六、教育文化娱乐	**Education, Culture and Recreation**	**103.1**
1. 教育	Education	102.2
2. 文化娱乐	Cultural and Recreation	104.7
七、医疗保健	**Health Care**	**101.5**
1. 药品及医疗器具	Medicine and Medical Instrument	101.4
2. 医疗服务	Medical Services	101.5
八、其他用品及服务	**Other Articles and Services**	**103.0**
1. 其他用品	Other Articles	105.0
2. 其他服务	Other Services	101.0

13－10 工业生产者出厂价格指数(2015－2023年)

Producer Price Indices for Industrial Products(2015－2023)

(上年＝100) (Preceding Year＝100)

指 标 Item	2015	2016	2017	2018	2019	2020	2021	2022	2023
工业生产者出厂价格总指数 Total Producer Price Indices for Industrial Products	**96.5**	**99.2**	**104.4**	**102.4**	**99.0**	**97.5**	**104.9**	**103.5**	**98.8**
一、按轻重工业分 Grouped by Industries									
轻工业 Light Industry	**97.4**	**99.8**	**104.0**	**102.0**	**98.1**	**96.3**	**103.8**	**102.7**	**98.8**
以农产品为原料 Made from Agricultural Products	98.5	99.8	102.6	101.6	98.6	97.8	101.4	102.4	99.4
以非农产品为原料 Made from Non－agricultural Products	95.8	99.8	106.1	102.5	97.2	94.1	105.8	103.0	98.3
重工业 Heavy Industry	**95.8**	**98.7**	**104.6**	**102.6**	**99.6**	**98.3**	**105.5**	**104.0**	**98.7**
采掘 Mining & Quarrying Industry	94.9	97.3	100.6	101.7	96.9	96.0	101.2	102.8	93.5
原料 Raw Materials Industry	92.5	96.4	106.7	102.3	100.0	95.4	114.0	115.6	96.6
加工 Manufacturing Industry	96.7	99.4	104.1	102.7	99.5	99.0	103.1	100.3	99.4
二、按二大部类分 Grouped by Means of Producting and Consumer Goods									
生产资料 Means of Production	**95.3**	**98.8**	**105.8**	**103.0**	**98.4**	**96.7**	**106.2**	**104.2**	**97.8**
采掘 Mining	94.9	97.3	100.6	101.7	96.9	96.0	101.2	102.8	93.5
原料 Raw Materials	91.0	96.1	109.9	103.2	95.8	90.9	115.8	112.7	97.0
加工 Manufacture	96.6	99.6	104.7	103.0	99.2	98.3	103.2	101.4	98.1
生活资料 Consumer Goods	**100.1**	**100.1**	**99.9**	**100.3**	**100.8**	**100.0**	**100.4**	**100.9**	**102.4**
食品 Foods	100.9	100.0	99.4	100.2	101.1	99.1	101.1	100.9	99.5
衣着 Clothing	100.1	101.1	99.9	101.3	99.6	100.2	99.9	102.4	100.8
一般日用品 Articles for Daily Use	99.9	100.5	100.4	99.7	101.1	100.5	98.9	99.9	101.2
耐用消费品 Durable Consumer Goods	99.2	99.1	99.7	100.7	100.6	100.3	101.8	101.9	108.5

13－10 续表 continued

(上年＝100) (Preceding Year＝100)

指 标 Item	2015	2016	2017	2018	2019	2020	2021	2022	2023
三、按工业部门分 Grouped by Industrial Sector									
冶金工业 Metallurgical Industry	93.2	101.7	115.0	103.9	97.7	101.6	116.8	100.9	98.8
电力工业 Power Industry	98.2	97.8	100.2	100.9	100.9	97.7	99.0	119.6	99.0
煤炭及炼焦工业 Coal and Coking Industry									
石油工业 Petroleum Industry	92.4	87.7	97.9	101.6	111.1	90.5	109.5	126.8	93.7
化学工业 Chemical Industry	92.7	97.3	107.8	103.4	96.2	91.1	112.7	105.1	96.2
机械工业 Machine Building Industry	97.6	99.4	101.4	100.2	99.3	98.8	101.7	101.1	100.7
建材材料工业 Building Materials Industry	94.0	96.3	111.5	123.1	105.4	102.5	104.1	95.6	89.3
森林工业 Timber Industry	99.9	98.9	100.9	100.5	100.0	99.2	101.1	102.1	96.2
食品工业 Food Industry	100.2	100.2	99.6	100.4	101.2	99.4	100.8	101.0	99.4
纺织工业 Textile Industry	96.3	100.1	103.5	101.7	97.8	96.0	102.4	103.6	99.9
缝纫工业 Tailoring Industry	99.8	99.6	99.6	101.2	99.6	100.1	100.0	102.0	102.4
皮革工业 Leather Industry	100.4	100.5	101.3	101.4	100.2	101.1	–	–	–
造纸工业 Paper Industry	98.5	98.9	109.8	103.0	93.2	97.0	102.4	102.6	95.9
文教艺术用品工业 Cultural, Educational & Handicrafts Articles	98.9	99.5	99.7	97.9	98.0	99.4	102.7	103.6	100.1
其他工业 Others	102.9	105.5	102.5	103.0	105.4	105.4	101.1	103.7	105.0

13－11 工业生产者购进价格指数(2015－2023年)

Purchasing Price Indices for Industrial Producers(2015－2023)

(上年＝100) (Preceding Year＝100)

指 标 Item	2015	2016	2017	2018	2019	2020	2021	2022	2023
工业生产者购进价格指数 Purchasing Price Index for Industrial Producers	**92.9**	**98.9**	**108.4**	**103.7**	**96.8**	**96.1**	**113.0**	**106.1**	**94.9**
燃料动力类 Fuel and Power	95.1	93.6	105.7	103.1	99.3	93.7	120.8	127.8	91.7
黑色金属材料类 Ferrous and Metals	85.9	100.9	115.5	106.8	97.6	99.1	123.0	94.2	90.8
1. 钢材 Rolled －steel	86.3	101.0	115.9	106.8	97.4	99.0	124.2	93.7	90.5
2. 其他 Other	80.5	98.2	106.8	105.1	100.7	100.7	106.8	101.0	95.4
有色金属材料及电线类 Non－ferrous Metals and Electric Wire	92.2	101.3	114.7	101.3	99.8	106.9	125.3	106.9	100.2
化工原料类 Chemical Raw Materials	91.7	100.8	110.9	105.4	91.9	89.8	119.8	104.0	89.3
木材及纸浆类 Wood and Paper Pulps	98.5	99.8	111.6	104.4	92.9	97.3	108.2	104.3	95.5
建筑材料及非金属类 Building Materials	96.9	99.0	117.1	120.9	102.7	100.3	107.7	94.5	94.0
农副产品类 Farm and Sideline Products	99.3	99.3	106.9	96.5	97.4	98.0	105.7	100.6	98.4
其他工业原材料及半成品类 Other Industrial Raw Materials and Semi－products	96.7	98.8	102.7	101.1	98.0	98.4	103.3	105.8	97.9
纺织原料类 Textile Raw Materials	97.1	98.8	104.8	101.9	98.6	96.2	102.9	102.7	95.8

13－12 住宅销售价格指数(2023 年)

Residential Sales Price Indices(2023)

月份	Month	新建商品住宅 New Residential Commodities Building		二手住宅 The Second－hand Residence	
		上月＝100 Last month＝100	上年同期＝100 Preceding Year＝100	上月＝100 Last month＝100	上年同期＝100 Preceding Year＝100
一月	January	100.4	106.5	99.8	98.5
二月	February	100.2	106.2	100.4	98.7
三月	March	100.2	105.8	100.6	99.0
四月	April	100.1	105.3	100.3	99.1
五月	May	100.2	105.1	99.5	98.8
六月	June	100.4	104.5	99.4	97.6
七月	July	100.0	103.7	99.4	97.3
八月	August	100.1	103.3	99.5	97.2
九月	September	100.1	103.0	99.6	97.4
十月	October	100.3	103.0	100.5	98.7
十一月	November	100.4	102.7	100.0	98.9
十二月	December	99.8	102.2	98.9	97.9

13－13 分地区养老机构及儿童福利院情况(2023 年末)

Elderly Care Institutions and Child Welfare Homes by Region(End of 2023)

地区 Region	养老机构及儿童福利院数(个) Elderly Care Institutions and Child Welfare Homes (unit)	养老机构数(个) Number of Elderly Care Institutions (unit)	职工数(人) Staff and Workers (person)	养老机构职工数(人) Number of Employees in Elderly Care Institutions (person)	床位数(张) Beds (bed)	养老机构床位数(张) Number of Beds in Elderly Care Institutions (unit)	在院人数(人) Persons Housed (person)	老人(人) Seniors (person)
全　市 Total	**251**	**250**	**6688**	**6586**	**40044**	**39544**	**16880**	**16584**
上城区 Shangcheng	33	33	791	791	4957	4957	1645	1645
拱墅区 Gongshu	21	21	889	889	4305	4305	1915	1915
西湖区 Xihu	16	16	721	721	3362	3362	1637	1637
滨江区 Binjiang	4	4	505	505	1883	1883	929	929
萧山区 Xiaoshan	26	26	488	488	4131	4131	1117	1117
余杭区 Yuhang	9	9	168	168	871	871	286	286
临平区 Linping	8	8	147	147	1427	1427	441	441
钱塘区 Qiantang	4	4	59	59	758	758	187	187
富阳区 Fuyang	25	25	311	311	2994	2994	753	753
临安区 Lin'an	26	26	389	389	2889	2889	1473	1473
桐庐县 Tonglu	30	30	443	443	2234	2234	1071	1071
淳安县 Chun'an	27	27	398	398	2107	2107	967	967
建德市 Jiande	17	17	266	266	3057	3057	1015	1015

13－14　分地区优抚对象

Number of Persons Receiving

单位:人

指　标 Item	全　市 Total	市　区 Urban District	上城区 Shangcheng	拱墅区 Gongshu
享受定期抚恤金人数 Number of Persons Receiving Periodical Commiseration	5071	3844	522	428
烈属遗属 Number of Martyr Kinsfolk	150	78	2	2
牺牲军人遗属 Number of Kinsfolks of the Sacrificed Soldiers	101	72	3	－
病故军人遗属 Number of Kinsfolks of the Illness－died Soldiers	176	127	18	2
残疾军人 Disabled Soldiers	4644	3567	499	424
享受定期补助人数 Number of Persons Enjoying Regular Subsidies	45948	32366	922	380
在乡复员军人 Rural Demobilized Soldier	487	311	2	6
优待优抚对象带病回乡退伍军人 Number of Rural Veterans with Illness Receiving Subsiders	2541	1438	21	9
60 周岁以上农村籍退役人员 Rural Veterans aged 60 and above	42920	30617	899	365
优待优抚对象人数 Number of Preferential Treatment Objects	51019	36210	1444	808

人员情况(2023 年)
Public Subsidies by Region(2023)

(person)

西湖区 Xihu	高新(滨江)区 Hi-Tech (Binjiang)	萧山区 Xiaoshan	余杭区 Yuhang	临平区 Linping	钱塘区 Qiantang	富阳区 Fuyang	临安区 Lin'an	桐庐县 Tonglu	淳安县 Chun'an	建德市 Jiande
522	114	638	292	257	110	596	365	369	350	508
6	2	14	7	1	3	21	20	20	23	29
8	–	10	6	4	1	36	4	18	5	6
10	1	22	10	8	2	40	14	20	17	12
498	111	592	269	244	104	499	327	311	305	461
1734	717	9825	3343	2340	1674	5718	5713	4879	4159	4544
12	6	55	41	26	14	73	76	46	45	85
21	12	320	125	57	62	645	166	592	180	331
1701	699	9450	3177	2257	1598	5000	5471	4241	3934	4128
2256	831	10463	3635	2597	1784	6314	6078	5248	4509	5052

13－15 市、县级社会

Basic Statistics on Institutions and

单位：个

指 标	Item	全 市 Total	市 区 Urban District	萧山区 Xiaoshan
合 计	**Total**	**3675**	**2829**	**391**
按活动区域分	**Grouped by Region**			
地级社团	Municipal－level Societies	820	820	－
县级社团	County－level Societies	2855	2009	391
按性质分	**Grouped by Category**			
科技与研究	Technology and Research	54	50	12
生态环境	Ecological Envirenment	22	22	3
教育	Education	44	34	4
卫生	Health	71	55	8
社会服务	Social Services	247	218	16
文化	Culture	330	269	39
体育	Sport	343	281	52
法律	Law	8	7	2
工商业服务	Industry and Business Services	849	739	98
宗教	Religion	39	29	6
农业及农村发展	Agricure and Rural Development	120	71	18
职业及从业组织	Vocational and Business Organizations	94	81	23
国际及涉外组织	International and Foreign Organizations	1	1	－
其他	Other	1453	971	110

团体机构情况(2023 年)
Organizations at County Level(2023)

(unit)

				桐庐县 Tonglu	淳安县 Chun'an	建德市 Jiande
余杭区 Yuhang	临平区 Linping	富阳区 Fuyang	临安区 Lin'an			
163	**168**	**254**	**265**	**263**	**370**	**213**
–	–	–	–	–	–	–
163	168	254	265	263	370	213
2	2	4	2	1	1	2
2	–	2	–	–	–	–
2	–	4	3	4	2	4
5	3	3	5	11	1	4
11	10	25	23	1	8	19
13	11	38	25	35	6	20
15	13	19	18	32	10	20
–	–	1	–	–	–	1
20	24	18	14	100	3	7
1	1	4	2	5	3	2
6	3	14	20	30	4	15
3	2	5	1	11	–	2
–	–	–	–	–	–	–
83	99	117	152	33	332	117

13-16 社会保障情况(2015-2023年)

Social Security(2015-2023)

单位:万人 (10000 persons)

指 标 Item	2015	2016	2017	2018	2019	2020	2021	2022	2023
城镇登记失业人员 Number of the Registered Unemployed Persons in Urban	3.67	3.72	3.76	4.27	5.32	9.41	12.26	8.99	15.84
城镇登记失业率(%) The Registered Rate of Unemployment in Urban (%)	1.74	1.72	1.70	1.60	1.80	2.42	2.34	-	-
失业人员再就业 The Re-employed Persons of Unemployment	14.22	11.48	11.04	11.31	6.37	3.44	5.97	10.67	8.35
职工基本养老保险参保人数 Number of Persons in the Basic Pension Program in Urban	569.09	575.98	628.32	671.07	704.69	751.54	799.58	823.23	846.07
失业保险参保人数 Number of Persons in the Unemployment Insurance Program	349.42	374.16	413.20	459.37	486.65	523.46	563.49	576.29	586.95
职工基本医疗保险参保人数 Number of Persons in the Basic Medical Insurance Program	500.21	529.32	580.50	632.66	671.12	713.49	760.52	783.05	802.86
工伤保险参保人数 Number of Persons in the Work-injure Insurance Program	418.17	428.41	462.44	520.12	556.67	633.36	707.43	712.44	716.01
生育保险参保人数 Number of Persons in the Bear Insurance Program	324.59	349.33	390.73	430.43	457.01	514.88	553.94	619.53	630.67
城乡居民养老保险(障)人数 Number of Persons in the Urban and Rural old-age Security	99.45	95.51	88.68	85.09	83.61	81.01	81.12	79.68	77.95
城乡居民参加医疗保险人数 Number of urban and rural residents participated in medical insurance	370.50	368.21	373.93	359.74	364.75	364.60	366.36	365.88	360.07

13－17　分地区社会保障情况(2023年末)
Social Security by Region(End of 2023)

单位:人　　　　　　　　　　　　　　　　　　　　　　　　(persons)

地　区 Region	职工基本养老保险参保人数 Number of Employed Persons in the Basic Pension Program	职工基本医疗保险参保人数 Number of Persons in the Basic Medical Insurance Program	工伤保险参保人数 Number of Persons in the Work－injure Insurance Program	生育保险参保人数 Number of Persons in the Bear Insurance Program	失业保险参保人数 Number of Persons in the Unemployment Insurance Program
全　市 Total	**8460689**	**8028642**	**7160104**	**6306700**	**5869497**
市　区 Urban District	7847429	7504064	6782541	5958603	5604330
桐庐县 Tonglu	251156	216101	176018	154235	118188
淳安县 Chun'an	122023	120328	72443	75841	53136
建德市 Jiande	240081	188149	129102	118021	93843

主要统计指标解释

就业人员劳动报酬 指各单位在一定时期内直接支付给本单位全部就业人员的劳动报酬总额。

在岗职工工资总额 指各单位在一定时期内直接支付给本单位全部在岗职工的劳动报酬总额。

工资总额的计算原则应以直接支付给职工的全部劳动报酬为根据。各单位支付给本单位全部职工的劳动报酬,不论是计入成本的还是不计入成本的,不论是以货币形式支付还是以实物形式支付的,不论是单位自筹的资金还是上级(或政府财政部门)下拨的资金,不论是厂级单位筹集的资金还是下属车间(科室)及附属经营单位筹集的资金,均应列入工资总额计算的范围。

在岗职工平均工资 指各单位的在岗职工在一定时期内平均每人所得的工资额。它表明一定时期内在岗职工工资收入的高低程度,是反映在岗职工工资水平的主要指标。计算公式为:

$$在岗职工平均工资=\frac{报告期实际支付的全部在岗职工工资总额}{报告期全部在岗职工平均人数}$$

全社会单位 包括独立核算的机关、事业单位,非私营企业和私营企业,但不含个体工商户。

离休、退休、退职人员 指正式办理了离休、退休、退职手续,并享受相应的离休、退休、退职待遇的人员。

保险福利费用 指企业、事业、机关单位在工资以外实际支付给职工和离休、退休、退职人员个人以及用于集体的劳动保险和福利费用。

社会福利事业单位 指集中收养社会孤、老、残、幼的机构。包括由民政部门管理的社会福利院、儿童福利院、精神病人福利院和城镇集体办的福利院,以及农村集体举办的敬老院。

社会福利事业单位收养人数 包括民政部门管理和城镇及农村集体举办的社会福利事业单位中收养的老人,少年儿童,缺乏生活自理能力的残疾人员和精神病人。

商品零售价格指数 是反映城乡商品零售价格变动趋势的一种经济指数。零售物价的调整变动直接影响到城乡居民的生活支出和国家的财政收入,影响居民购买力和市场供需平衡,影响消费与积累的比例。因此,计算零售价格指数,可以从一个侧面对上述经济活动进行观察和分析。

居民消费价格指数 是反映一定时期内城乡居民所购买的生活消费品价格和服务项目价格变动趋势和程度的相对数。是综合了城市居民消费价格指数和农民消费价格指数计算取得。利用居民消费价格指数,可以观察和分析消费品的零售价格和服务价格变动对城乡居民实际生活支出的影响程度。

工业生产者出厂价格指数 是反映全部工业产品出厂价格总水平的变动趋势和程度的相对数。其中除包括工业企业售给商业、外贸、物资部门的产品外,还包括售给工业和其他部门的生产资料以及直接售给居民的生活消费品。通过工业生产价格指数能观察出厂价格变动对工业总产值的影响。

Explanatory Notes on Main Statistical Indicators

Labour Remuneration of Employees refers to total remuneration payment by various units to all their employees during a certain period of time.

Total Wages of On – the – job Staff and Workers refer to the total remuneration payment by various units to all their on – the – job staff and workers during a certain period of time.

The calculation of total wages should be based on the total remuneration payment directly paid to staff and workers. All wages and salaries and other payments to staff and workers should be calculated in, whether they are include in cost or not, paid in money or in kind, raised by the unit itself or allocated by the superior (or the financial department of the government), raised by the factory level units or by subordinate workshops (departments) and affiliated business units.

Average Wage of On – the – job Staff and Workers refers to the average wage per person during a certain period of time for on – the – job staff and workers in all units, which is a main indicator to reflect the general level of wage income of on – the – job staff and workers during a certain period of time. It is calculated as follows:

$$\text{Average Wage of On – the – job Staff and Workers} = \frac{\text{Total wages of on – the – job staff and workers actually paid in Reference Period}}{\text{Number of on – the – job Staff and workers in Reference period}}$$

Units of Whole Society includes independent accounting units of government organizations and institutions, non – private and private enterprises, but excludes individual business.

Retired and Resigned Person refers to persons who have formally gone through the formalities for their retirement or quitting from work and enjoy the corresponding treatments.

Insurance and Welfare Funds refers to labour insurance and welfare funds paid by enterprises, organizations and institutions to their staff and workers as well as retired and resigned persons individually in addition to their wages and salaries, and for collective use.

Social Welfare Institutions refer to institutions for centralized adoption of orphans, the elderly, the disabled and the young. It includes social welfare institutions run by civil affairs department, children welfare institutions, welfare institutions for mental patients, collective – owned welfare institutions and old people′s home in rural areas.

Number of People Taken in by Social Welfare Institutions refers to the number of old people, children, disabled persons and mental patients who lack self – care ability taken in by social welfare institutions run by civil affairs departments and collective units in urban and rural areas.

Retail Price Index reflects the general change in retail prices of commodities. The change and adjustment in retail prices directly affect the living expenditure of urban and rural residents, government revenue, purchasing power of residents and the equilibrium of market supply and demand, and the ratio of consumption to accumulation. Therefore, the calculation of retail price index is useful in observing and analyzing the above economic activities from one aspect.

Consumer Price Index reflects the trend and degree of changes in prices of consumer goods and services purchased by urban and rural residents in a certain period, and is a composite index derived from the urban consumer price index and the rural consumer price index. Consumer price index can be used to observe and analyze the impact of the change of consumer price and service price on actual expenditure for living cost of urban and rural residents.

Ex – factory Price Index of Industrial Products reflects the trend and degree of changes in general ex – factory prices of all industrial products, including products sold by industrial enterprise to commerce, foreign trade and materials departments, means of production sold to industry and other sectors, as well as consumer goods sold to residents. It can be used to analyze the impact of ex – factory prices on gross industrial output value.